Martin Klingst

Amerikas Mr. Germany

Martin Klingst

Amerikas
Mr. Germany

Guido Goldman

HERDER

FREIBURG · BASEL · WIEN

1937 – 2020

Für Guido Goldman, der mir zum Freund wurde. Sein sehnlichster Wunsch, das Erscheinen seiner Biografie noch zu erleben, ging leider nicht mehr Erfüllung.

MIX
Papier aus verantwortungsvollen Quellen
FSC® C083411

© Verlag Herder GmbH, Freiburg im Breisgau 2021
Alle Rechte vorbehalten
www.herder.de

Satz: ZeroSoft, Timisoara
Herstellung: CPI books GmbH, Leck

Mit Ausnahme der Kontributionen des German Marshall Fund of the United States (S. 23 und 177) und des Bundesarchivs (S. 174: © Schambeck, Arne / Bundesarchiv / B 145 Bild-00102235) stammen alle Bilder in diesem Buch aus dem Privatarchiv von Guido Goldman.

Printed in Germany

ISBN Print: 978-3-451-38927-6
ISBN E-Book (E-Pub): 978-3-451-82275-9
ISBN E-Book (PDF): 978-3-451-82262-9

Inhalt

Geleitwort

Es war ein Leben, in dem sich die Brüche des 20. Jahrhunderts spiegelten. Es ist die Geschichte eines deutschen Juden, dessen Familie aus seiner Heimat vertrieben wurde und der sein Leben den transatlantischen Beziehungen widmete. Es ist die Erzählung von einem Menschen, der zeit seines Lebens überzeugt war, dass man nur Verständnis füreinander entwickeln kann, wenn man einander versteht.

Guido Goldman war einer der zentralen Architekten der transatlantischen Beziehungen und gleichzeitig: einer der großen Unbekannten der deutsch-amerikanischen Geschichte.

Die Geschichte ging bei ihm ein und aus – vollständig wird sie aber nur dann, wenn man auch die seine hört.

Denn: Während mancher Scheinriese zusammenschrumpft, wenn man ihm näher kommt, ist es bei ihm umgekehrt: Je näher man sich mit ihm beschäftigt, desto klarer wird, wie sehr er die Beziehungen zwischen Deutschland und Amerika nach dem Zweiten Weltkrieg geprägt hat.

Gerade heute, da der Atlantik tiefer erscheint als noch vor wenigen Jahren, ist es wichtiger denn je, dass wir ein eigenes Verständnis der liberalen Weltordnung entwickeln, die so stark unter Druck steht, wie wohl noch nie seit Kriegsende.

Gerade jetzt gilt es, Austausch und Kooperation zu stärken. Von wem könnten wir mehr lernen als von einem wie ihm, der Menschen überall auf der Welt verstand, weil er sie erzählen ließ, anstatt von sich zu sprechen.

Michelle Müntefering
Staatsministerin im Auswärtigen Amt
Dezember 2020

Vorwort

Guido Goldman hat das Erscheinen seiner Biografie nicht mehr erlebt. Er hatte noch jede Zeile des Manuskripts gelesen und bis zuletzt gehofft, die gebundene Ausgabe in den Händen halten zu können. Der Text war bereits gesetzt, da besiegte ihn seine schwere Krankheit. Guido Goldman starb am 30. November 2020 in seinem Haus in Concord, Massachusetts, wenige Wochen nach seinem 83. Geburtstag. Aber sein Leben und sein Schaffen wirken fort und werden in weiten Teilen so erzählt, als weilte er noch mitten unter uns.

Ich hatte nicht die geringste Ahnung, wer Guido Goldman war, als ich ihn im Herbst 2006 zum ersten Mal traf. Mit einem Gerd-Bucerius-Stipendium war ich für drei Monate an die Universität Harvard gekommen, und das dortige Center for European Studies richtete mir im ersten Stock freundlicherweise einen Arbeitsplatz mit Telefon und Internetzugang ein.

Draußen stand in großen Lettern, dass dieses prachtvolle Gebäude in der Kirkland Street Nummer 27 in Cambridge mit dem Geld von Minda de Gunzburg bezahlt und renoviert worden war und darum „Minda de Gunzburg Center for European Studies" heißt. Aber kein Schild, nicht einmal ein klitzekleines, wies darauf hin, dass dieses renommierte Universitätsinstitut von einem gewissen Guido Goldman gegründet wurde. Dass er es 1969 aus der Taufe gehoben und ein Vierteljahrhundert lang geleitet hat.

Es gab – und gibt bis heute – auch keinen Wikipedia-Eintrag, in dem man nachlesen kann, dass die meisten großen transatlantischen und vor allem deutsch-amerikanischen Institutionen, die nach dem Zweiten Weltkrieg entstanden sind, Guido Goldman zu verdanken sind. Dass er sie entweder ins Leben gerufen hat oder zumindest mithilfe seines Engagements und seines riesigen Netzwerks an einflussreichen und vermögenden Freunden wachsen und gedeihen ließ. Neben dem Center for European Studies (CES) zählen dazu die Denkfabrik The German Marshall Fund of the United States (GMF), das American Institute for Contemporary German Studies an der Johns-Hopkins-Universität (AICGS), das John-McCloy-Stipendienprogramm an Harvards Kennedy School of Government sowie der American Council on Germany in New York (ACG).

Ich hatte im Herbst 2006 auch keinen blassen Schimmer, dass Guido Goldman der Sohn von Nachum Goldmann ist, dem 1982 verstorbenen ehemaligen Präsidenten des Jüdischen Weltkongresses, der nach dem Zweiten Weltkrieg mit dem ersten deutschen Bundeskanzler Konrad Adenauer die Entschädigungszahlungen an Israel und an die Überlebenden des Holocaust ausgehandelt hatte. Ich wusste nicht, dass bei den Goldmanns in New York berühmte Persönlichkeiten des 20. Jahrhunderts ein und aus gingen, der Pianist Arthur Rubinstein zum Beispiel, der Philosoph Isaiah Berlin, Israels erster Präsident Chaim Weizmann, UN-Generalsekretär Dag Hammarskjöld oder Eleanor Roosevelt, die Mitbegründerin der Vereinten Nationen und Ehefrau des US-Präsidenten Franklin D. Roosevelt. Wie sollte ich das auch wissen, schließlich fehlt in Guido Goldmans Nachnamen das zweite „n". Erst später erzählte er mir, dass es bei seiner amerikanischen Einbürgerung abhandengekommen war, in der Urkunde stand am Ende nur: Goldman. Die Eltern hießen hingegen weiter Goldmann. Und dabei blieb es.

Das Einzige, was ich damals nach einigen Wochen in Harvard über diesen Guido Goldman erahnte, sozusagen intuitiv erfasste: Er musste ein hohes Ansehen genießen, enormen Einfluss haben und ein beträchtliches Vermögen besitzen. Mir ging es ein bisschen wie dem jungen Handwerksburschen aus Tuttlingen in Johann Peter Hebels Kalendergeschichte „Kannitverstan". Als der zum ersten Mal in seinem Leben nach Amsterdam reist und all die wunderbaren Gebäude, Schiffe und Waren sieht und fragt, wem die denn gehörten, wird ihm jedes Mal gesagt: „Kannitverstan". Mensch, denkt sich der Handwerksbursche, muss dieser Kannitverstan reich und mächtig sein.

Denn wann immer ich mich im Center for European Studies erkundigte, wer denn die im Treppenhaus hängende moderne Kunst gestiftet habe oder die kostbaren Drucke europäischer Poster des 19. Jahrhunderts, wer hinter dieser oder jener Zuwendung steckte und wem es überhaupt zu verdanken gewesen sei, dass es das CES gebe und dieses Institut in einem so schönen Gebäude, dem schönsten der gesamten Universität Harvard, residiere, lautete jedes Mal die Antwort: Guido Goldman.

Der kleine Unterschied: Bei „Kannitverstan" (auf Deutsch: „Ich verstehe nicht") sitzt der Handwerksbursche, weil er kein Holländisch kann, einem Missverständnis auf. Bei Guido Goldman hingegen handelte es sich um eine wahre Person.

Goldmans frühere Mitarbeiterin Abby Collins, die mich in Harvard betreute, teilte mir irgendwann im Oktober 2006 mit, dass Guido Goldman mich gerne zu einem Abendessen in ein japanisches Restaurant in Cambridge einladen wollte. Das tat er mit den meisten Bucerius-Stipendiaten. Es blieb bei diesem einen Treffen, danach verloren wir den Kontakt. Wann immer wir uns später begegneten, auch während meiner Zeit als Korrespondent in Washington, war es nur flüchtig. Erst als ich Ende 2014 aus den USA nach Berlin zog, lernten wir uns ein bisschen besser kennen. Immer wenn Guido Goldman in die deutsche Hauptstadt kam, etwa zwei-, dreimal im Jahr, wollte er hören, was ich als *Zeit*-Journalist während der Flüchtlingskrise 2015 und 2016 auf dem Balkan und in Nordafrika erlebt hatte. Goldman wollte wissen, wie Deutschland mit den Hunderttausenden syrischen und irakischen Asylbewerbern zurechtkam, ob Angela Merkel ihr „Wir schaffen das" politisch überleben würde und was ich ihm Neues aus dem Berliner Politikbetrieb berichten konnte. Meist war bei diesen Treffen auch der deutsche Harvard-Professor Karl Kaiser dabei. Er war über ein halbes Jahrhundert eng mit Goldman befreundet gewesen.

Bald wurde mir klar: Goldman brannte für Politik. Aber mehr noch als an den Themen war er an den in der Politik handelnden Menschen interessiert, an ihren Beziehungen, ihren Fehlern, Vorzügen, Ränkespielen. Goldman wollte stets wissen, wer wann wo wen stürzen und ersetzen könnte. Und natürlich sprachen wir bei unseren Begegnungen auch immer wieder über die Vereinigten Staaten von Amerika, über sein Land, in das ich erstmals 1971 für ein Jahr als 16-jähriger Austauschschüler gekommen war. Goldman lehrte da schon in Harvard, hatte das Center for European Studies, das zunächst West European Studies hieß, gegründet und war gerade dabei, den German Marshall Fund ins Leben zu rufen.

Ein halbes Dutzend Mal haben wir uns bei einer Tasse Kaffee unterhalten, mehr nicht. Ich war darum überrascht, um nicht zu sagen: perplex, als Goldman mich im Sommer 2019 völlig unvermittelt fragte, ob ich ein Buch über ihn schreiben würde. Er sagte, der German Marshall Fund werde 2022 fünfzig Jahre alt, aus diesem Grund wolle das Auswärtige Amt eine Biografie über ihn in Auftrag geben, weil er nicht ganz unschuldig am Zustandekommen dieser transatlantischen Denkfabrik gewesen sei.

Ich bat um Bedenkzeit. Ich war unsicher und zweifelte, ob – bei aller Wertschätzung für Goldman – die Gründung dieser Institutionen ausreicht für eine Biografie. Ich sollte ja kein Buch über den German Marshall Fund schreiben, sondern eins über ihn. Ich fragte mich: Wer außer den üblichen Verdächtigen aus der eingeschworenen Gemeinde der Transatlantiker kennt Goldman überhaupt? Vor allem: Was hat er und haben seine unbestrittenen Verdienste um die Beziehungen zwischen den Vereinigten Staaten, Europa und Deutschland noch der jüngeren Generation zu sagen? Und: Was macht Guido Goldman über sein Lebenswerk hinaus als Mensch interessant?

Ich hatte im Sommer 2019 keine Antworten darauf, sagte trotzdem zu und kapitulierte fast angesichts der großen Zahl von Zeitzeugen und der Fülle und Opulenz der historischen Dokumente. Ich machte weiter und wurde mit jedem Schritt tiefer in die Lebensgeschichte hineingezogen, wurde gefesselt von dem, was ich las, hörte und erfuhr. Schließlich stand für mich fest: Dieses Leben muss erzählt werden.

Goldman, den kaum jemand kennt und der, wenngleich nicht uneitel, nie im Rampenlicht stand, sondern lieber im Stillen und hinter den Kulissen die Fäden zog, ist eine wichtige Person der Zeitgeschichte. Geradezu exemplarisch spiegelt sein Leben ein Jahrhundert deutscher, jüdischer, europäischer und amerikanischer Geschichte wider. Von der Nazizeit über den Kalten Krieg bis zum US-Rassismus zeigen sich wie unter einem Brennglas all die Abgründe, Hoffnungen, Sehnsüchte, Erfolge und Niederlagen des 20. Jahrhunderts, deren Folgen nicht vergangen sind, sondern bis heute nachwirken. Wie ein Roman von Leo Tolstoi ist auch die Geschichte der Familie Goldmann eine Erzählung, in der politische, gesellschaftliche, soziale und ganz persönliche Pathologien aufeinanderstoßen und sich verstricken.

1940 müssen die Goldmanns vor den Nazis aus Europa nach Amerika fliehen. Sie sind wohlhabend, und Guido Goldman führt, wie er selbst sagte, in New York ein privilegiertes Leben. Doch die Eltern zeigen kein großes

Interesse an ihren zwei Söhnen. Nachum Goldmanns Leidenschaft gilt ausschließlich der Politik und seiner eigenen Rolle darin, auch Alice Goldmann ist meist mit sich selbst beschäftigt. Dass Guido Goldman diese Lieblosigkeit und Selbstbezogenheit einigermaßen unbeschadet überstand, sagte er, habe er vor allem Ruth, seiner schwarzen Nanny aus Barbados, zu verdanken gehabt.

Das ist die eine Seite, die andere: Ohne seinen Vater, dessen großen Namen und illustren Freundeskreis, wäre Goldmans Lebenswerk nie entstanden. Nachum Goldmann schuf dafür das Fundament, Sohn Guido setzte darauf die Architektur. Der Vater, ein Zionist, war getrieben von der Idee eines eigenen jüdischen Staates in Palästina. Damit verglichen hatte Guido Goldman keine politische Mission, kein Programm, aber er hatte ein feines Gespür für das, was wichtig ist. Er glaubte fest an die gestaltende Kraft von zivilgesellschaftlichen Institutionen, an die gezielte, instrumentelle Verbindung von Menschen, die Einfluss auf Politik nehmen wollen, um die Welt besser zu machen. Goldman war kein Revolutionär, kein Systemsprenger, er gründete auch keine Bewegung, nicht Greenpeace oder Amnesty International. Seine Institutionen wie der German Marshall Fund sollen mit Staaten und Staatengruppen zusammenarbeiten, um Regierungshandeln zu verändern.

Wie sein Vater wurde Goldman zum Makler zwischen den Mächtigen und obendrein zu einem genialen, unnachahmlichen Spendeneintreiber. Vor allem in den 1970er, 1980er und 1990er Jahren waren die Einflussreichen, die Berühmten, Reichen und Schönen sein Element, dieses Netzwerk war sein millionenschweres Kapital, der Grundstock für sein Lebenswerk. Doch es wäre falsch, Goldmans Wirken darauf zu reduzieren. Er war von Premiers und Präsidenten umgeben, von Professoren, Bankiers und Kunstsammlern, aber ebenso von Bürgerrechtlern, Sozialarbeitern und Tänzern. Goldman hatte ein weites Herz, er war ein großer Menschenfreund, ein Wohltäter, der endlos vielen Menschen aus der Klemme geholfen hat, ohne seine Großzügigkeit je ins Schaufenster zu stellen. Es fiel ihm weitaus leichter zu geben als zu nehmen.

Goldman war nicht selbstlos und durchaus statusbewusst, ein Patriarch, der gerne sagte, wo es langgeht, und die Kontrolle behalten wollte. Doch er nahm sich auch selbst auf den Arm, von seinem Vater hatte er den feinen, dialektischen jüdischen Humor geerbt.

Wenn Goldman erzählte, baute er gerne einen dieser jüdischen Witze ein. Und nur wenn einer wie er ihn vortrug, hatte er keinen Beigeschmack. Einer seiner liebsten Witze, den er immer dann aus der Tasche holte, wenn er über seine komplizierten Verhandlungen mit Geldgebern für seine Institutionen sprach, geht so: Der israelische Finanzminister steckt in schwierigen Gesprächen über ein Bauprojekt und braucht Hilfe. Er bittet seinen Assistenten, ihm drei besonders schlaue Juden zu bringen. Der tut, wie ihm geheißen, und schafft einen deutschen, einen ungarischen und einen rumänischen Juden herbei. Der Minister fragt den deutschen: „Wie viel ist sieben mal fünf?", woraufhin der „35" sagt. Das sei eine gute Antwort, meint der Minister, doch er wolle zunächst auch den beiden anderen diese Frage stellen. Der ungarische Jude bittet um eine kurze Bedenkzeit und sagt: „Das ist eine Zahl zwischen 30 und 40." Okay, sagt der Minister, bittet den Dritten herein und fragt ihn: „Wie viel ist sieben mal fünf?" Der rumänische Jude antwortet: „Kaufen oder verkaufen wir?"

Guido Goldman hatte eine komplexe Persönlichkeit. Seine Vertraute Susan Rauch sagt, er habe ihr auch nach Jahrzehnten der Freundschaft noch immer Rätsel aufgegeben, sie nennt ihn „ein Mysterium". Goldman war rastlos und schnell gelangweilt. War ein Projekt beendet, wanderte er sofort zum nächsten. *Zeit*-Herausgeber Josef Joffe, der mit Goldman ebenfalls ein halbes Jahrhundert eng befreundet war, sagt, er verstehe diese Unruhe gut. Es sei halt viel aufregender etwas aufzubauen, als es danach zu verwalten. Goldman-Freund Andrei Markovits, ein namhafter Soziologe, nennt Goldman einen „Grenzgänger" und „Wandler zwischen den Welten", er sei „immer nur halb gewesen", sei „ein Akademiker gewesen, aber nur halb, ein Unternehmer, Jude, Amerikaner, Deutscher – aber nur halb".

Deshalb hatte Goldman, der nie verheiratet war, wohl auch nicht nur eine, sondern viele Familien, die nebeneinander und unabhängig voneinander existierten: die transatlantischen Institute und Institutionen; das berühmte Alvin Ailey American Dance Theater, in dem überwiegend Schwarze tanzen; die Ikat-Familie, die Sammler und Liebhaber asiatischer, vor allem usbekischer Webstoffe vereint.

Denkfabriken, Tanztheater, Wandteppiche – was Goldman anpackte, wirkte zufällig, eklektisch, ohne jede Verbindung. Aber das stimmt nicht. Die scheinbar losen Fäden hatten durchaus einen inneren Zusammenhang.

Als Kind des Zweiten Weltkriegs, sagt sein Lehrer und Freund Henry Kissinger, habe Goldman ein feines Gespür für Ungerechtigkeiten und ein hohes Versöhnungsbedürfnis besessen. Er sei ein „Gestalter" gewesen, Goldmans Lebenswerk, so der ehemalige amerikanische Außenminister, habe im Großen wie im Kleinen dazu beigetragen, die Schrecken des Holocaust zu überwinden, im Kalten Krieg Brücken zu bauen und die Gesellschaften ein bisschen gerechter zu machen.

Dieses Buch habe ich nicht nur auf Bitten von Guido Goldman geschrieben, sondern auch mit seiner Mitwirkung. Er hat das Manuskript noch vor seinem Tod bis zur letzten Zeile gelesen und genehmigt, dieses Buch ist eine von Guido Goldman autorisierte Biografie. Das war für einen Autor, der als Journalist gewohnt ist, frei zu schreiben, ein großes Wagnis. Denn Leser könnten, weil es sich um eine Auftragsarbeit handelt, den Eindruck gewinnen, das Bild des Porträtierten sei schöngefärbt. Dem möchte ich hier widersprechen. Ich war von Anfang an bestrebt, Goldmans Leben nach bestem Wissen und Gewissen so wiederzugeben, wie es mir die Quellen ermöglicht haben. Nicht für alles gab es einen schriftlichen Beleg, vieles beruht auf Erzählungen von Zeitzeugen, deren Erinnerung bisweilen trügen kann. Wenn Zweifel aufkamen, habe ich diese Erinnerungen nicht aufgenommen.

Guido Goldman öffnete mir für dieses Buch sein gesamtes privates Archiv, das auch sehr persönliche Briefe an seine Eltern, den Bruder Michael, die vielen Freundinnen und Freunde enthält. Ich habe mehr als tausend Dokumente gelesen, die meisten davon in privater Hand oder in Kisten in der Library of Congress verstaut. So gut wie nichts davon ist digitalisiert. Ich habe über hundert Interviews geführt, allein zwei Dutzend mit Goldman selbst. Ich war überrascht, dass alle seine Weggefährten, die ich erreichen konnte, geradezu begierig waren, über Goldman zu reden. Zur Ehrlichkeit gehört aber auch: Die meisten Zeitzeugen waren ihm äußerst zugetan, und selbst die eine oder andere kritische Äußerung war stets von Sympathie für Goldman getragen.

Meine Übereinkunft mit Guido Goldman beinhaltete, dass er nur dann intervenierte, wenn es höchstpersönliche Dinge betraf, vor allem sensible familiäre Belange. Goldman hat von diesem Recht nur sehr selten Gebrauch gemacht.

Ein solches Buch entsteht nicht von selbst und ohne Hilfe. Nicht ohne die Offenheit des Porträtierten, die Gespräche, Diskussionen, die Unterstützung bei der Recherche. Und es entsteht auch nicht ohne kritische Leser, die auf Fehler, Lücken, Missverständnisse, Ungereimtheiten aufmerksam machen.

Mein größter Dank gilt Guido Goldman. Mit großer Hingabe und unendlicher Geduld hat er sich bis zuletzt meinen Fragen gestellt. Nie hat er die Ruhe verloren, wenn ich etwas nicht verstand, was häufig vorkam, wenn ich nachbohrte, weil ich mehr wissen wollte, und ihn darum bat zu belegen, was er im Interview gesagt hatte. Großen Dank schulde ich ebenso meiner Familie, meiner Frau Ute Main, meinen beiden Töchtern Gianna und Lea, die in den sechs Monaten, in denen ich mich in den Recherchen vergrub und zum Schreiben einigelte, viel ertragen mussten und mir mit Rat und Tat zur Seite standen.

Bedanken möchte ich mich bei Karl Kaiser, der mir mit seinem enormen historischen und politischen Wissen und Gedächtnis eine große Unterstützung war. Ebenso bedanke ich mich beim Auswärtigen Amt für die Förderung und bei meinen Lektoren Patrick Oelze und Miriam Eisleb sowie dem *Herder Verlag* für die liebevolle Betreuung des Manuskripts. Ohne sie wäre diese Biografie nicht erschienen.

Und danke sage ich allen, vielen aus der Guido-Goldman-Welt, die mir Rede und Antwort gestanden und auch sonst geholfen haben. Ich bitte um Nachsicht, falls ich jemanden dabei vergessen haben sollte: Sarita Allen, Bruce Baganz, Thorsten Benner, James Bindenagel, Hope Boykin, Meg Campbell, Cornelius Carter, Abby Collins, Maia Comeau, Jim Cooney, Richard Cooper, Kevin Cottrell, Karen Donfried, Massumeh Farhad, Helena Finn, Dori Fliegel, Sergey Gordeev, Kate Fitz Gibbon, Marianne Ginsburg, Leonie Gordon, Peter Hall, Malinda Hatch, Tom Hughes, Rick Hunt (+), Judi Jamison, Jack Janes, Josef Joffe, Jeannine Kantara, Henry Kissinger, Thomas Kleine-Brockhoff, Sergey Lagodinsky, Jörg Lau, Yannick Lebrun, Rich Ledson, Gideon Lester, Charles Maier, Andrei Markovits, Gail Martin, Michael McBride, Lois und George de Ménil, Elizabeth Midgley, John Mudd, Joe Nye, Morris Offit, Elaine Papoulias, Jeff Rathke, Susan Rauch, Harvey Rishikof, Sam Roberts, Dacquiri Smittick, Constanze Stelzenmüller, Avrom Udovitch, Marie Warburg, Sylvia Waters, Jack Womack, Marian Wright Edelman und Christopher Zunner.

1972 und 2019 –
Aufbruch und Endzeitstimmung

Das große Erdbeben

Am 5. Juni 1972 und am 30. Mai 2019 schreiben zwei Bundeskanzler an der Universität Harvard jeweils deutsch-amerikanische Geschichte. Eine Geschichte, die gegensätzlicher nicht sein könnte. Willy Brandts Besuch an der Eliteschule im Juni 1972 symbolisiert Aufbruch, Zukunftsoptimismus und Vertrauen in die Vereinigten Staaten als Garant der freiheitlichen liberalen Nachkriegsordnung. Angela Merkels Auftritt ein halbes Jahrhundert später versinnbildlicht die Ratlosigkeit, das Entsetzen und Misstrauen gegenüber dem einstigen Rückversicherer des westlichen Wertesystems.

Der 30. Mai 2019 ist der Tag, an dem viele amerikanische Universitäten die Absolventen des Jahrgangs 2019 mit feierlichen Reden verabschieden. Harvard hat Angela Merkel eingeladen, um zu den Studenten zu sprechen. Fast zur gleichen Zeit hält Donald Trump an der Offiziersakademie der Luftwaffe im US-Bundesstaat Colorado die sogenannte Commencement Speech für die Graduierten des Jahrgangs. Die deutsche Kanzlerin und der amerikanische Präsident reden im selben Land, nur 3000 Kilometer voneinander entfernt. Doch zwischen ihren Grußbotschaften an die Studenten liegen – politisch gesehen – Lichtjahre.

„Mehr denn je", sagt die Kanzlerin in Harvard, „müssen wir multilateral statt unilateral denken und handeln, global statt national, weltoffen statt nationalistisch. Kurzum: gemeinsam statt allein." Aus Colorado schallt es zurück, die USA würden ihre Interessen nicht mehr den Befindlichkeiten anderer Staaten unterordnen. „In allen Dingen und Wegen", donnert der Präsident, „stellen wir Amerika an die erste Stelle, und es ist Zeit dafür." Hier die deutsche Verteidigerin der Menschenrechte, des Multilateralismus und des Freihandels, mit einem Wort: des Westens. Dort der amerikanische Nationalist, der dieses Wertesystem verachtet und mit der Abrissbirne zerstört. An diesem 30. Mai wird in Harvard und Colorado überdeutlich, was im 21. Jahrhundert auf dem Spiel steht. Dabei ahnt damals niemand auch nur im Geringsten, dass schon ein knappes Jahr später das Coronavirus ausbrechen und den Niedergang der auf gemeinsamen Institutionen gründenden Nachkriegsordnung noch einmal beschleunigen wird.

Auch Guido Goldman ist im Frühjahr 2019 an die Universität Harvard gekommen, um Merkel zu hören. Er wohnt nur eine Dreiviertelstunde mit dem Auto entfernt. Die Eliteschule ist seine Alma Mater, hier hat er studiert und 25 Jahre lang gelehrt. Harvard bedeutet noch weit mehr für ihn, die Universität ist Quell und Fundament seines Lebenswerks. Hier rief er vor einem halben Jahrhundert die West European Studies ins Leben, aus denen später das Center for European Studies hervorging. Das CES war der Beginn von Goldmans großem Netzwerk deutsch-amerikanischer Institute und Institutionen.

Kurz bevor dieses Buch in Druck geht, hat eine Mehrheit der Amerikaner am 3. November 2020 Donald Trump abgewählt. Auch wenn der Republikaner seine Niederlage nicht eingestehen mag, heißt der neue, der 46. Präsident der Vereinigten Staaten: Joe Biden. Im Januar 2021 wird der Demokrat und ehemalige Vizepräsident unter Barack Obama ins Weiße Haus einziehen. Guido Goldman hat sich über diesen Sieg noch sehr gefreut. Er war spürbar erleichtert. Mit Biden keimte auch bei ihm die Hoffnung auf, dass sich die Weltlage wieder ein bisschen zum Besseren wenden könnte.

Dennoch: Die Präsidentschaft Donald Trumps wird weit über ihre Amtszeit hinaus Folgen haben. Trumps Wahl im November 2016 hat ein nicht enden wollendes Erdbeben ausgelöst und die transatlantische Welt, so wie Guido Goldman sie kannte und mitgeprägt hat, auf den Kopf gestellt: Amerika ist nicht mehr die verlässliche Schutzmacht, sondern kann plötzlich zu einer Bedrohung für das gemeinsame Freiheitskonzept werden. Als Retter des Westens gerät auf einmal Deutschland in den Blick, ausgerechnet jenes Land, zu dessen Einhegung die Nachkriegsordnung und Goldmans transatlantische Institutionen mit erdacht wurden.

Dieses neue Ordnungssystem, ein starkes Geflecht aus Verträgen, Allianzen und Institutionen, sollte im Kalten Krieg nicht nur das militärische, ökonomische und ideologische Gegengewicht zur Sowjetunion bilden, sondern zugleich den westlichen Teil des ehemaligen Nazideutschlands fest in die westliche Wertegemeinschaft einbinden und so unter Kontrolle halten. Denn nach dem Grauen des Zweiten Weltkriegs wurde den Deutschen mit gutem Grund lange misstraut. Heute, fünfundsiebzig Jahre nach dem Krieg und trotz der Wahl von Joe Biden, ist nicht mehr Deutschland, sondern Amerika das Sorgenkind des Westens.

So sah es auch Guido Goldman. Wie die Mehrheit der Deutschen blickte er auf das Land, in das seine Eltern 1940 vor den Nazis fliehen mussten, mit jedem Tag kritischer. Die Vereinigten Staaten von Amerika sind ein unvereinigtes, ein politisch, sozial und psychologisch tief gespaltenes Land. Dass Donald Trump 2016 Präsident werden konnte, war kein Irrtum der Geschichte, keine Anomalie, die mit der amerikanischen Gesellschaft nichts zu tun hat. Und mit seiner Abwahl ist der Spuk nicht vorüber. Seine Präsidentschaft hat die schon lange sichtbaren Gräben weiter vertieft.

Trumps „nihilistischer Relativismus", schreibt Carolin Emcke, die Friedenspreisträgerin des Deutschen Buchhandels und ausgewiesene Amerikakennerin, zu Recht, werde bleibende Spuren hinterlassen. Es ist ein Relativismus, der keine Verbindlichkeiten, keine Normen und kein Wissen respektiert. Der Lügen nicht als Lügen, Fakten nicht als Fakten und Wahrheit nicht als Wahrheit anerkennt. In der Trump-Welt wird alles zu einer Frage der Perspektive. Und die Republikanische Partei muss nun mit der bitteren Erkenntnis leben, dass sie ihre eigene Basis in den vergangenen Jahren derart radikalisiert hat, dass sie die Folgen davon kaum noch einfangen kann. Für politische Kompromisse, für eine Politikgestaltung über Parteigrenzen hinaus bleibt da so gut wie kein Raum.

Guido Goldman hatte das alles seit Langem kommen sehen, und es bekümmerte ihn. Es schmerzte ihn aber auch, dass manche Deutsche in ihrer Skepsis und in ihrer Kritik gegenüber Amerika zu schiefen Einschätzungen gelangen und zum Beispiel von China ein positiveres Bild haben als von den Vereinigten Staaten. Laut einer repräsentativen Umfrage des Meinungsforschungsinstituts Kantar Public im Auftrag der deutschen Körber-Stiftung vom April 2020 wünschen nur noch 37 Prozent der Deutschen eine besonders enge Beziehung zu den USA, für 36 Prozent der Befragten ist das Verhältnis zu China inzwischen wichtiger. Ausgerechnet zur Volksrepublik China, diesem totalitären Staat.

Auch aus diesem Grund wähnte Goldman den Westen in Gefahr, er befürchtete seine Zersetzung von innen, die Implosion des gemeinsamen Wertefundaments. Bedroht sah Goldman darum auch sein Lebenswerk, jene transatlantischen Institutionen, die er mit ins Leben gerufen hat und die in den vergangenen fünfzig, sechzig Jahren ein fester Bestandteil des großen Institutionengebäudes der liberalen Nachkriegsordnung geworden sind: allen voran das CES in Harvard, der German Marshall Fund, eine auf ihre Weise einzigartige europäisch-amerikanische Denkfabrik, sowie das American Institute for Contemporary Studies, ein Wissenschaftszentrum an der Johns-Hopkins-Universität in der Hauptstadt Washington D.C. Zu Goldmans Lebensleistung zählen ebenso die seit Jahrzehnten bestehenden akademischen Austauschprogramme wie die Kennedy-Stipendien am CES und die McCloy-Stipendien an Harvards Kennedy School of Government.

Die Erosion der westlichen Nachkriegsordnung liegt aber nicht allein an Donald Trump & Co. Die globalen Gewichte und Interessen verschieben sich schon seit Längerem. Guido Goldmans Welt, so sah er das selbst, war das 20. Jahrhundert, die Zeit nach dem Zweiten Weltkrieg, in der Amerika unbestrittene Führungsmacht war und das physisch wie mental zertrümmerte Europa zwangsläufig im Zentrum der Aufmerksamkeit lag. Es war das amerikanische Zeitalter.

Natürlich war die Supermacht USA auch in dieser Epoche nicht immer brennend an Europa interessiert, die Hinwendung zum Alten Kontinent erfolgte in Wellen, war Ereignissen und Launen geschuldet. Auch deshalb schuf Goldman seine Institutionen, sollten sie sich doch dem immer wieder drohenden Bedeutungsverlust der transatlantischen, vor allem der deutsch-amerikanischen Beziehungen entgegenstemmen. Nur musste man damals nicht lange begründen, warum Deutschland, warum Frankreich oder die Europäische Wirtschaftsgemeinschaft, die spätere Europäische Union, für Amerika wichtig waren. Oder Osteuropa nach dem Fall der Mauer.

Das ist heute nicht mehr so selbstverständlich und selbsterklärend. Europa, klagte Goldman, sei an den Rand gedrängt, selbst seine alte Universität Harvard starre zu oft nur nach Asien. Aber auch das ist – jedenfalls zum Teil – das Ergebnis tektonischer Verschiebungen in der Welt. In dem Maß, in dem die absteigende Supermacht Amerika an Einfluss und Bedeutung verliert – und das ist unter Trump rascher denn je geschehen –, gewinnt das aufsteigende China an Einfluss und Bedeutung. Die Vereinigten Staaten sind längst nicht mehr alleiniger Fix- und Fluchtpunkt. Sie sind zwar immer noch mächtig, aber längst nicht mehr so mächtig wie einst.

Was das für die Zukunft der transatlantischen Beziehungen heißt, welche Rolle Europa dabei einnehmen wird und selbst spielen will, ist noch ungeklärt. Klar ist aber eins: Mit dem beginnenden postamerikanischen Zeitalter müssen sich die Institutionen der Nachkriegsordnung, also auch die von Guido Goldman geschaffenen Organisationen, verändern. Die meisten tun es auch längst und suchen nach einer neuen Begründung des Westens.

Man muss nicht gleich das Schreckgespenst eines neuen Kalten Krieges an die Wand malen. Aber für den Westen ist China weit mehr als nur ein ökonomischer Konkurrent. Die Volksrepublik ist als Gegner der liberalen Ordnung ein systemischer und strategischer Rivale. Das wirft schwierige Fragen auf, aber könnte der in die Jahre gekommenen transatlantischen Partnerschaft zwischen Europäern und Amerikanern neuen Geist und neues Leben einhauchen, wenngleich Nationalisten wie Donald Trump einen Schulterschluss des Westens verdammt schwer machen. Die Hoffnung der Guido Goldmans dieser Welt, dass die liberale Ordnung und die sie tragenden Institutionen zu einer dauerhaften und unumstößlichen Konvergenz aller in diesem System eingebundenen Staaten führen würden, erweist sich leider als Trugschluss.

Ohne den amerikanischen Präsidenten Donald Trump namentlich zu erwähnen, ruft Merkel am 30. Mai 2019 in Harvard den Studenten von den Stufen der Memorial Church zu: „Reißen Sie die Mauer von Ignoranz und Engstirnigkeit nieder!" Und: Wir sollten „Lügen nicht Wahrheiten nennen und Wahrheiten nicht Lügen". Mehr als 20 000 Menschen haben sich an diesem Nachmittag auf dem wie mit einer Nagelschere manikürten Rasen vor der Universitätskirche eingefunden. Studenten, Professoren und Familienangehörige zwängen sich in die engen Klappstuhlreihen. Einige

Gäste tragen bunte Talare, andere schwenken amerikanische Fähnchen. Immer wieder springen sie während Merkels Rede vor Begeisterung von ihren Stühlen, klatschen und rufen „bravo". Der Auftritt vor der liberalen Harvard-Gemeinde ist für die Kanzlerin ein Heimspiel.

Auch Guido Goldman hätte eigentlich in einer der vorderen Reihen sitzen sollen, irgendwo neben seinem Freund, dem deutschen Harvard-Professor Karl Kaiser, einem Vordenker und Wegbereiter der deutschen Ostpolitik Ende der 1960er Jahre. Doch die Klappstühle sind dem 81-jährigen Goldman zu hart. Seine Hüfte tut weh, und er will, falls der Schmerz zu heftig wird, nicht mitten in Merkels Rede aufstehen müssen. Das hätte er als zutiefst unhöflich empfunden.

So zieht es Goldman vor, den Auftritt der Kanzlerin auf einem großen Bildschirm im Keller der Memorial Church zu verfolgen. Dort stehen weit bequemere Sessel, auf denen sich auch das Pressecorps niedergelassen hat. Jeder Satz der Kanzlerin wird sofort übersetzt. Wir sollten „nicht immer unseren ersten Impulsen folgen", sagt sie draußen vor den Pforten der Kirche, „sondern zwischendurch einen Moment innehalten, schweigen, nachdenken, Pause machen". Der donnernde Beifall dringt bis in den Keller.

Lob der Kanzlerin

Am Morgen, wenige Stunden vor Merkels Commencement Speech, hat Harvard der Kanzlerin den Ehrendoktorhut aufgesetzt. Verliehen hat ihn ihr die Rechtsfakultät, an der einst auch Barack Obama studierte. Kaum hat Merkel die rote Robe wieder abgelegt, eilt sie zum Mittagsmahl in die prachtvolle Widener Bibliothek. Unter den geladenen Gästen ist auch Guido Goldman.

Die Tische im säulenumrankten Saal sind festlich gedeckt, die Kanzlerin spricht einen kurzen Toast. Sie erinnert an das Jahr 1947, an die Segnungen des Marshall-Plans, an diesen gewaltigen Dollarregen aus Amerika, ohne den der Westteil des zerbombten Deutschlands nie auf die Beine gekommen und wohl auch nicht so frei und demokratisch geworden wäre. Merkel ruft Willy Brandt ins Gedächtnis, einen ihrer Vorgänger im Kanzleramt. Der war eigens im Juni 1972 nach Harvard gekommen, um ein

Guido Goldman (links), der ehemalige US-Außenminister Henry Kissinger und Bundeskanzlerin Angela Merkel beim Empfang zum 45. Jubiläum des German Marshall Fund in Berlin im Juni 2017

Vierteljahrhundert nachdem US-Außenminister George Marshall 1947 an ebendieser Universität das European Recovery Program, das milliardenschwere Wiederaufbauprogramm für Europa verkündet hatte, noch einmal Danke zu sagen.

Als Präsent hatte Brandt eine Zusage über 147 Millionen Mark für die Gründung des German Marshall Fund dabei. Mit diesem Geld sollte die neue europäisch-amerikanische Denkfabrik aus der Taufe gehoben und 15 Jahre lang finanziert werden. Eingefädelt hatte dieses Geschenk Guido Goldman.

Das große Verdienst des Amerikaners würdigt auch Angela Merkel umfänglich in ihrer kurzen Ansprache. Sie weist auf Goldman und sagt: „Der Vater des German Marshall Fund sitzt unter uns." Die Gäste erheben sich und applaudieren. Gestützt auf seinen Stock geht Goldman auf Merkel zu. Tief gerührt sagt er auf Deutsch und in der ihm eigenen Bescheidenheit: „Frau Bundeskanzlerin, ich habe niemals erwartet, dass Sie eine eher unbedeutende Person wie mich mit so netten Worten bedenken." Es sei ihr ein Herzensanliegen gewesen, erwidert Merkel.

Guido Goldman, dem Deutschland für sein Lebenswerk zweimal das Bundesverdienstkreuz verliehen hat, sah sich inzwischen nur noch als einen Zaungast der deutsch-amerikanischen Beziehungen. Zwar nach wie vor hochinteressiert und gut informiert, aber nicht mehr mitten dabei. Vor einigen Jahren schon hatte er sich aus allen wichtigen Ämtern zurückgezogen und die Geschicke in die Hand von Jüngeren gelegt.

Eine silberne Tiffany-Schatulle für Willy Brandt

Ein halbes Jahrhundert zurückgeblättert: Im Juni 1972, als Willy Brandt nach Harvard kommt, läuft nichts ohne Guido Goldman. Wann immer es seit den 1960er Jahren um Deutschland geht, hält er die Fäden in der Hand. Er ist Ideengeber, gewiefter Verhandler, Geldeintreiber, Dirigent und Zeremonienmeister. Kein Zweiter verfügt damals über so gute Beziehungen bis hinauf in die deutsche und amerikanische Regierungsspitze. Und niemand außer Goldman hat ein derart weitgespanntes Netzwerk ebenso mächtiger wie wohlhabender Freunde. Der Universität Harvard besorgt er im Laufe der Jahrzehnte mehr als 75 Millionen Dollar an Spendengeld, etwa für das Center for European Studies, für die Renovierung der Memorial Hall, für diverse akademische Austauschprogramme. Die Universität zeichnet ihn dafür, wenn auch reichlich spät, mit ihrer höchsten Medaille aus, der Centennial Medal.

In einer Rolodex-Datei, erzählt seine frühere Mitarbeiterin Abby Collins, die in den 1960er Jahren zu ihm stößt, speichert Goldman Hunderte von Telefonnummern und Adressen. Er notiert auch, wer wann Geburtstag hat. Die Wichtigen und Einflussreichen, aber auch die ihm ans Herz Gewachsenen bedenkt er mit kleinen Geschenken, oft mit einem gerahmten Foto einer gemeinsamen Begegnung. So gut wie immer hat Goldman bei offiziellen Anlässen wie privaten Partys eine kleine Kamera dabei, erst eine Leica, dann eine Nikon. Für die einen Freunde ist er „America's Mr. Germany", für die anderen „Germany's Mr. America".

Bis ins letzte Detail plant Goldman damals, im Winter 1971/1972, Willy Brandts Besuch in Harvard. Er ist ein Perfektionist, manchmal auch ein Pedant. Nichts will er dem Zufall überlassen, zur Vorbereitung ist er mehrmals in Bonn gewesen. Selbstverständlich hat Goldman für den deutschen Kanzler, der mit seinem Geldgeschenk die Gründung des German Marshall Fund ermöglichte, auch eine kleine Aufmerksamkeit besorgt. Es ist eine eigens angefertigte Kopie der Tonaufnahme von George Marshalls legendärer Harvard-Rede im Jahre 1947. Und Goldman überreicht sie Brandt nicht einfach so, sondern, auch das ist typisch für seinen Sinn für Stil und Etikette, in einer kleinen Silberschatulle, die er zuvor bei Tiffany in New York gekauft hat.

Bei der Begrüßung des Kanzlers auf dem Bostoner Flughafen wäre ihm allerdings um ein Haar ein peinliches Missgeschick passiert. Die Regierungsmaschine aus Deutschland macht nach der Landung plötzlich einen Schwenk und hält nicht am vereinbarten Ort. In Windeseile hetzt Goldman mit dem gesamten Empfangskomitee der Boeing 707 hinterher, um ja rechtzeitig unten an der Treppe zu stehen, sobald sich die Flugzeugtür öffnet und der Kanzler heraustritt. Gebracht hat es allerdings wenig. Brandt schüttelt keine Hände, sondern verschwindet, abgeschirmt von seinen Sicherheitskräften, gleich in einer schwarzen Limousine.

Willy Brandt spricht damals in Harvard nicht wie Merkel im Jahr 2019 unter freiem Himmel, sondern in der Memorial Hall, im hölzernen Rund des Sanders Theatre. Er ist ja auch nicht zu den Abschlussfeierlichkeiten der Universität angereist, sondern kommt außer der Reihe.

Im Rückblick, sagte Goldman, sei damals politisch vieles leichter und unbeschwerter gewesen als heute. Unter Deutschen wie Amerikanern habe große Zuversicht geherrscht, man sei voller Hoffnung und Tatendrang gewesen. Dabei ist das gegenseitige Verhältnis auch 1972 keineswegs ungetrübt. Die Vereinigten Staaten kämpfen in Vietnam einen grausamen Krieg, die Gesellschaft ist tief gespalten, an deutschen und amerikanischen Universitäten demonstrieren Zigtausende von Studenten, zum Teil mit Gewalt. Auch in Harvard.

Willy Brandt zeigt durchaus Verständnis für manchen Protest, was dem damaligen amerikanischen Präsidenten Richard Nixon nicht gefällt. Überhaupt ist dieser erste sozialdemokratische Nachkriegskanzler Westdeutschlands dem Republikaner Nixon und dessen Nationalem Sicherheitsberater und späteren Außenminister Henry Kissinger nicht geheuer, auch wegen der Ostpolitik.

Gleichwohl legen sie Brandts Gesprächen mit Moskau, Warschau und Ost-Berlin keine Steine in den Weg. Nach außen seien die Amerikaner zwar weiter skeptisch geblieben, sagt Karl Kaiser, der 1968 nach Deutschland zurückkehrte, dort lehrte und Willy Brandt außenpolitisch beriet. Doch streng abgeschirmt von der Öffentlichkeit hätten Henry Kissinger und Egon Bahr, Brandts Unterhändler für die Ostverträge, einen sogenannten back-channel eingerichtet. Über diesen inoffiziellen Kanal zwischen dem Weißen Haus und dem Kanzleramt sei alles Wichtige frühzeitig beredet worden.

Ein dringender Anruf im Weißen Haus

Anders als Henry Kissinger, mit dem er seit gemeinsamen Tagen in Harvard eng befreundet ist und den er häufig im Weißen Haus besucht, ist Goldman ein Befürworter der deutschen Ostpolitik. Doch politische Themen klammern sie aus ihrer Freundschaft weitgehend aus. Jeder geht seinen eigenen Weg.

Goldman ist damals in Deutschland, als Sozial- und Freidemokraten bei der Bundestagswahl am 28. September 1969 gemeinsam die Mehrheit gewinnen und Willy Brandt Kanzler einer sozialliberalen Koalition werden kann. Den Wahlabend verbringt er bei Karl Kaiser, einem Sozialdemokraten. Gemeinsam schaut man die Wahlkampfsendung der ARD. Nach und nach findet sich in Kaisers Wohnung in einer vornehmen Villa in Bonn-Bad Godesberg politische Prominenz ein. Es fließt reichlich Champagner, als feststeht, dass CDU und CSU mit ihrem Spitzenkandidaten, dem bisherigen Bundeskanzler Kurt Georg Kiesinger, zwar auf Platz eins gelandet sind, aber die anderen zwei im Bundestag vertretenen Parteien, SPD und FDP, zusammengerechnet die Nase vorn haben.

Zum Weißen Haus ist diese Nachricht jedoch nicht durchgesickert. Als Goldman mitbekommt, dass Präsident Nixon Kiesinger schon zum Wahlsieg gratuliert hat, lässt er sofort eine abhörsichere Telefonleitung zu Henry Kissinger schalten. „Henry", sagt Goldman, „ihr könnt Kiesinger gerne zum ersten Platz gratulieren, aber Kanzler wird Willy Brandt." Umgehend schickt Nixon ein zweites Glückwunschtelegramm.

Bundeskanzler Willy Brandt (links) und Guido Goldman (rechts), zwischen ihnen der österreichische Finanzminister Hannes Androsch. Das Foto entstand Anfang der 1970er Jahre, wahrscheinlich in Bonn.

Mitnichten also sind die Beziehungen zwischen Deutschland und den Vereinigten Staaten seinerzeit spannungsfrei. Dennoch ist eines klar und völlig unumstritten: Die freie Welt wird von Amerika angeführt – und von niemand sonst. Trotz aller Meinungsunterschiede haben die Staaten des Westens großes Vertrauen in die Supermacht.

Als Willy Brandt am 5. Juni 1972 im Sanders Theatre feierlich das Geldgeschenk aus Deutschland für den German Marshall Fund überreicht, sagt er bewundernd und geradezu schwärmerisch: „Dass Amerika seine kritischen Probleme nicht verdrängt, sondern sich schonungslos mit ihnen auseinandersetzt, empfinden wir als Beweis seiner ungebrochenen Kraft. Dass es sich so schwer macht mit sich selbst, schwächt nicht, sondern verstärkt unsere Sympathie und die Zuverlässigkeit unserer Partnerschaft." Goldman fand das einen großartigen Satz.

Eine Kindheit in New York

Die Flucht

Guido Goldman kommt am 4. November 1937 als zweiter Sohn von Alice und Nachum Goldmann in Zürich zur Welt. Sein Bruder Michael ist 26 Monate älter. Die Eltern wohnen seit 1933 in Genf, im französischsprachigen Teil der Schweiz. Die Mutter, 1901 in Berlin als Tochter des Unternehmers Harry Gottschalk und seiner Frau Emilie geboren, bevorzugt jedoch eine Klinik, in der Deutsch gesprochen wird und deutsche Medizinstandards gelten. Das Krankenhaus Hirslanden in Zürich ist brandneu. Erst 1932 gegründet, gilt es als eines der modernsten Spitäler der Schweiz.

Nachum Goldman, Jahrgang 1895, ist der Sohn jüdischer Eltern aus Wischnewo im heutigen Belarus. Die ziehen bald nach seiner Geburt nach Frankfurt am Main um, Nachum lebt die ersten Jahre bei den Großeltern und folgt 1900 seinen Eltern nach Frankfurt. Gut zwei Monate nach Adolf Hitlers Machtergreifung im Januar 1933 reist er gemeinsam mit seiner Verlobten Alice Gottschalk über Italien nach Palästina.

Ende März hat Nachum Goldmann ein Telegramm erhalten, dass sein Vater, der nach dem Tod seiner Frau 1930 nach Tel Aviv ausgewandert war, im Sterben liegt. Dort erfährt er vom Boykott jüdischer Geschäfte in Deutschland und dass die Gestapo sein kleines Büro in Berlin durchwühlt hat, in dem er an einer Enzyklopädie jüdischer Geschichte und Kultur, der Encyclopaedia Judaica, arbeitet. Im selben Haus befindet sich auch seine Wohnung. Freunde warnen Nachum Goldmann vor einer Rückkehr nach Deutschland. In seiner Autobiografie „Staatsmann ohne Staat" schreibt er später: „Hätte sie (die Gestapo, Anm. d. Autors) mich gefunden, so wäre ich wahrscheinlich in ein Lager gekommen. So aber wurde ich sofort von dieser unliebsamen Heimsuchung unterrichtet und bin während des Naziregimes nie wieder nach Berlin gekommen."

Nachum Goldmann zieht mit seiner Braut Alice in die Schweiz und lässt sich als Repräsentant des American Jewish Congress sowie des Comité des Délégations Juives in Genf nieder. Die Stadt, in der auch der Völkerbund, die Vorläuferorganisation der Vereinten Nationen, seinen Sitz hat, ist damals ein wichtiges Zentrum internationaler Diplomatie und Politik. 1934 wird Nachum Goldmann außerdem zum offiziellen Vertreter der Jewish Agency for Palestine bei der Mandatskommission des Völkerbunds ernannt. Damit liegen alle wichtigen Dinge, die Palästina betreffen, in seiner Hand.

Ein Jahr später, 1935, entzieht ihm das Deutsche Reich die Staatsbürgerschaft und bürgert ihn wegen staatsfeindlichen Verhaltens aus. Doch Nachum Goldmann ahnt, dass es so kommen wird, und beugt rechtzeitig vor. Der zionistische Aktivist, der sich für einen eigenständigen jüdischen Staat in Palästina einsetzt, verfügt schon damals über ein weitverzweigtes Netzwerk und beste Kontakte bis in oberste Regierungsspitzen. Auf Vermittlung des französischen Außenministers Louis Barthou macht ihn der mittelamerikanische Staat Honduras 1934 zum Konsul und verleiht ihm die honduranische Staatsbürgerschaft. Der Diplomatenpass ermöglicht es ihm, in den nächsten Jahren ungehindert zu reisen und seinen politischen Aktivitäten nachzugehen. 1946 wird Nachum Goldmann außerdem amerikanischer und 1964 israelischer Staatsbürger.

Harry Gottschalk, Nachum Goldmanns Schwiegervater, habe wohl damals beim Deal mit den Honduranern ein wenig mit Geld nachgeholfen, sagte Guido Goldman. Gottschalk hat Anfang des 20. Jahrhunderts einen Versandhandel für Staatsbedienstete hochgezogen und damit ein Vermögen gemacht. In der Konzernzentrale in Berlin-Mitte beschäftigt er zeitweilig 600 Mitarbeiter.

In Genf bewohnen die Goldmanns eine schöne Villa in der Nähe des Sees, sie haben ein Kindermädchen, eine Köchin, ein großes Auto samt Chauffeur und eine Zweitwohnung im Zentrum von Paris, finanziell mangelt es ihnen an nichts.

Doch 1940, ein Dreivierteljahr nach Ausbruch des Zweiten Weltkriegs, erzählt Guido Goldman, habe plötzlich die Schweizer Polizei vor der Tür gestanden und den Eltern dringend geraten, das Land so schnell wie möglich zu verlassen. Die Polizisten behaupteten, man habe von einem Attentatsplan der Nazis auf Nachum Goldmann Wind bekommen, die Familie sei in der Schweiz nicht mehr sicher. Ob es tatsächlich dieses Komplott gegeben hat oder ob es nur ein Vorwand war, ist unklar. Die Schweizer, sagte Guido Goldman, hätten durchaus ein Interesse daran gehabt, seinen unbequemen Vater loszuwerden, wollten sie es sich doch nicht mit Adolf Hitler verscherzen.

Nachum Goldmann ist den Nazis ein Dorn im Auge. Er ist nicht nur offizieller Repräsentant der Jewish Agency for Palestine beim Völkerbund, sondern inzwischen auch ein wichtiger Mann des von ihm 1936 in Genf mitbegründeten Jüdischen Weltkongresses, dem World Jewish Congress (WJC). Er hat Zugang zu Hitlers größten Feinden, dem britischen Premier Winston Churchill und dem amerikanischen Präsidenten Franklin Delano Roosevelt. Gemäß der Talmud-Losung *Kol Israel arewim se lase* – Alle Juden sind füreinander verantwortlich – setzt sich der Jüdische Weltkongress weltweit für die Rechte und Belange von Juden ein und hilft mit, eine Allianz gegen Nazideutschland zu schmieden.

Die Goldmanns überlegen im Sommer 1940 nicht lange, auch weil man jederzeit mit einer Besetzung der Schweiz durch deutsche Truppen rechnet. Kaum sind die Polizisten gegangen, packen die Goldmanns ihre Koffer und machen sich noch am selben Tag auf den Weg nach Portugal, um von dort nach New York auszuwandern. Nachum Goldmann hat gute Kontakte in die Neue Welt.

Die Familie verbringt ein paar Wochen in Lissabon und besteigt irgendwann die „George Washington" in Richtung New York.

Das legendäre Dampfschiff, Ende 1908 von der Norddeutschen Lloyd in Betrieb genommen und im August 1914 von den Amerikanern konfisziert, soll in erster Linie US-Touristen nach Hause bringen, die seit dem Ausbruch des Zweiten Weltkriegs in Europa gestrandet sind. Aber dank guter Beziehungen gelingt es Nachum Goldmann, auch für seine Familie vier Tickets zu erstehen.

Wenig später bringt er ebenso seine Schwiegereltern und den Schwager mit dessen Ehefrau über den Atlantik. Die Gottschalks dürfen allerdings

1940 in Lissabon: Alice und Nachum Goldmann mit ihren Kindern Guido (rechts) und Michael, kurz vor ihrer Ausreise in die USA

nicht in die Vereinigten Staaten, sie erhalten zunächst nur ein Visum für Haiti, wo sie bis zum Kriegsende bleiben müssen. Amerika hat damals mit dem Immigration Act von 1924 die Einwanderung jüdischer Flüchtlinge streng begrenzt.

„Wir hatten ein privilegiertes Leben"

Die Goldmanns beziehen im Herzen von New York Quartier, im vornehmen Viertel Upper West Side, nur wenige Schritte vom Central Park entfernt. Erst wohnen sie im legendären Eldorado, einem luxuriösen Wohnkomplex mit markanten Zwillingstürmen im Art-déco-Stil, den Ende der 1920er Jahre der berühmte Architekt Emery Roth entworfen hat. Dann ziehen sie vier Straßen weiter in eine noch größere und feudalere Wohnung, umgeben von kostbaren Gemälden berühmter Maler. An den Wänden hängen Bilder der französischen Impressionisten Claude Monet und Pierre-Auguste Renoir, später kommen ein paar abstraktere Werke von Pablo Picasso dazu.

Wie in Genf führen die Goldmanns auch in New York ein angenehmes Leben mit Dienstpersonal: die beiden Jungen gehen auf eine Privatschule. Klugerweise hatte Großvater Harry Gottschalk schon Ende der 1920er Jahre einen Teil seines Millionenvermögens im Ausland angelegt, unter anderem in der Schweiz. „Wir hatten ein sehr privilegiertes Leben", sagte Guido Goldman, „und haben uns damit von den meisten jüdischen Emigranten in der Stadt stark unterschieden." Zum Beispiel von den Kissingers, die 1938 vom bayerischen Fürth nach New York fliehen und in eine beengte Wohnung in Washington Heights ziehen, einem Viertel voller Flüchtlinge aus Europa.

Heinz Alfred „Henry" Kissinger, der spätere amerikanische Nationale Sicherheitsberater und Außenminister, den Goldman erst 1959 an der Universität Harvard kennenlernt, arbeitet damals tagsüber in der Fabrik und lernt abends für die Schule. Vater Louis, ein Gymnasiallehrer, findet in der fremden Stadt keine Anstellung, Mutter Paula, Tochter eines wohlhabenden jüdischen Viehhändlers aus Franken, verdient Geld als Haushaltshilfe – unter anderem bei den Goldmanns. Wann immer die Goldmanns eine größere Zahl jüdischer Gäste zum Abendessen erwarten, wird Paula Kissinger gerufen. Sie achtet darauf, dass koscher gekocht wird und alles wie am Schnürchen läuft.

Nachum Goldmann ist rastlos unterwegs. In den Kriegsjahren fliegt er oft nach London, um mit der dortigen Regierung über jüdische Einwanderung in das britische Mandatsgebiet Palästina zu verhandeln. Nach dem Krieg bereist er die ganze Welt und rührt für einen eigenständigen jüdischen Staat die Werbetrommel. Und er vermittelt zwischen Israel und der Bundesrepublik Deutschland den sogenannten Wiedergutmachungsvertrag.

Die Sommer verbringen Alice und Nachum Goldmann meist in ihrer europäischen Heimat, besuchen die Salzburger Festspiele und kuren in der Schweiz, in Italien oder im bayrischen Bad Reichenhall. 1963 ziehen sie ganz zurück auf den Alten Kontinent, erst nach Genf, dann nach Paris. Auch in Jerusalem haben sie eine Wohnung.

Immer wenn Nachum Goldmann in den Amerika-Jahren daheim in New York ist, kommen illustre Gäste zum Dinner. Jüdische Emigranten aus Europa und neue amerikanische Freunde, Bankiers und Industriekapitäne, Premiers und Präsidenten, Literaten, Musiker und Künstler geben sich die Klinke in die Hand. Der Präsident des Jüdischen Weltkongresses ist selbst ein wichtiger Politiker und kennt unzählige Menschen von Rang und Namen.

Eleanor Roosevelt, Menschenrechtsaktivistin, Mitbegründerin der Vereinten Nationen und Witwe des 1945 verstorbenen US-Präsidenten Franklin D. Roosevelt, ist bei den Goldmanns zu Gast, ebenso Chaim Weizmann, der erste Präsident von Israel, oder Konrad Adenauer, der erste Bundeskanzler Westdeutschlands. Zu Besuch kommen ebenso UN-Generalsekretär Dag Hammarskjöld, der Philosoph Isaiah Berlin und der demokratische Politiker und Bankier Herbert Lehman, Miteigentümer der Investmentbank Lehman Brothers, die 2008 zusammenbrechen und damit die Weltfinanzkrise auslösen wird. Der weltberühmte Pianist Artur Rubinstein setzt sich an den Flügel der Goldmanns, und im Salon spielt das Budapester Streichquartett auf.

Viele Jahre später zählt auch die Hollywood-Ikone Marlene Dietrich zum Freundeskreis der Goldmanns, wenngleich auf eine ganz spezielle Weise. Sie sind sich nah, aber sehen sich nie. Doch für Nachum Goldmann ist diese Freundschaft wichtig, und die Eltern berichten ihrem Sohn Guido immer wieder davon. Deshalb soll die Geschichte hier kurz erzählt werden.

Als Alice und Nachum Goldmann wieder in Paris residieren, ziehen sie irgendwann in ein Appartementhaus in der vornehmen Avenue Montaigne Nummer 12. Dort lebt ebenfalls Marlene Dietrich, die, wie sich herausstellt, einst in Berlin dasselbe Gymnasium besuchte wie Alice Gottschalk – und dies auch zur selben Zeit. Eines Tages, so berichtete es Guido Goldman, sieht die legendäre Schauspielerin und Sängerin aus ihrem Fenster unten vor dem Hauseingang einen Wagen des Westdeutschen Rundfunks stehen und denkt, der sei ihretwegen gekommen. Doch der Pförtner teilt Dietrich mit, die Journalisten interviewten einen gewissen Nachum Goldmann.

Am Nachmittag ruft Dietrich bei Goldmann an und sagt ihm, es bedeute ihr sehr viel, dass sie im selben Haus wohnten, hätten sie doch beide einst in Deutschland gelebt und seien entwurzelt worden. „Ich würde mich darum freuen, Herr Goldmann", sagt Dietrich, „wenn wir hin und wieder miteinander telefonieren könnten."

Nachum Goldmann ist hocherfreut. Schon seit ewigen Zeiten schwärmt er für die Diva, nicht nur wegen ihres großen Talents und ihrer Schönheit, sondern auch wegen ihres Muts und politischen Engagements. Dietrich war schon früh eine Gegnerin der Nazis und unterstützte später die Gründung Israels. Selbstverständlich werde er sie anrufen, sagt Nachum Goldmann, aber noch lieber würde er sie auf eine Tasse Tee einladen. „Nein, lieber Herr Goldmann", erwidert Marlene Dietrich, „Sie dürfen mich gerne jeden Nachmittag anrufen, aber Sie werden mich niemals sehen." Seit Ende der 1970er Jahre hat sich Dietrich völlig in ihre Wohnung zurückgezogen, verlässt kaum noch das Bett, das Telefon bleibt ihre einzige Verbindung zur Außenwelt.

Wie versprochen telefoniert Nachum Goldmann fast jeden Nachmittag mit ihr, er schickt Dietrich Blumen, und Alice Goldmann versorgt die ehemalige Schulkameradin hin und wieder mit einem guten Essen. Dietrich bedankt sich mit einem Buch oder einem Foto von sich. Doch es betrübt Nachum Goldmann nach wie vor, dass er sein Idol nie zu Gesicht bekommt. Am 31. Mai 1982 schreibt er ihr: „Liebe Marlene, ich diktiere diesen Brief, weil ich Ihnen nicht zumuten kann, meine unleserliche Handschrift (sie war schon immer schlecht, auch bevor ich alt wurde) zu lesen … Besonderen Dank für das Bild. Es ist mir eine Freude, es immer wieder anzusehen und mich an die vielen Male zu erinnern, wo ich Sie in Ihrem Auftreten gesehen und bewundert habe. Ich bedaure sehr, dass Sie sich weigern, mich zu empfangen, obschon ich Ihre Motive verstehe, wenn auch nicht billige."

Drei Monate später, am 29. August 1982, stirbt Nachum Goldmann in einer Klinik in Bad Reichenhall. Marlene Dietrich kondoliert seiner Witwe handschriftlich: „Dear Mrs. Goldmann – I cry for you and for us, mediocre souls, Marlene." (Liebe Frau Goldmann – ich weine um Sie und um uns, unbedeutende Seelen, Marlene.) Guido Goldman erzählte, dass sich seine Mutter über das Wort „unbedeutend" sehr aufgeregt habe.

„Warum musste ich ausgerechnet in diese Familie hineingeboren werden?"

Goldman wächst auf umgeben von mächtigen und berühmten Leuten. Ohne den Namen Goldmann, ohne die wichtigen Kontakte des Vaters, sagte er zu Recht, hätte er sein eigenes Lebenswerk nicht schaffen können.

Das Netzwerk, die großbürgerliche Erziehung, der Wohlstand, das politische Engagement des Vaters, das ist die eine Seite des Elternhauses. Die andere: Wenn Guido Goldman über seine Kindheit sprach, geschah das in einem auffällig verhaltenen Ton. Goldman sagte, sie sei „nicht schlecht" gewesen, die Eltern hätten ihn und seinen Bruder nie geschlagen und immer gut versorgt. Aber es habe in der Familie eine große Distanz und Kälte geherrscht, die Eltern seien sowohl aneinander als auch an ihren Söhnen wenig interessiert gewesen.

Zwar nennt Alice Goldmann den Sohn Guido in ihren Briefen „Herzelein" und „Guidomouse" und unterschreibt der Vater mit „Dein Daddy". Aber das seien „Floskeln" gewesen, sagte Guido Goldman, die Herzenswärme habe gefehlt. Schon als Kind habe er sich gefragt, „Warum musste ich ausgerechnet in diese Familie hineingeboren werden?" Früh habe er sich geschworen, „nie so zu werden wie mein Vater und meine Mutter".

Der Vater, immer unterwegs, sieht die Kinder selten – und wenn, hat er fast nie Zeit für sie, die große Politik geht immer vor. Nachum Goldmann kann sich nicht einmal merken, wann die Söhne Michael und Guido Geburtstag haben. Guido Goldman nannte seinen Vater einen „Egoisten und Narziss", es sei ihm immer nur um sich selbst gegangen. Nachum Goldmanns Autobiografie ist dafür der beste Beweis. Auf 468 Seiten beschreibt er sich selbstverliebt im Kreis der Mächtigen, seine Frau Alice und die Söhne Guido und Michael kommen nur in einem Nebensatz vor.

Auch Alice Goldmann ist meist nur mit sich selbst und ihrer stets schwankenden Gemütslage beschäftigt. Ihren Kindern schenkt sie wenig Aufmerksamkeit und fühlt sich trotz der vielen helfenden Hände im Haushalt rasch überfordert. Schon bei der kleinsten Beanspruchung, sagte Guido Goldman, habe sie stets und ständig gejammert: „Ich kann nicht mehr, ich bin so müde." Wie sehr dieser Satz nachwirkt, zeigt sich auch daran, dass er sich selbst ins Gedächtnis von Goldmans ältestem Jugendfreund eingebrannt hat. Avrom Udovitch, der zunächst mit Bruder Michael befreundet war, ging in der Goldmann-Familie ein und aus. Auf die Mutter angesprochen, zitiert der heute 87-jährige Udovitch sofort ihre ewige Klage.

Mal ist Alice Goldmann überschwänglich, beschenkt den Sohn zum Geburtstag so reichlich, dass sich die Tische biegen, und bedenkt, damit keiner sich zurückgesetzt fühlt, selbst den anderen Sohn mit kleinen Gaben. Mal ist sie abweisend und kühl und hält ihren Jungen vor, sie seien zu kindisch und sollten sich wie Erwachsene benehmen.

Guido Goldman versucht, sich von diesen Stimmungsschwankungen so weit wie möglich fernzuhalten, geht schon als Kind seinen eigenen Weg. Goldman sagte, er habe früh einen Dickkopf besessen und sich von seinen Eltern innerlich unabhängig gemacht. Irgendwann einmal spielt Goldman, er ist ungefähr zehn Jahre alt, am Abend mit seinem Teddybären. Die Eltern erwarten Gäste, und Alice Goldmann findet es unziemlich, dass ein Junge seines Alters noch ein Stofftier im Arm hält. Sie befürchtet, die Gäste könnten darüber die Nase rümpfen. Als die Klingel läutet, nimmt sie den Teddybären und wirft ihn aus dem Fenster.

Doch der Junge weiß sich zu wehren. Er schleicht sich, als die Besucher in ihre Aperitifs vertieft sind, aus dem Haus, holt den Teddybären zurück, legt ihn auf ein Tuch und gruppiert Klötze, Bürsten und was er sonst noch finden kann um ihn herum. Als die Gäste von ihm wissen wollen, was er da Komisches spiele, sagt Guido Goldman: „Das ist die Trauergemeinde auf der Beerdigung meines Bären, den meine Mutter vorhin aus dem Fenster geworfen und getötet hat."

Goldman handelt schon als Kind erstaunlich autonom und selbstbestimmt, entwickelt Stärken, die ihn in seinem späteren Leben nützen. Trotzdem ist es damals nicht leicht. Alice Goldmann verbringt viel Zeit im Bett. Sie ist antriebsschwach, leidet offensichtlich unter Depressionen, unter großem Heimweh nach Europa und der geradezu pathologischen Untreue ihres Ehemanns. Nachum Goldmann ist nicht nur ständig weg, sondern geht auch immer wieder fremd. Die Spannungen zwischen den Eltern belasten Michael und Guido. Die Ehe der Goldmanns ist irgendwann nur noch eine lieblose Zweckgemeinschaft, allerdings war das nicht von Anfang an so.

Kennengelernt haben sich die Eltern 1930 über eine gemeinsame Freundin. Die Jüdin Ellen Hilb lebt in Berlin, ist Chefsekretärin für das Filmunternehmen UFA in Babelsberg und Assistentin des legendären Filmregisseurs Max Reinhardt. Sie ist eine warmherzige, einfühlsame Frau und wird später für Guido Goldman, wie er sagte, eine wichtige Freundin und Lebensberaterin. Bis zu ihrem Tod 1992 nannte er sie liebevoll „Tante Ellen".

Hilbs Freundin Alice Goldmann, damals noch Alice Gottschalk, ist anders als Hilb in ihren jungen Jahren politisch kaum interessiert und naiv. Sie hat einige Nazifreunde und heiratet Anfang der 1920er Jahre ihren Kunstlehrer, der schon früh in Adolf Hitlers NSDAP eintritt. Sie denkt sich nicht viel dabei, sagen ihr doch ihre Freunde, die über Juden herziehen: „Lieschen, wir meinen nicht dich damit!"

Irgendwann wird die Ehe mit dem Lehrer geschieden, und allmählich begreift Alice Gottschalk, was sich da in Deutschland zusammenbraut. Sie entdeckt ihre jüdischen Wurzeln und das Judentum, obwohl sie im strikten Sinn nicht dazugehört, weil im orthodoxen Judentum nur diejenigen von Geburt an Juden sind, die eine jüdische Mutter haben. In diesem Sinn ist nur Alices Vater Harry Gottschalk Jude, weil nur er, aber nicht seine Frau Emilie eine jüdische Mutter hatte. Eine ziemlich komplizierte Geschichte.

Für seinen Großvater Harry, sagte Guido Goldman, sei dieses Gesetz jedenfalls besonders tragisch gewesen, stammte er doch aus einer Familie, die alles Jüdische von sich abzuschütteln versuchte und sich bis zur Selbstverleugnung assimilierte. Schon als Kind wird Harry getauft, er ist kaisertreu und tritt später in den 1921 von Max Naumann gegründeten Verband nationaldeutscher Juden ein, der in der Betonung jüdischer Identität und im Zionismus die Ursache für Judenfeindlichkeit sieht. Harry Gottschalk wird Mitglied in der überwiegend antisemitischen Deutschen Nationalen Volkspartei und marschiert bei Aufmärschen in deren hinteren Reihen als sogenannter Paradejude mit.

Mit Emilie heiratet Harry bewusst eine Nichtjüdin, die Gottschalks lassen ihre Kinder nach der Geburt taufen, es wird nicht Hanukkah gefeiert, sondern Weihnachten, mit Christbaum, O du fröhliche und allem Drum und Dran. Es muss darum für Harry Gottschalk ein Schock gewesen sein, dass seine Tochter Alice sich auf einmal für den Zionismus interessiert und von einem Leben in Palästina schwärmt. Wie Guido Goldman spöttisch sagte, sei diese neue Begeisterung seiner Mutter weniger einer politischen Überzeugung geschuldet gewesen als „einer Lagerfeuerromantik, einer verklärten Sicht auf ein Leben mit Kamelen im Wüstensand".

Eines Tages jedenfalls nimmt Ellen Hilb ihre Freundin Alice mit zu einem gewissen Nachum Goldmann, der, wie Hilb meint, ein faszinierender und gutaussehender Kerl sei und einen Vortrag über den Zionismus halte. Goldmann ist anders, als ihn Alice Gottschalk sich vorgestellt hat, und mit 1,70 Meter eher von kleiner Statur. Aber der feurige Redner, der in Jura und Philosophie promoviert hat und ein halbes Dutzend Sprachen spricht, imponiert ihr.

Nach der Veranstaltung stellt Ellen Hilb die beiden einander vor, und Nachum Goldmann, erzählte sein Sohn Guido, habe als notorischer Schürzenjäger sofort angefangen, mit der hübschen jungen Frau zu flirten. Alice Gottschalk sei dahingeflossen und habe gefragt, ob sie ehrenamtlich für ihn arbeiten könne. Das lässt sich Nachum Goldmann nicht zweimal sagen. Es trifft sich gut, dass er am nächsten Wochenende zu einer Zionistenkonferenz nach Ascona reisen muss. Er bietet Alice Gottschalk an, ihn als Sekretärin zu begleiten – und das Schicksal nimmt seinen Lauf.

1934 heiraten Nachum und Alice Goldmann in Tel Aviv. Der Grund für die Reise ins gelobte Land: „Weil lediglich in Palästina unter britischem Mandat eine Eheschließung durch das jüdische Rabbinat zivilrechtlich gültig war", schreibt Nachum Goldmann Jahrzehnte später in seiner Autobiografie „Staatsmann ohne Staat". Obwohl Nachum Goldmann nicht gläubig ist, will er unbedingt dieses offizielle Siegel, das ist ihm wichtiger als ein großes Fest. „Ich verständigte keinen meiner Freunde von unserer Hochzeit, die von einem völlig unbekannten Rabbiner in Gegenwart von zwei Verwandten als Trauzeugen vollzogen wurde. Dieser Akt wurde nur im hebräischen Rabbinatsregister von Tel Aviv eingetragen."

Seine Eltern, sagte Guido Goldman, seien anfangs bestimmt sehr verliebt gewesen, aber in Wahrheit hätten sie nicht zueinander gepasst und auch nie zueinander gefunden. Jeder sei auf seine Weise sehr einsam gewesen – und einsam geblieben. „Einsamkeit, Distanz", so Goldman, „waren trotz aller äußeren Betriebsamkeit ein vorherrschendes Gefühl in unserer Familie." Das sei natürlich auch an ihm und seinem Bruder Michael nicht spurlos vorübergegangen. Guido Goldman hatte viele gute und enge Freunde, aber selbst jene, die ihm am nächsten waren, sagen, sie seien nie zu seinem innersten Kern vorgestoßen.

Ihre innere Leere beschreibt Alice Goldmann irgendwann gegen Ende des Zweiten Weltkriegs in einem undatierten Brief an ihren Mann. Der hält sich gerade wieder einmal im Ausland auf. Offenbar hat er seiner Frau, wie der Brief nahelegt, zuvor mitgeteilt, dass ihn die Lage in Europa und das Schicksal der Juden sehr bedrücke und er sich oft sehr allein fühle. „Ich kann Dir nur Gefährtin sein, Begleiterin", antwortet Alice Goldmann kühl, „aber jeder muß allein seine Erkenntnisse machen und seinen Weg gehen, bis zum Schluß. Und je früher man sich klar macht, daß man zuletzt allein bleibt, um so besser ist es."

Die Eltern wissen zwar nicht viel miteinander anzufangen, aber können auch nicht voneinander lassen. 1963 ziehen sie gemeinsam zurück auf den Alten Kontinent. Nachum Goldmann ist auch in jenen Jahren ewig unterwegs, oft in Deutschland und in Israel. Fast überall hat er eine Geliebte. Doch von Scheidung ist nie die Rede. Seine Mutter habe „zu große Angst vor dem Alleinsein" gehabt, und sein Vater, sagte Guido Goldman sarkastisch, hätte nie auf das Geld seiner Frau, „auf seine Hausbank", verzichtet.

Auch die Beziehung der beiden Brüder ist schwierig. Michael, so Goldman, habe wohl am meisten unter der Gefühlskälte der Eltern und den emotionalen Wechselbädern der Mutter gelitten. Er sei, was im Familienzweig der Gottschalks offenbar keine Ausnahme war, selbst gemütskrank geworden. Schaut man sich frühe Kindheitsfotos an, liegen sich Michael und Guido oft in den Armen, sie scherzen und verkleiden sich als Indianer.

In den großen Ferien fahren sie gemeinsam ins Sommercamp Penacook nach New Hampshire und zelten im Wadleigh State Park am Rande des Sees Kezar. Das sei die beste Zeit im Jahr gewesen, sagte Goldman, „unsere merkwürdigen Eltern waren in Europa, und wir konnten unbeschwert und frei sein".

Guido Goldman, obwohl zwei Jahre jünger als Michael, nimmt stets die Dinge in die Hand. Er hilft Michael bei den Hausaufgaben, Jahre danach auch im Studium, und sagt, wo es langgeht. „Er war wie ein älterer Bruder", erzählt der gemeinsame Jugendfreund Avrom Udovitch: „Guido hat immer die Verantwortung übernommen und alle wichtigen Entscheidungen getroffen." Dabei ist es bis zu seinem Tod geblieben.

Und auch diese Anekdote illustriert Goldmans frühe Entschiedenheit und seinen starken Willen: Das erste Mal, als die Brüder ins Sommercamp Penacook fahren, geben die Eltern ihnen einen Stapel bereits voradressierter und frankierter Briefumschläge mit. Die Söhne sollen regelmäßig nach Europa berichten, ob alles in Ordnung sei. Doch die Nächte im Zelt sind

Guido Goldman (links) und sein Bruder
Michael, ungefähr 1940

feucht, die Umschläge verleimen. Kurzerhand benutzt Guido Goldman die
verklebten Umschläge als Postkarten und schreibt auf die Rückseite jedes Mal
kurz und knapp: „Hallo, uns geht's gut, viele Grüße Michael und Guido."

Die Eltern sind über diese kargen Mitteilungen nicht entzückt, und im
nächsten Sommer besteht der Vater darauf, dass die Söhne jede Woche ein
Telegramm schicken. Doch Guido Goldman denkt nicht im Traum daran.
„Kein Kind macht das," sagt er damals zu sich, „warum also ausgerechnet wir?" Die Telegrammverweigerung ist natürlich Guidos Idee. Michael
macht nur mit, weil der Bruder ihm hoch und heilig verspricht, den Streit
mit dem Vater alleine auszufechten. Es dauert nicht lange, und im Camp
trifft ein Telegramm aus Europa ein, mit gerade einmal vier Worten: „Bitte
Wohlbefinden bestätigen, Vater."

Für Guido Goldman ist das wieder einmal „typisch Vater": Für sich
selbst gibt Nachum Goldmann das Geld mit vollen Händen aus, für seine
Söhne ist jedes weitere Wort zu teuer und überflüssig. Also antwortet er
ebenfalls kurz und bündig in vier Worten: „Wohlbefinden hiermit bestätigt, Guido."

Je älter Guido und Michael werden, desto mehr entfremden sich die Brüder. Guido spielt Basketball, ist gut in der Schule und hat viele Freunde, bei denen er immer mal wieder übernachtet. Michael ist eher ein Einzelgänger und hat Schwierigkeiten mit dem Lernen. Doch im Gegensatz zu Guido ist er in seiner Jugend hochpolitisch, träumt von einem Leben im Kibbuz und engagiert sich in der sozialistisch-zionistischen Jugendorganisation Hashomer Hatzair.

Dort lernt Michael auch Avrom Udovitch kennen, der in der New Yorker Zentrale des Vereins volontiert. Für Udovitch, der in Kanada in bescheidenen Verhältnissen aufwuchs und in New York mit zehn Dollar in der Woche auskommen muss, ist das Leben der Goldmanns wie das Paradies auf Erden. Im Wohnzimmer steht ein großer Fernseher, der Kühlschrank ist prall gefüllt, es gibt reichlich und nur das Beste zu essen. Als Udovitch bei den Goldmanns das erste Mal Michaels Bruder Guido begegnet, der damals etwa fünfzehn ist, denkt er: „Amerikanischer als der kann man nicht sein: hochgewachsen, kräftig, riesige Füße, lilakarierte Hosen – und redet von nichts anderem als von Basketball."

Aufgewachsen in einer großbürgerlichen europäischen Familie und amerikanischer als amerikanisch? Für Dori Fliegel, einen Freund aus Cambridge, der Goldman mit am besten kannte, besteht darin kein Widerspruch. Er nennt seinen Freund „quintessentially American". Goldmans Geist sei durch und durch europäisch gewesen, sein Charakter jedoch „uramerikanisch". Für Fliegel heißt das: Goldman war im besten Sinne des Wortes „unfertig", immer offen für Neues, mit einer „hohen Toleranz für Ambivalenzen", einer „Liebe zu Unwägbarkeiten", eben kein Mensch, der sein Leben nach einem Drehbuch führte.

Das ist eine treffliche Beschreibung, erklärt sie doch Goldmans nimmermüde Suche nach einer neuen Aufgabe und seinen erstaunlichen Wagemut. Ohne diese Charaktereigenschaft hätte er wahrscheinlich nicht so vieles und nicht so Unterschiedliches geschaffen.

Goldman ist in seinen jungen Jahren eher unpolitisch und in seinem Habitus ziemlich traditionell und konservativ, kein Hippie, kein Revoluzzer, eher ein kleiner Dandy. Avrom Udovitch sagt, Goldman habe sich seinerzeit gerne lustig gemacht über den politischen Aktivismus seines Bruders. Er habe Michael und ihn spöttisch „linksradikal" genannt und scherzhaft damit gedroht, sie dem FBI zu verpetzen. Udovitch kann damals nicht viel mit Guido Goldman anfangen, er ist ihm zu konventionell, zu stromlinienförmig. Die beiden werden erst Jahre später zu Freunden, als Udovitch in Columbia und Yale Geschichte und Guido Goldman in Harvard Politik studiert.

Bruder Michael verliert schon in jungen Jahren nach und nach den Halt im Leben. Er studiert ein bisschen in Amerika, ein bisschen an der Sciences Po in Paris. Er versucht sich in der Schauspielerei, heiratet in den 1960er Jahren eine schwarze amerikanische Tänzerin der Alvin Ailey American Dance Company, zieht nach Paris, bekommt mit ihr zwei Kinder, lässt sich scheiden und ist immer und ewig pleite. Auch mit einem Weinkeller, den er für viel Geld in Paris eingerichtet hat, macht er keinen Pfennig Geld. Guido Goldman sagte, Michael habe in seinem Leben nie einen vollen Tag gearbeitet.

Irgendwann gerät der Bruder gänzlich aus der Bahn und fängt sich auch nicht mehr. Er trinkt, nimmt Drogen, begeht in Kalifornien nach einem unverschuldeten Unfall Fahrerflucht und wird nur deshalb nicht zu einer Gefängnisstrafe verurteilt, weil sein Bruder Guido den teuersten Anwalt vor Ort engagiert. Weil die Eltern immer wieder nachgeben und keine klare Linie gegenüber Michael finden, geht Guido Goldman zunehmend auf Distanz zur Familie. Seine Mutter ist darüber sehr unglücklich und wie immer hin- und hergerissen. Mal äußert sie Verständnis für Guidos Verärgerung und teilt diese sogar. Mal klagt sie ihn bitter an und wirft ihm vor, zu selbstsüchtig zu sein.

In dieser chaotischen Gefühlswelt wächst Guido Goldman auf und kann ihr auch Jahrzehnte später kaum entrinnen. „Lieber Guido", schreibt Alice Goldmann im Juli 1977, da ist sie knapp 76, ihr Mann 82 und Sohn Guido fast 40 Jahre alt: „Ich bin so traurig, weil ich fühle, daß Du Haßgefühle hast. Ich kenne N.'s (Nachums, Anm. d. Autors) Fehler – aber er hat sehr viel Liebenswertes, und Du siehst nur die Schattenseiten in ihm. Was Du gegen mich hast, kann ich nicht verstehen. Ich kann es nur vermuten. Du warst so ein unbeschreiblich lieber Mensch … Da Du mir der nächste Mensch auf dieser Welt bist, leide ich sehr darunter und doch bin ich völlig hilflos und kann nichts für Dich tun."

„Zum Glück gab es Ruth aus Barbados!"

Schaut man auf das Elternhaus, wäre es nicht verwunderlich gewesen, wenn Goldman entweder wie Michael gestrandet oder so kühl und selbstbezogen wie seine Eltern geworden wäre. Aber er war das genaue Gegenteil, empathisch, fürsorglich, mit einem weiten Herz. Was also hat ihn anders werden lassen? Seine Kindermädchen, sagte Goldman, ihnen habe er es zu verdanken gehabt, vor allem Ruth. „Für mich", sagte Guido Goldman, „gab es zum Glück Ruth aus Barbados."

Als die Goldmanns noch in der Schweiz leben, kümmert sich zunächst eine junge Frau namens Ditty um Michael und Guido. Sie wäscht die Jungen, schiebt sie im Kinderwagen am Genfer See entlang, gibt ihnen zu essen und singt am Abend ein Gute-Nacht-Lied vor. Als die Familie 1940 nach Amerika emigriert, muss sie zurückbleiben. Der zweieinhalbjährige Guido Goldman ist darüber sehr traurig und verübelt es seinen Eltern lange, dass sie Ditty nicht mitgenommen haben.

In New York aber wird alsbald Ruth angestellt, eine schwarze Frau von der Karibikinsel Barbados. Sie ist klug, warmherzig und sehr liebevoll. Guido Goldman hängt an ihrem Rockschoß und sitzt am liebsten mit Ruth in der großen Küche, wo auch die Köchin und die Dienstmädchen sind. „Dort herrschte immer eine so herzliche, fröhliche Stimmung", sagte er, „ganz anders als ein paar Schritte weiter im Salon meiner Eltern."

Durch Ruth erfährt Goldman schon als Kind, was es heißt, wegen seiner Hautfarbe diskriminiert zu werden. Sie öffnet ihm die Augen für die Ungerechtigkeiten dieser Welt. Auf Ruth führte Goldman auch zurück, dass er sich später in der Bürgerrechtsbewegung und vor allem im Alvin Ailey American Dance Theater engagierte. Rassismus, ethnische und religiöse Ausgrenzung gibt es damals nicht nur in Nazideutschland. Als die Goldmanns 1940 in die USA fliehen, werden auch in Amerika Menschen aufgrund ihres Aussehens, ihrer Herkunft oder ihres Glaubens diffamiert und von Gesetzes wegen schlechtergestellt. Es trifft nicht allein die Afroamerikaner, sondern ebenso die Ureinwohner der Vereinigten Staaten, ebenso viele Asiaten.

Selbst für Juden ist es mitunter schwer, eine Arbeit zu finden oder einen Studienplatz zu erhalten, mancherorts wird ihnen der Erwerb von

Grundstücken und gar der Zuzug verwehrt. Doch keine Gruppe wird so systematisch und brutal diskriminiert wie die Schwarzen. Fast jede Woche geschehen Lynchmorde, Schwarze müssen auf getrennte Schulen und Universitäten gehen, dürfen nicht aus denselben öffentlichen Wasserhähnen trinken und sind gezwungen, Weißen im Bus Platz zu machen. Schilder an Restaurants und Geschäften mit der Aufschrift „Zutritt nur für Weiße" sind weit über die Südstaaten hinaus verbreitet. Als die Goldmanns damals in New York Quartier nehmen, sind in den meisten amerikanischen Bundesstaaten sogenannte Mischehen zwischen Weißen und Schwarzen strikt verboten.

Auch im Appartementhaus der Goldmanns an der Upper West Side herrscht Rassentrennung. Es gibt zwei Fahrstühle, der erste, prachtvollere ist ausschließlich Weißen vorbehalten. Und weiß sind damals ausnahmslos alle Bewohner sowie deren Besucher und eine Handvoll Bedienstete wie zum Beispiel Frau Beringer, die eine Zeit lang bei den Goldmanns als Gouvernante arbeitet. Selbst der uniformierte Fahrstuhlführer Harry, der für die Bewohner die Etagenknöpfe drückt, ist weiß. Harry stammt aus Irland.

Den zweiten, schlichteren Fahrstuhl müssen alle benutzen, die keine weiße Hautfarbe haben, also Menschen wie Ruth. Da Ruth die Goldmann-Söhne überall hinbringen und wieder abholen muss, kennt Guido Goldman den zweiten Fahrstuhl besonders gut. Denn wenn Ruth bei ihm ist, muss auch er den Fahrstuhl für Schwarze nehmen.

Goldman ist zehn Jahre alt, als er an einem Sonntag mit seinen Eltern von einer Opernmatinee nach Hause kommt. Er liebt diese kulturellen Ausflüge nicht, die Atmosphäre ist ihm zu steif, der Gesang zu künstlich. Wie immer nehmen die Eltern den ersten Fahrstuhl, doch Guido Goldman läuft schnurstracks zum zweiten und fährt damit nach oben. Nachum Goldmann ist höchst irritiert und will von seinem Sohn wissen, was dieser Unfug solle. „Mit Ruth muss ich immer den zweiten Lift nehmen", sagt Guido Goldman, „sie darf nie in euren. Du erzählst immer, wie schlecht Juden behandelt werden, das hier ist nichts anderes. Wenn du dich für die Gleichbehandlung der Juden engagierst, musst du das auch für die Schwarzen tun." Der Vater ist perplex, aber setzt sich umgehend und mit Erfolg dafür ein, dass die Rassentrennung in den Fahrstühlen dieses Appartementhauses aufgehoben wird.

Für Ruth ergreift Goldman auch bei seiner Mutter Partei. Im Frühsommer 1947 ist es ein paar Tage so heiß und schwül in der Stadt, dass in den Straßen der Asphalt schmilzt. Alice Goldmann will ihre Söhne überraschen und bringt vom Einkauf eine Klimaanlage fürs Kinderzimmer mit. Die rechteckige Kiste soll ins Fenster eingebaut werden.

„Kriegt Ruth auch eine?", fragt Guido Goldman sofort. „Nein", sagt seine Mutter, „hast du eine Ahnung, was so ein Ding kostet?" Klimaanlagen sind damals noch eine Seltenheit und darum sündhaft teuer. Das finde er sehr ungerecht, sagt Goldman, sein Bruder Michael und er seien bald im Sommercamp, die Eltern im kühlen Europa, Ruth aber müsse die heißen Monate in ihrer kleinen, stickigen Einzimmerwohnung in Brooklyn aushalten. „Ich kenne keinen, der einem Dienstmädchen eine Klimaanlage kauft", sagt die Mutter entnervt. „Dann will ich auch keine", meint Guido Goldman, sie könne die Kiste gleich wieder zurück ins Geschäft bringen. Das Ergebnis dieses Streits: Das Kühlgerät bleibt, und Ruth bekommt auch eins. Wieder einmal hat sich Guido Goldman durchgesetzt.

Weil er mit offenen Augen durchs Leben läuft und stets viele Fragen stellt, entwickelt Goldman früh ein feines Gespür dafür, was in der Gesellschaft falsch läuft. Schon als Kind will er von dem, was er reichlich hat, abgeben. Wann immer die Goldmanns Gäste haben, die nicht koscher essen, wird ein riesengroßer Braten serviert, von dem alle reichlich satt werden. Weil Alice Goldmann aber partout den Eindruck vermeiden will, die Portionen könnten knapp bemessen sein, wird stets ein zweiter Braten in den Ofen geschoben. Von dem dürfen dann die Bediensteten nehmen, denn es bleibt jedes Mal ein üppiger Rest.

Guido Goldman, der bei diesen Anlässen mit Ruth in der Küche sitzt, findet das eine ungeheure Verschwendung und will, dass der Fahrstuhlführer Harry auch etwas abbekommt. Er mag ihn und bringt ihm darum, immer wenn es Braten gibt, einen großen Teller zum Lift.

Ruth aus Barbados, die so wichtig für ihn ist, hat Goldman seiner Mutter zu verdanken. Trotz ihrer vielen Unzulänglichkeiten hat Alice Goldmann bei der Auswahl der Kindermädchen fast immer eine glückliche Hand. Nur einen Ausreißer gab es, Frau Beringer aus New York. Aber auch in diesem Fall nahm Guido Goldman die Geschicke selbst in die Hand.

Alice Goldmann spricht mit ihren Söhnen stets deutsch. Dem Vater ist das jedoch zu mühsam. Nachum Goldmann ist ein ungeduldiger Mensch, er will, dass Guido und Michael auf seine Fragen unverzüglich antworten. Da die beiden inzwischen weit besser englisch als deutsch reden, bevorzugt er darum die Unterhaltung mit ihnen auf Englisch. Alice Goldmann ist das nicht recht, sie befürchtet, Michael und Guido könnten die deutsche Sprache verlernen, und bemüht sich deshalb um eine deutschstämmige Gouvernante. Dieses „Kinderfräulein", wie man damals zu sagen pflegte, soll mit den Buben deutsch reden und ihnen obendrein ein paar Tugenden wie Pünktlichkeit, Fleiß und Gehorsam beibringen. Alice Goldmann ist sehr deutsch.

Die Wahl fällt auf Frau Beringer. Sie lebt in New York und ist in Guido Goldmans Erinnerung ein Nazi gewesen. Frau Beringer geht mit den Goldmann-Jungen vorzugsweise ins berüchtigte Café Geiger, wo sich selbst nach Kriegsende Gäste noch mit „Heil Hitler" begrüßen. Das Café Geiger auf der 86. Straße war Ende der 1930er Jahre ein beliebter Treffpunkt des sogenannten Bunds, eines Vereins deutsch-amerikanischer Nazianhänger.

Guido und Michael Goldman hassen Frau Beringer, die immer nur schreit und herumkommandiert. Sie wollen, dass die „alte Hexe" wieder geht. Doch die Mutter überhört die Klagen ihrer Söhne geflissentlich. Also heckt Guido Goldman einen Plan aus, wie man das schreckliche Kinderfräulein am schnellsten wieder loswerden kann. Er nimmt einen großen Eimer, füllt ihn mit heißem Wasser und Seifenlauge, schmiert damit im Kinderzimmer den Linoleumboden ein und fängt ein fürchterliches Geschrei an. Frau Beringer eilt zeternd herbei, rutscht aus, bricht sich den Ellenbogen – und kündigt. „Das war das Ende unserer Nazigouvernante", lachte Guido Goldman noch über siebzig Jahre später. Frau Beringers Nachfolgerinnen seien weit netter gewesen.

Der Bar-Mitzwa-Trick

Nachum Goldmann ist in der jüdischen Welt eine wichtige Person, aber mit der Religion hat er nicht viel am Hut, er ist ein politischer und kultureller, aber kein religiöser Jude. Ähnlich wie Henry Kissinger, der aus Deutschland geflohene Ex-Außenminister der Vereinigten Staaten. Er stammt aus einer jüdisch-orthodoxen Familie und sagt von sich, er sei ein Jude aufgrund seiner ethnischen Herkunft, nicht aber wegen seines Glaubens.

Guido Goldman erzählte, er habe sich von früh auf immer nur dann als Jude gefühlt, wenn er auf Antisemitismus gestoßen sei. Zum Beispiel als er als Kind in New York mitbekommen habe, dass Juden wie die Goldmanns in einigen Appartementhäusern nicht Käufer oder Mieter sein durften. Oder wenn ihm Kinder im Sommercamp „Kike" hinterhergerufen hätten. „Kike" ist ein in Nordamerika gebräuchliches Schmähwort für Juden, für das es im Großen und Ganzen zwei Erklärungen gibt.

Die eine: Im slawischen Raum endeten jüdische Nachnamen einst oft mit den Buchstaben „ki" oder „ky". Die andere: Das Schimpfwort hat seinen Ursprung auf Ellis Island. Die Insel im Hudson River vor den Toren von New York war einst eine zentrale Sammelstelle für Einwanderer. Etliche jüdische Immigranten, vornehmlich aus Osteuropa, waren Analphabeten oder nicht der lateinischen Schrift mächtig und weigerten sich, die Fragen auf dem Einwanderungsbogen mit dem üblichen X anzukreuzen. Für sie war dieses Zeichen ein christliches Kreuz, und sie füllten die Fragekästchen stattdessen mit einem Kreis aus. Das jiddische Wort für Kreis lautet „kikel" und für einen kleinen Kreis „kikeleh". Alsbald wurden jüdische Einwanderer von den Beamten auf Ellis Island „kikel", „kikeleh" und schließlich „kike" gerufen.

Aber diese Schmähung ist in Goldmans Jugend eine große Ausnahme. In Manhattan besucht er die sehr progressive Privatschule Birch Wathen. Die meisten Mädchen stammen aus jüdischen Familien, aber unter den Jungen sind Guido und Michael die einzigen Juden.

Andrei Markovits, Sohn einer jüdischen Familie aus Rumänien, Professor für Soziologie an der University of Michigan und seit gemeinsamen Harvard-Tagen ein guter Freund, sagt über Guido Goldman: „Er hat sich stets in zwei Richtungen abgegrenzt: Begegnete er Antisemiten, war er Jude, rieb er sich an seinem mitunter scheinheiligen Vater, war er Nichtjude."

Nachum Goldmann, der die ersten sechs Jahre bei den Großeltern im jüdischen Schtetl Wischnewo aufgewachsen ist, bezeichnet sich in seiner Autobiografie „Staatsmann ohne Staat" selbst als eine Mischung aus osteuropäischem Judentum und westlicher Aufklärung. „In Wischnewo", schreibt er, „war es mir eine Selbstverständlichkeit, ein jüdisches Kind zu sein." Es habe in dem Schtetl fast nur Juden gegeben. Die „jüdische Angst vor der Übermacht der nichtjüdischen Welt" habe er nie empfunden und sich darum auch nicht beleidigt gefühlt, als ihn in Frankfurt jemand als „Judenbengel" beschimpfte. Die „Fraglosigkeit des jüdischen Bewusstseins", so Nachum Goldmann, könne „niemals durch Lehre und Predigt, sondern lediglich aus einer starken Lebenswirklichkeit entstehen".

Diese „starke Lebenswirklichkeit" erfahren Michael und Guido in Amerika nicht. Der Vater gibt sie auch nicht weiter, lebt er doch selbst inzwischen in einer anderen Welt. Nachum Goldmann, der Junge aus dem Schtetl, weiß alles über das Judentum, er spricht Jiddisch, hat die Thora studiert, kennt die religiösen und kulturellen Gesetze wie kaum ein Zweiter. Doch ebenso zieht ihn, der ab seinem sechsten Lebensjahr in Frankfurt groß wurde, die andere, die nichtjüdische deutsche Geisteswelt in den Bann. „Europa" war, so sagte Nachum Goldmann einmal, „nicht nur für die deutschen Juden, sondern für Millionen osteuropäischer Juden identisch mit deutscher Kultur. Sie dachten dabei an Lessing und Schiller, Kant und Hegel, Goethe und Heine – nicht aber an Racine oder Molière, Shakespeare oder Milton, Pascal oder Locke."

Nachum Goldmann begeistert sich nicht nur für die deutsche Literatur und Philosophie, sondern ebenso für die Musik von Beethoven, Mozart und Bach. Oft sitzt er versonnen vorm Grammofon und wäre wahrscheinlich selbst gerne Musiker geworden. Es betrübt Nachum Goldmann, dass seine Söhne keinen geraden Ton singen können und die Klavier- und Klarinettenstunden fruchtlos bleiben.

Nachum Goldmann muss das Judentum nicht leben, es ist Teil von ihm. Seine jüdische Identität, sagt Avrom Udovitch, sei für ihn ob seiner Herkunft eine Selbstverständlichkeit gewesen, die auch nie jemand infrage gestellt habe. „Für die beiden Söhne aber hat das nicht gegolten, ihnen fehlte die eigene jüdische Erfahrung." Die Goldmanns beten nicht bei Tisch, sie gehen nicht in die Synagoge, und zwischen Freitag- und Samstagabend gibt es für sie auch keinen Sabbat. Die Goldmanns essen selbst nie koscher, zum Frühstück bekommt der Vater Eier und deftige Wurst serviert.

Es wird Weihnachten gefeiert und nur ein- oder zweimal das Passahfest, weil der Vater die hebräischen Lieder so gerne singt. Allerdings ordnet

Nachum Goldmann jedes Mal zu Weihnachten an, dass der Christbaum in der hintersten Ecke des Appartements aufgestellt werden muss. Er will partout nicht, dass er den Gästen beim Betreten der Wohnung gleich ins Auge sticht. Nachum Goldmann fürchtet, dass jüdische Besucher, mit denen er als Präsident des Jüdischen Weltkongresses politisch zu tun hat, an den christlichen Traditionen der Familie Goldmann Anstoß nehmen könnten.

Es ist diese Heuchelei, die Guido Goldman so verachtete. Es sei seinem Vater immer nur um sich und um die Wahrung des äußeren Scheins gegangen. Dessen Judentum, sagte Goldman, sei in vielerlei Hinsicht „eine Maskerade" gewesen. So heiratet Nachum Goldmann eine Nichtjüdin und hat ständig nichtjüdische Geliebte, aber seinen Sohn Michael wirft er aus der Wohnung, als dieser ankündigt, mit Jacqui eine Nichtjüdin zur Frau zu nehmen. Und auch seinen Sohn Guido nimmt er sich zur Brust, als dieser erwägt, eine nichtjüdische Freundin zu heiraten. „Solltest du das tun", sagt Nachum Goldmann, „schadest du meiner Karriere."

Diese Scheinheiligkeit hasst Guido Goldman schon als Kind. Als er zwölf ist, soll er nach dem Wunsch seines Vaters Hebräisch lernen und bei einem Rabbiner Thora-Unterricht nehmen, damit die Familie mit der Vollendung von Guidos dreizehntem Lebensjahr zur Bar Mitzwa einladen kann, zu jenem großen Fest, mit dem Juden die religiöse Mündigkeit ihrer Söhne feiern. Guido Goldman sieht darin keinen Sinn und für sich auch keinen persönlichen Gewinn, es sei denn, den Eltern ließe sich eine Gegenleistung abhandeln. Immer schon möchte er einen Hund, das ist sein größter Traum. Irgendwann einmal hat seine Mutter ihm auf sein Drängen im Warenhaus Gimbels eine Hündin gekauft, diese aber, als sie trächtig wurde, sofort wieder abgestoßen.

Das hat dem Kind das Herz gebrochen, und es beschließt, den Eltern fortan nicht mehr zu trauen, sondern ihre Versprechen künftig in alle Richtungen abzusichern. Das ist die Geburtsstunde des zähen Verhandlers und geschickten Taktierers Guido Goldman. Bereits als Zwölfjähriger entwickelt er die Fähigkeiten eines gewitzten Geschäftsmanns, die ihm später bei seinem Lebenswerk von großem Nutzen sind.

Als der Vater ihn wieder auf die Bar Mitzwa anspricht, sagt der Sohn, er wisse noch nicht so recht, vielleicht sei er dazu bereit, vielleicht auch nicht. Woraufhin Nachum Goldmann sagt, es sei ihm aber wichtig, und ob er seinem zögerlichen Sohn die Entscheidung vielleicht mit einem Geschenk versüßen könne. „Ja, mit einem Hund", kommt es wie aus der Pistole geschossen. „Kein Problem", sagt der Vater, „das lässt sich machen."

Doch der gewiefte Guido Goldman ist auf der Hut. Er befürchtet, dass seine Eltern, sobald die Bar Mitzwa vorbei ist, ihre Zusage wieder zurückziehen. Also sagt er: „Ich will den Hund nicht erst nach der Feier bekommen, sondern schon drei Wochen vorher." Das jedoch bringt seine Mutter auf die Palme. Ein kleiner Welpe, drei Wochen vor dem Fest, das komme überhaupt nicht in die Tüte, sagt sie. Es würden hundert Gäste kommen, ein nicht stubenreiner Hund sei da „ein Problem". „Okay", meint Guido Goldman, „dann wirst du kein Problem, und ich werde keine Bar Mitzwa haben." Umgehend lenkt der Vater ein. Zum Fest seines Sohnes will er wichtige jüdische Freunde und Bekannte laden, es kommt für ihn darum gar nicht infrage, die Bar Mitzwa platzen zu lassen. Sohn Guido erhält den Hund und darf ihn sich bereits ein halbes Jahr vor dem großen Ereignis aussuchen.

Aber damit ist die Sache für Guido Goldman noch nicht vom Tisch. Natürlich will er nicht irgendeinen Hund und schon gar keinen, den man in die Jackentasche stecken kann. Doch die Eltern bestehen darauf, dass der Hund nicht zu groß sein darf. Man einigt sich auf einen Cocker Spaniel. Der Sohn ist einverstanden, aber gerissen, wie er ist, sucht er sich einen Englischen Cocker Spaniel aus, wohl wissend, dass diese größer werden als gewöhnliche Cocker Spaniel.

Damit der Welpe rechtzeitig zur Bar Mitzwa stubenrein ist, bleibt er die nächsten fünf Monate in der Obhut des Züchters. Exakt drei Wochen vor der Feier holt Guido Goldman zusammen mit seinem Vater das Tier nach Hause in die Upper West Side. Allen hundert Gästen führt er den Englischen Cocker Spaniel stolz vor. Sie sollen sehen, dass er einen Hund bekommen hat, falls die Eltern es sich nach dem Fest doch noch einmal anders überlegen sollten.

Die Frage, wie jüdisch die Familie Goldmann sein soll, ist ein Dauerthema und ein Dauerkonflikt. Alice Goldmann, die anders als ihr Mann ohne jede jüdische Tradition aufgewachsen ist, weiß, dass ihre Kinder unter der aufgesetzten Religiosität des Vaters leiden. Als Nachum Goldmann sich gerade wieder einmal über eine „deutsche Freundin" seines Sohnes Guido

Hundeliebhaber Guido Goldman mit einem Welsh Springer Spaniel, in den 1980er Jahren

beschwert, schreibt sie im März 1969 an Guido, er solle sich nicht vom Vater beeinflussen lassen, es komme im Leben allein auf eine gute Beziehung zwischen den Partnern an und nicht darauf, ob jemand jüdisch oder nichtjüdisch sei.

Alice Goldmanns Brief an ihren Sohn ist vielleicht die beste Erklärung des Dilemmas: „Daddi hat Euch keine jüdischen geistigen oder religiösen Werte übermittelt", schreibt sie, und seine Einstellungen seien „unseriös und hypokritisch". Sie selbst komme auch nur aus einer Familie der „Assimilanten" ohne jede Überzeugung. „Natürlich habe ich kulturell viel Deutsches und habe es unwillkürlich Euch übermittelt ... Im geistigen u. kulturellen Sinn sind wir keine Juden mehr. Ich finde echte Frömmigkeit wunderbar. Sie muß von Herzen kommen und dem Leben eine Form geben. Dann bildet sie ein festes familiäres Band, das Halt gibt und Wärme ausstrahlt ... Leider haben wir keine Tradition – ein großer Verlust, aber dafür haben wir die Freiheit der Wahl."

Doch auch Nachum Goldmann fühlt diese Widersprüche, ist hin- und hergerissen zwischen seiner intellektuellen Distanz zur jüdischen Religion und dem Wunsch nach größerem religiösen Halt. Im Oktober 1967 hält er sich in Jerusalem auf, und ihn quält die Frage, ob in seiner Familie eine zu große spirituelle Leere herrscht. In einem seltenen Moment der Selbstkritik schreibt er seinem Sohn Guido: „Religion, wenn sie nicht engstirnig und fanatisch ist, hat ihren Sinn und großen Wert. Sie ist das geistige Fundament, auf dem die Familie sich aufbaut. Aus vielen Familien entsteht eine Gemeinschaft, dann ein Volk, ein Staat. Vielleicht muß man die Tradition einmal so weitgehend aufgegeben und verloren haben, wie das z.B. in unserer Familie der Fall ist, um plötzlich zu begreifen, was da eigentlich gefehlt hat ...“

Und alle tanzen den Hora-Reigen

Die Goldmanns sind nicht gläubig, aber Nachum Goldmanns politisches Judentum bestimmt das Leben der Familie. Seit Beginn des 20. Jahrhunderts dient Nachum Goldmanns Handeln einem Ziel: in Palästina einen eigenständigen jüdischen Staat zu gründen. Sosehr Guido Goldman mit seinem Vater auch haderte, für dessen politische Leistungen empfand er stets Hochachtung. Zwei Errungenschaften hob er dabei besonders hervor: die Entschädigungszahlungen an Israel und an die Überlebenden des Holocaust. Und dass sein Vater einer der Hauptakteure beim Teilungsplan für Palästina war. Er habe dabei die entscheidenden Strippen gezogen.

Nachum Goldmann wollte nicht nur einen Staat für Juden, sondern er war auch überzeugt, dass es nur Frieden mit den Arabern geben könne, wenn auch die Palästinenser ihren Staat bekämen. Am Samstag, dem 29. November 1947, ist es so weit, die Generalversammlung der Vereinten Nationen nimmt mit der Resolution 181 (II) den Teilungsplan an. Das britische Mandat über Palästina wird aufgehoben, und auf dem Gebiet sollen ein Staat für Juden und einer für Araber entstehen. Nicht nur Nachum Goldmann, auch der Großteil der Weltgemeinschaft hofft, damit nun endlich den brandgefährlichen Konflikt zwischen den beiden Völkern zu beenden. Bekanntlich ist es anders gekommen.

Guido Goldman erinnerte sich noch gut an die Woche vor diesem entscheidenden Samstag, an dem Weltgeschichte geschrieben wurde: Die

Goldmanns wohnen in New York, wo auch die Vereinten Nationen ihren Sitz haben. Es ist nicht sicher, ob der Teilungsplan durchkommt, es gibt Gegner, die notwendige Zweidrittelmehrheit steht auf des Messers Schneide. Eigentlich hätte die Generalversammlung bereits am Mittwoch abstimmen sollen, einen Tag vor dem nationalen amerikanischen Feiertag Thanksgiving. Aber Nachum Goldmann braucht noch etwas Zeit, um einige zögerliche Delegierte zu bearbeiten. Er bedrängt darum den damaligen UN-Generalsekretär Trygve Lie, den Abstimmungstermin um ein paar Tage auf Samstag zu verschieben.

Goldmann kennt den Norweger Lie gut und weiß, dass auch er für die Teilung ist. Lie stimmt der Verschiebung zu, und Nachum Goldmann hängt sich drei Tage lang pausenlos ans Telefon. Vor allem redet er seinen jüdischen Freunden in Lateinamerika ins Gewissen und bittet sie, Druck auf ihre Regierungen auszuüben. Aus den Vereinten Nationen hat Goldmann erfahren, dass einige lateinamerikanische Delegierte noch nicht wüssten, wie sie abstimmen würden. Am Samstagmorgen ist sich Nachum Goldmann sicher, dass er die Zweidrittelmehrheit zusammenhat, kurz darauf wird der Teilungsplan mit 33 gegen 13 Stimmen genehmigt.

Der Sieg wird bei Goldmanns an der Upper West Side groß und laut gefeiert. Über hundert Gäste finden sich ein, darunter Chaim Weizmann, der 14 Monate später zum ersten Präsidenten Israels gewählt wird und wie Nachum Goldmann im heutigen Belarus zur Welt kam. Dabei ist auch Abba Eban, der auf Goldmanns Vermittlung 1970 als erster israelischer Außenminister die Bundesrepublik Deutschland besuchen wird. Ebenso Mosche Scharet, der von 1953 bis 1955 der zweite Ministerpräsident Israels sein wird.

Es gibt viel zu essen und zu trinken. Alice Goldmann hat schon Tage vorher Paula Kissinger gebeten, das Fest vorzubereiten und ausreichend koscheres Fingerfood anzubieten. Die Stimmung ist ausgelassen, Musik wird gespielt, und Chaim Weizmann und einige andere tanzen fröhlich den jüdischen Hora-Reigen.

Nachum Goldmanns Traum wird an diesem Tag endlich Wirklichkeit. Nach der Staatsgründung ist er oft in Israel und bezieht in der vornehmen Achad-Haam-Straße ein großes Penthouse, wo ihn unter anderem Konrad Adenauer besucht. In den 1960er Jahren wird ihm – neben seinen vielen anderen Staatsbürgerschaften – auch die israelische verliehen, und Nachum Goldmann überlegt sogar kurz, ob er für die Arbeitspartei als israelischer Premierminister kandidieren soll. Auch Alice Goldmann weilt oft in Jerusalem, die Söhne hingegen nur selten. Michael, der einst ein Leben im Kibbuz führen wollte, lässt sich in Paris nieder und zieht in späteren Jahren nach Kalifornien. Guidos Lebenszentren liegen in Harvard und New York.

Doch mit der Staatsgründung verschwindet das Thema Israel nicht. Es nimmt in der Familie Goldmann auch in den Jahrzehnten danach großen Raum ein. Zum einen weil der Vater nach wie vor politisch aktiv ist, zum anderen weil die Teilung keinen Frieden im Nahen Osten gebracht hat. Vor allem Guido Goldman fremdelt mit dem wachsenden israelischen Nationalismus und der Besiedlungs- und Okkupationspolitik. Er ist nicht einverstanden damit, dass Israel nach seinem Sieg im Sechstagekrieg im Juni 1967 das eroberte Westjordanland, den Gazastreifen, die Golanhöhen und Ostjerusalem dauerhaft kontrolliert und sich Teile davon Schritt für Schritt einverleibt.

Als sich damals der proisraelische Wohltätigkeitsverein United Jewish Appeal, die heutige UJA-Federation of New York, mit der Bitte um Spenden an ihn wendet, antwortet Goldman: In dem Augenblick, in dem Israel sich verpflichte, besetztes Land an die Palästinenser zurückzugeben, würde er nachträglich für all die Jahre zahlen, in denen er nicht gespendet habe, – samt Zinsen. „Ich war mir sicher", sagte er, „dass dieser Moment nicht kommen und mich dieses Versprechen keinen Cent kosten wird."

Diese wachsende Entfremdung zur israelischen Politik teilt Goldman damals mit vielen jüdischen Harvard-Professoren, und sie wird noch stärker nach dem Jom-Kippur-Krieg von 1973. Israel gerät fast an den Rand des Untergangs, und eine der politischen Folgen dieser Beinahekatastrophe ist, dass die Israelis ab 1977 immer öfter rechte und eher kompromisslose Regierungen wählen. Das schmerzt auch Nachum Goldmann, der sich der linken Arbeitspartei verbunden fühlt. „Mein Vater", sagte Guido Goldman, „hat es in seinen schlimmsten Träumen nicht für möglich gehalten, dass Israel eines Tages von einem rechten Nationalisten wie Benjamin Netanjahu regiert werden könnte."

Die Zukunft Israels lässt die Goldmanns nicht los, wie sollte sie auch, mal gibt es eine zarte Friedenshoffnung, dann wird sie wieder zertrampelt.

Es ist ein ständiges Wechselbad der Gefühle, das sich auch immer wieder in den Briefen der Goldmanns widerspiegelt. Sie sind über all die Jahre ein eindrucksvolles Stimmungsbarometer der Lage im Nahen Osten – und ein zeitgeschichtliches Dokument des ewigen Aufs und Abs.

Guido Goldman ist das erste Mal in den 1950er Jahren in Israel. 1962 ist er nach längerer Zeit wieder einmal zu Besuch und ist angetan von dem Land. Das freut seine Eltern. „Ich habe Deine beiden sehr langen Briefe erhalten", schreibt Alice Goldmann ihm am 6. Juni 1962 auf Englisch, „wir sind beide sehr glücklich über alles, was Du schreibst. Ich bin froh, dass Du Israel magst. Irgendwie gehören wir alle hierher, auch wenn wir hier nicht dauerhaft leben."

Fünf Jahre später ist Alice Goldmann jedoch sehr beunruhigt. „Lieber Guido", schreibt sie am 28. Mai 1967, nur wenige Tage vor dem Sechstagekrieg, „Du kannst Dir denken, wie die Situation in Israel mich bedrückt, nicht nur mich. Alle scheinen diesmal vor einem großen Konflikt Angst zu haben, und solche Angst bedeutet auch Einsicht, daß mit besinnungsloser Gewissenlosigkeit heute niemand mehr geholfen ist. Israel wird, auch wenn es diesmal ohne Krieg abgehen sollte, ein ständiges Gefahrenzentrum bleiben. Der Haß, der sich bei den Arabern in vielen Jahren angesammelt hat, kann sich jederzeit entzünden. Das ist so fühlbar, wenn man dort lebt in einer Welt, die ungeheuer begrenzt ist, wie ein Ghetto, und hinter deren Grenzen eine furchtbare Feindschaft brütet. Daddi hat das immer gewußt, und daher seine Kritik."

Im November 1975 keimt neue Hoffnung auf. Nachum Goldmann teilt US-Außenminister Henry Kissinger, dem Freund seines Sohnes Guido, mit, er sei derzeit recht zuversichtlich über die Lage im Nahen Osten. Die Israelis seien „sehr viel moderater und für den Fall, dass sie einen wirklichen Friedensvertrag erhalten, sehr viel bereiter einen vollständigen Rückzug zu akzeptieren – immer mit der Ausnahme von Jerusalem".

Zwei Jahre später sind die Goldmanns wieder deprimiert: Die Regierung der linksliberalen Arbeitspartei Mapai wird abgewählt, der neue Ministerpräsident heißt Menachem Begin. Beunruhigt schreibt Guido Goldman an Zbigniew Brzeziński, seinen Freund aus gemeinsamen Harvard-Tagen, der jetzt Nationaler Sicherheitsberater des amerikanischen Präsidenten Jimmy Carter ist: „Lieber Zbig, wie viele Amerikaner bin ich seit dem Wahlergebnis in Israel zunehmend besorgt, was die Aussichten für einen Frieden im Mittleren Osten anbelangt."

Doch schon wenige Monate danach ist man erneut voller Zuversicht. Im November 1977 kommt überraschend Ägyptens Präsident Anwar as-Sadat nach Jerusalem und bietet dem Erzfeind einen umfassenden Friedensvertrag an, der auch das Existenzrecht Israels einschließen soll. Sadat nennt die Bedingungen dafür: ein vollständiger Abzug Israels aus den besetzten Gebieten einschließlich Ostjerusalems und die Anerkennung eines Palästinenserstaats innerhalb sicherer und international garantierter Grenzen.

Die Goldmanns sind in diesem Augenblick gerade in Jerusalem, und Alice Goldmann schreibt ihrem Sohn Guido euphorisch: „Du kannst Dir sicherlich vorstellen, wie freudig aufgeregt die Menschen hier über den unerwarteten Besuch von Sadat sind … Alle, die nicht auf der Straße standen, um Sadats Ankunft zu sehen, saßen vor dem Fernseher. Es zeigt, wie sehr die Leute hier auf einen Durchbruch warten. Ich glaube, es war ein historischer Augenblick, auch wenn sich nichts sofort verändern wird." Ein knappes Jahr später schließen Israel und Ägypten unter Vermittlung des amerikanischen Präsidenten Carter in Camp David ein Abkommen, Anwar as-Sadat und Menachem Begin erhalten den Friedensnobelpreis.

Es war ein kurzer Glücksmoment. Rund vierzig Jahre später, als dieses Buch geschrieben wird, haben die Palästinenser noch immer keinen eigenen Staat und kündigt Israel mit der Unterstützung des amerikanischen Präsidenten Donald Trump an, weite Teile des besetzten Westjordanlands dauerhaft zu annektieren. Im Sommer 2020 werden die Annexionspläne zwar ausgesetzt, um diplomatische Beziehungen unter anderem mit den Vereinigten Arabischen Emiraten, Bahrain, Sudan und Marokko aufnehmen zu können – die Palästinenser jedoch bleiben dabei weiter außen vor.

Nachum Goldmann kehrt am Ende seines Lebens aus Enttäuschung immer seltener zurück in das Land, das er mitbegründet hat. Im November 1981, bereits von Krankheit geschwächt, schreibt er einer jüdischen Freundin in New York bedrückt: „Dear Carmella, was Du mir über Israel berichtest, bestätigt die Eindrücke, die mir auch andere mitgeteilt haben. Es ist ein Volk in einer absolut verrückten Gemütsverfassung und ich befürchte, die Konsequenzen werden sehr schlimm sein."

Anfang April 1982, die Goldmanns sind bei sich zu Hause in der Avenue Montaigne Nummer 12, wird in Paris die israelische Botschaft beschossen und kurz darauf ein israelischer Diplomat ermordet. Libanesische Terrorgruppen übernehmen die Verantwortung. Im Mai werden aus dem Süden des Libanons mehr als hundert Raketen auf Israel abgefeuert, und Anfang Juni gibt es in London einen Attentatsversuch auf den israelischen Botschafter. Wenig später marschieren israelische Truppen im Libanon ein und rücken bis kurz vor Beirut vor. Es droht ein Flächenbrand in der Region.

In einem am 13. August 1982 erschienenen Beitrag für die deutsche Wochenzeitung *Die Zeit* kritisiert Nachum Goldmann diesen Einmarsch. Sein Artikel „Israel – wohin gehst du?" ist ein Dokument seiner Desillusionierung. Scharf greift er den konservativen Ministerpräsidenten Begin an und warnt, dass ein militärisch überlegenes Land wie Israel zwar Schlacht um Schlacht gewinnen, sich aber am Ende „totsiegen" könne.

Israel, mahnt er, „steht in der öffentlichen Weltmeinung so gut wie allein da", nur die Vereinigten Staaten stützten es noch und liefen damit Gefahr, sich der arabischen Welt dauerhaft zu entfremden. „Wenn man bedenkt", so Goldmann, „mit welcher Begeisterung und Bewunderung Israel in den ersten zehn Jahren seiner Existenz von Juden wie Nichtjuden aufgenommen wurde, kann man über die Schwächung der Vorzugsstellung Israels nur tief enttäuscht sein."

Nachum Goldmanns Beitrag in der *Zeit* ist ein politisches Testament. Zwei Wochen später, am 29. August 1982, stirbt er in einer Klinik in Bad Reichenhall, sein Sohn Guido ist bei ihm. Trotz der Entfremdung von Israel ist es Nachum Goldmanns Wunsch, seine letzte Ruhestätte auf dem Herzlberg zu finden, dem jüdischen Nationalfriedhof in Jerusalem.

Die große Guido-Goldman-Familie

Ein Haus für alle Freunde

Guido Goldman ist gerade auf Vinalhaven Island, als ihn Ende August 1982 die Nachricht ereilt, dass sein Vater in Bad Reichenhall im Krankenhaus liegt und es ihm sehr schlecht geht. Die Eltern sind gerade in dem bayerischen Badeort zur Kur. Seit vielen Jahren schon verbringt Guido Goldman die Sommer auf der kleinen Atlantikinsel vor der Küste des US-Bundesstaats Maine. 1975 hat er dort ein Anwesen gekauft, von dem man weit aufs Meer blickt.

Ursprünglich hat er das geräumige Haus mit einem knappen Dutzend kleinen Schlafzimmern und fast ebenso vielen Bädern und Toiletten für seinen Bruder Michael gekauft. Der lebt damals in den 1970er Jahren mit seiner Frau Jacqui und den gemeinsamen Kindern Stephane und Maya in Paris und sucht, obwohl die Ehe bereits kriselt, einen Ort an der Neuenglandküste, wo man sich im Sommer mit Jacquis großer amerikanischer Familie versammeln kann.

Auch wenn die beiden Brüder nicht mehr viel verbindet, hilft Guido Goldman immer wieder seinem Bruder. Es ist nicht leicht, ein geeignetes Haus zu finden. Das erste erweist sich als zu klein und zu unbequem und wird wieder abgestoßen. Goldman bittet seinen Freund aus Harvard, den Politikprofessor und späteren Nationalen Sicherheitsberater Zbigniew Brzeziński, um Rat. Der hat an der Küste von Maine in Northeast Harbor eine große Villa, in deren Nachbarschaft gerade einige Immobilien zum Verkauf oder zur Vermietung stehen. Und was die Gegend besonders attraktiv macht: Ein vornehmer Country Club mit Tennisplätzen bietet alles, was der Bruder für sich und seine Familie begehrt, denn Michael Goldman spielt gerne Tennis.

Brzeziński hätte die Goldmans gerne in seiner Nähe, sagt aber, dass es für sie leider „ein Problem" geben könnte. Er nennt dieses Problem, wie Guido Goldman erzählte: „die amerikanische Pest". Michaels Frau Jacqui ist Afroamerikanerin, und der Country Club, meint Brzeziński, würde Schwarzen nicht einmal eine nur auf die Sommermonate begrenzte Mitgliedschaft verkaufen. Das ist 1974, ein Jahrzehnt nach der Verabschiedung des Civil Rights Act, der schwarzen Amerikanern von Gesetzes wegen die gleichen Bürgerrechte verleiht wie den weißen.

Brzeziński sagt, er sei bereit, den Kampf mit dem Country Club aufzunehmen, vorausgesetzt, Michael wolle das und sei stark genug, diesen Streit durchzustehen. „Keine Chance", meint Guido Goldman und winkt ab, auf seinen Bruder sei leider kein Verlass. Über Bekannte findet Goldman schließlich das Haus auf Vinalhaven Island. Die Familie seines Bruders verbringt nicht einen einzigen Sommer dort.

Guido Goldman findet jedoch selbst Gefallen an dem Ort im Atlantik und macht ihn zu einem Treffpunkt für seine vielen Freunde und Bekannten. Es ist ein perfekter Platz auch für die Pflege seines Netzwerks. Die Udovitchs und Hoffmanns, die Collins und Lindemanns, die Fliegels und Lesters, die de Ménils und Sacklers, um nur einige Namen zu nennen, gehen auf Vinalhaven Island ein und aus. Auch Lord Soames, der Schwiegersohn von Winston Churchill, schaut vorbei und bleibt gleich 14 Tage. Sechs Wochen lang hält Goldman jeden Sommer in Vinalhaven Hof, bis er das Haus Ende der 1990er Jahre mit hohem Gewinn wieder veräußert. Einen beträchtlichen Teil seines Vermögens macht Goldman mit dem geschickten Kauf und Verkauf von Immobilien.

Jedes Jahr schafft er tonnenweise Lebensmittel auf die Insel, es ist ein logistisch hochkompliziertes Unternehmen. Goldman unternimmt mit seinen Gästen Boots- und Fahrradtouren, organisiert Picknicks auf Nachbarinseln und wirft am Abend mit einem kleinen Lichtbildprojektor amerikanische Spielfilme an die Wand. Und als die Videotechnik sich durchsetzt, kauft er massenweise Kassetten und legt eine umfangreiche Filmbibliothek an.

Unten am Bootssteg schwimmt stets ein großer Hummerkorb im Wasser, den der örtliche Fischer alle paar Tage mit frischem Fang füllt. Jeder darf sich bedienen, es gibt Hummer satt. Der Fischer und seine Familie sitzen selbstverständlich mit an der großen Tafel, sie helfen im Haus, sehen im stürmischen Herbst und in den langen Wintermonaten nach dem Rechten und haben so all die Jahre dank Goldman ein gutes Auskommen. Und selbst als er das Anwesen aufgibt, sorgt er weiter für die Fischerfamilie. Es zeichnet Goldman aus, dass er sich selbst dann noch um das Wohl der Leute kümmert, wenn sie nicht mehr für ihn arbeiten.

„Der Sarg meines Vaters kommt mit einem ganz normalen Linienflug"

Auch an jenem Tag im August 1982, als Guido Goldman auf Vinalhaven Island erfährt, dass sein Vater ins Krankenhaus eingeliefert wurde, hat er Gäste. Er sagt ihnen, es stehe offenbar schlecht um seinen Vater, packt seinen Koffer, lässt sich vom Hummerfischer aufs Festland bringen, steigt in den nächsten Flieger nach Frankfurt und fährt von dort mit einem Mietwagen nach Bad Reichenhall. Egal wie distanziert sein Verhältnis zur Familie ist, wenn Goldman gebraucht wird, und das geschieht oft, ist er zur Stelle.

Damit der Vater, der sich vor dem Tod sehr fürchtet, keinen Schreck bekommt, wenn sein Sohn plötzlich unangekündigt am Krankenbett steht, flunkert ihm Guido Goldman vor, er sei gerade auf dem Weg zu einer Konferenz und schaue nur mal kurz vorbei. Die Ärzte sagen dem Sohn, dass sein Vater bald sterben werde, doch könne sich dieses „bald" noch Wochen, wenn nicht sogar ein, zwei Monate hinziehen.

Guido Goldman fliegt am nächsten Tag nach Paris, um in der Wohnung seiner Eltern ein paar Dinge zu regeln. Kaum ist er dort, ruft ihn Nachum Goldmanns langjährige Sekretärin an und sagt aufgeregt, dass sich der Zustand seines Vaters rapide verschlechtert habe. Hella Moritz ist ebenfalls in Bad Reichenhall. Sie ist Nachum Goldmanns rechte Hand und immer in seiner Nähe. In Paris wohnt sie in einem kleinen Appartement in demselben Gebäude in der Avenue Montaigne Nummer 12, wo auch die Goldmanns und Marlene Dietrich residieren. Hella Moritz ist ein großer Opernfan, die Goldmanns haben ihr Karten für die Salzburger Festspiele geschenkt, die gerade aufgeführt werden. Zur österreichischen

Guido Goldman und sein Vater Nachum Goldmann, 1965

Mozart-Stadt sind es von Bad Reichenhall nur gut zwanzig Minuten mit dem Auto.

Guido Goldman fliegt sofort zurück und bleibt am Krankenbett. Sein Vater verliert immer mal wieder das Bewusstsein, ist verwirrt und weiß nicht, ob er im Krankenhaus oder im Hotel liegt. Am nächsten Morgen, es ist Sonntag, der 29. August 1982, verlangt er plötzlich nach seinem neuen blauen Hemd, dass er wenige Wochen zuvor gekauft hat. „Warum?", fragt Hella Moritz. „Weil ich am Abend in Salzburg in die Mozart-Oper ,Cosi fan tutte' gehen will", erwidert Nachum Goldmann. An diesem Abend klappe das leider nicht, erwidert Moritz ihrem Chef, der seit zwei Tagen kaum Nahrung zu sich genommen hat. „Aber wenn Sie, lieber Herr Dr. Goldmann, heute Ihr Abendbrot essen, können Sie vielleicht morgen in die Oper gehen."

Nachum Goldmann ist über diese Äußerung verärgert, fühlt sich offenbar bevormundet. Barsch grummelt er, „Sie müssen ja immer recht haben!", schaut aus dem Fenster, sagt „ich ziehe in ein anderes Hotel!" – und stirbt. Guido Goldman denkt in diesem Augenblick: „Was für einen schöneren Tod kann es geben, als zu denken, man sei in einem Hotel und besuche gleich die Oper!"

Goldman geht hinüber zu seiner Mutter und unterrichtet sie vom Tod ihres Mannes. Alice Goldmann ist gefasst. Sie unterhält sich im Hotelfoyer gerade mit Hans-Dietrich Genscher, dem deutschen Außenminister in der Regierung von Helmut Schmidt. Anscheinend ist auch er ein Fan der Salzburger Festspiele. Dann ruft Goldman in New York Edgar Bronfman an, den Nachnachfolger seines Vaters als Präsident des Jüdischen Weltkongresses. Bronfman ist eines von vier Kindern des legendären kanadischen Spirituosenherstellers Samuel Bronfman, der mit seinem Unternehmen Seagram Company Ltd. Milliarden verdient hat. Und er ist der Bruder von Minda de Gunzburg, mit der Guido Goldman seit vielen Jahren eng befreundet ist. Nach ihrem Tod stiften ihr Mann und ihre zwei Söhne dem von Guido Goldman gegründeten Center for European Studies 15 Millionen Dollar, damit es Ende der 1980er Jahre in das prachtvollste Haus in Harvard ziehen kann.

Bronfman weint, als er vom Tod Nachum Goldmanns erfährt, und bietet an, den Sarg in seinem Privatflugzeug nach Jerusalem zu überführen. Nach jüdischem Glauben soll ein Verstorbener möglichst binnen 24 Stunden bestattet werden, weil seine Seele erst dann aufsteigen kann, wenn der Leichnam zur ewigen Ruhe gebracht wird. Für Juden, die im Ausland gestorben sind und in Israel begraben werden möchten, wird diese Frist allerdings nicht ganz so eng gesehen. Eine weitere jüdische Regel besagt, dass ein Toter bis zu seiner Beisetzung nicht alleingelassen werden darf. Sie stammt aus biblischen Zeiten, als Juden auf ihrer Flucht aus Ägypten in der Wüste starben und wilde Tiere sich über den Leichnam hermachten.

Es ist außer Guido Goldman niemand in Bad Reichenhall, der diese Tradition wahren könnte, die dem Vater trotz fehlender Religiosität so wichtig war. Die Mutter ist zu schwach, der Bruder Michael ist in Paris. Also hält Guido Goldman im Krankenhaus Wache, bis der Leichnam des Vaters am nächsten Tag abgeholt wird.

Wenn auch aus einem traurigen Anlass, Goldman ist in seinem Element und tut in diesen Tagen, was er perfekt kann und was ihn so erfolgreich hat werden lassen: Er plant, vernetzt, kommuniziert, inszeniert, organisiert. Goldman lässt sich ein Telefon installieren und ruft in aller Welt die engsten Weggefährten seines Vaters an. Er hat sich genau aufgeschrieben, wann er wen in welcher Zeitzone erreichen kann. Goldman spricht unter anderem mit den Bankiers Sigmund Warburg und Alain de Rothschild, mit Bundeskanzler Helmut Schmidt und der *Zeit*-Herausgeberin Marion Gräfin Dönhoff. Sie waren mit seinem Vater gut befreundet.

Alle paar Stunden steckt eine Nonne im Habit neugierig ihren Kopf durch die Tür. Das Krankenhaus ist katholisch, und die Nonnen kennen das jüdische Totenritual nicht. Goldman fühlt sich verpflichtet, es ihnen zu erklären, und bereitet in der Nacht ein kurzes Statement vor, das er am nächsten Morgen, bevor die Leichenträger kommen, vorträgt. Er schmunzelte noch später darüber, dass ausgerechnet er als Ungläubiger in die merkwürde Lage geraten war, Katholiken jüdische Religionsgesetze zu erläutern. „Die Nonnen", lachte er, „waren von meiner Frömmigkeit tief beeindruckt."

Aus New York ruft Edgar Bronfman zurück und ist betrübt. Der Sarg passe nicht in seinen Privatjet, der *Gulfstream* sei zu klein. Bronfman will auf seine Kosten eine Boeing 737 chartern. Doch Goldman lehnt ab, das koste mindestens 100 000 Dollar, und er sehe bereits die Zeitungsschlagzeile: „Goldmann wird in einer privaten Boeing überführt!" Sein Vater, sagt Guido Goldman, habe sowieso schon immer den Ruf gehabt, auf großem Fuß zu leben, mit teuren Appartements, kubanischen Zigarren, Anzügen aus feinstem Zwirn und einer Luxuslimousine der Marke Bentley vor der Tür. Da müsse man jetzt, da er tot sei, nicht noch eins draufsetzen. „Der Sarg mit dem Leichnam meines Vaters", so Goldman, „kommt mit einem Linienflug der El Al nach Israel."

Zu Lebzeiten wollte Nachum Goldmann nie mit der israelischen Fluggesellschaft fliegen, er fand den Service zu schlecht. Doch jetzt, meint sein Sohn zu Bronfman, sei der perfekte Zeitpunkt dafür gekommen: Der Sarg vor einer El-Al-Maschine mit dem Emblem des Davidsterns auf dem Flughafen von Tel Aviv – ein besseres Foto könne es zum Abschied von seinem Vater nicht geben.

Es ist Guido Goldman, der auch die Beerdigungsfeierlichkeiten und alles Drumherum in die Hand nimmt. Wer sonst in der Familie sollte es tun? Es gibt zunächst noch ein paar Schwierigkeiten, die aus dem Weg geräumt werden müssen. Goldman hat Wind davon bekommen, dass die orthodoxen Rabbiner in Jerusalem seinem Vater in letzter Sekunde die Beisetzung auf dem Herzlberg verweigern könnten. Sie haben die Oberhoheit über den nichtmilitärischen Teil des Friedhofs. Zu seinen Lebzeiten hat sich Nachum Goldmann immer wieder mit ihnen angelegt. Zu seinem Sohn Guido sagte er öfter im Scherz: „Wenn du einem orthodoxen Rabbiner begegnest, halte deine Brieftasche fest."

Der Herzlberg ist nach Theodor Herzl benannt, dem ersten Präsidenten der World Zionist Organization und Begründer des politischen Zionismus. Und eigentlich sollen alle Nachfolger in diesem Amt, wenn es ihr Wunsch ist, auf dem Herzlberg begraben werden. Nachum Goldmann war Präsident der World Zionist Organization von 1956 bis 1968.

Früh schon hatte er seinem Sohn Guido mitgeteilt, dass er auf diesem Friedhof seine letzte Ruhestätte finden wolle. In weiser Voraussicht, dass es dagegen womöglich Widerstände geben könnte, hatte Guido Goldman rechtzeitig vorgebeugt. Kaum hatte sein Vater den Wunsch geäußert, bat er den israelischen Starjuristen Eric Gornitzky um Rat. Der erstellte ein 15-seitiges Gutachten, in dem haarklein aufgeführt wurde, aus welchen Passagen in den Statuten der World Zionist Organization sich ergibt, dass deren Präsidenten ein Recht darauf haben, auf dem Herzlberg begraben zu werden.

Am 2. September 1982 ist es so weit: Nachum Goldmann wird auf der Anhöhe über Jerusalem beigesetzt, nur wenige Stunden nachdem der amerikanische Präsident Ronald Reagan einen neuen Friedensplan für den Mittleren Osten präsentiert hat. Es ist, als habe Nachum Goldmann am Tag seiner Beerdigung noch einmal politisch Regie geführt.

Von überall kommen Trauergäste. Edgar Bronfman hat in seiner *Gulfstream* ein Dutzend Weggefährten aus den Vereinigten Staaten mitgebracht. Israels Präsident Chaim Herzog steht am Grab. Ebenso Schimon Peres, der Chef der Arbeitspartei und spätere Premier und Präsident Israels. Peres ist wie Nachum Goldmann im jüdischen Schtetl Wischnewo zur Welt gekommen. Nur Israels Ministerpräsident Menachem Begin verweigert seinem hartnäckigen Kritiker die letzte Ehre. Als wolle er Goldmann selbst noch im Tod eins auswischen, beruft er just am Tag der Beisetzung eine Kabinettssitzung ein und fegt Reagans Friedensinitiative barsch vom Tisch.

Aus aller Welt gehen in diesen Wochen bei Guido Goldman in Harvard Trauerbekundungen ein. Der streitbare Nachum Goldmann hat in der Politik eine große Lücke hinterlassen. „Lieber Herr Goldman", schreibt der SPD-Chef und ehemalige Bundeskanzler Willy Brandt: „Mir liegt daran, Ihnen auch ganz persönlich meine Anteilnahme am Tod Ihres Vaters zu übermitteln. Seine Mahnungen zum Frieden und seine Appelle an die Vernunft sind bei weitem nicht gut genug gehört worden. Aber man wird auf viele seiner Überlegungen zurückkommen müssen, wenn der Frieden – zumal im Nahen Osten – eine Chance haben soll."

Brandt spricht Guido Goldman damit aus der Seele. Er hat mit seinem Vater oft über Kreuz gelegen, dessen Selbstsucht und Kälte haben Wunden geschlagen. Doch Goldman kann durchaus zwischen den menschlichen Unzulänglichkeiten und den politischen Verdiensten seines Vaters unterscheiden. Und Nachum Goldmanns Lebenswerk ist groß und von weltpolitischer Bedeutung.

In ihrem Nachruf auf den ehemaligen Präsidenten des Jüdischen Weltkongresses schreibt *Zeit*-Herausgeberin Marion Gräfin Dönhoff: Nachum Goldmann habe am 6. Dezember 1951 „in London als erster offizieller Jude mit einem offiziellen Deutschen" gesprochen. Mit Bundeskanzler Konrad Adenauer legte Goldmann bei dem geheimen Treffen damals den Grundstein für einen sogenannten Wiedergutmachungsvertrag. Ein schreckliches und falsches Wort, als könnte der millionenfache Mord an Juden, der Mord an Sinti und Roma, an Homosexuellen, an Oppositionellen und Menschen mit Behinderungen jemals wiedergutgemacht werden. Auf Vermittlung von Nachum Goldmann schlossen Adenauer, der israelische Regierungschef Ben-Gurion und die Jewish Claims Conference am 10. September 1952 das sogenannte Luxemburger Abkommen. Damit wurde das damalige Westdeutschland, die Bundesrepublik Deutschland, zu Milliardenzahlungen an den Staat Israel sowie an jüdische Naziopfer in aller Welt verpflichtet.

Es gab dagegen Proteste, auch in Israel. Verständlicherweise wollten viele Juden nichts mehr mit Deutschland zu tun haben. Sie hatten schwerwiegende Einwände gegen das „Blutgeld" aus Bonn und fürchteten, Deutschland wolle sich wie mit einem Ablass von der untilgbaren Schuld freikaufen.

Nachum Goldmann jedoch verteidigte das Abkommen und auch seine Vermittlerrolle. In seinem 1980 erschienenen Buch „Mein Leben als deutscher Jude" schrieb er: „Ich war stets der Meinung, daß Völker ihre Beziehungen nicht durch Emotionen bestimmen sollten; ihre Interessen verlangen, daß sie irgendwann eine Form des Zusammenlebens finden und sich nicht von noch so berechtigten Gefühlen beherrschen lassen. Jede emotionell determinierte Außenpolitik endet früher oder später in einer Katastrophe." Das entspricht auch der Überzeugung des aus Deutschland geflohenen und dann zum amerikanischen Außenminister avancierten Henry Kissinger. Und so dachte im Prinzip ebenso Goldmanns Sohn Guido.

Im Lichte der politischen Erschütterungen der vergangenen Jahre und angesichts zwar demokratisch gewählter, sich im Amt aber autoritär gebärdender Politiker wie Donald Trump in den USA, Viktor Orbán in Ungarn oder Benjamin Netanjahu in Israel würde Nachum Goldmann wahrscheinlich nicht mehr nur von bloßen „Interessen" reden. Denn die Gefahr ist groß, dass sie allein machtpolitisch definiert werden. Wie sein Sohn Guido würde er wohl eher von „wertegebundenen Interessen" sprechen, von einer Politik, die den Prinzipien der liberalen internationalen Ordnung verpflichtet ist.

Zu Nachum Goldmanns großem Verdienst gehört es auch, dass er es immer abgelehnt hat, allen Deutschen unterschiedslos eine „Kollektivschuld" an den Verbrechen der Nazis zu geben. Stattdessen betonte er die „Kollektivverantwortung" aller Deutschen für die Gräuel und deren Folgen. Dieser Verantwortung, sagte Nachum Goldmann, könne und dürfe sich niemand entziehen. Diese wichtige Unterscheidung hebt später auch Guido Goldman öffentlich hervor, als 1996 Daniel Goldhagens Buch „Hitlers willige Vollstrecker. Ganz gewöhnliche Deutsche und der Holocaust" erscheint und den Streit um die kollektive Schuld von neuem aufflammen lässt.

Am 11. September 1982, zwei Wochen nach Nachum Goldmanns Tod, verteidigt der Sohn das politische Erbe seines Vaters und teilt auch dessen Kritik an der Politik der israelischen Regierung. In einem Meinungsbeitrag für die *New York Times* ergreift Guido Goldman Partei für Reagans Friedensplan, den Israels Premierminister am Tag der Beerdigung von Nachum Goldmann so brüsk abgelehnt hat. Scharf kritisiert er Menachem Begin für dessen unnachgiebige Haltung. Und ebenso hart geht er mit einigen jüdischen Interessenverbänden in Amerika ins Gericht, die dem israelischen Regierungschef damals den Rücken stärken.

Sein Vater habe durchaus verstanden, schreibt Goldman, dass Israel ohne die amerikanische Unterstützung, ohne die finanziellen Zuwendungen und den militärischen Beistand aus Washington nicht überleben würde. „Aber was Vater in den letzten Jahren betrübt hat, ist die Art und Weise, in der sich amerikanisch-jüdische Organisationen allzu bereitwillig der israelischen Regierung angepasst haben in ihrem Widerstand gegen jeden Druck, um Israels Kurs gegenüber der arabischen Welt zu verändern ... Es wäre sehr schade", so Goldman, „wären amerikanische Juden aufgrund blinder Loyalität nur die Echokammer einer aufgebrachten israelischen Regierung."

Ein Treuhandfonds für Jacqui

Michael Goldman steht immer ein wenig im Schatten seines 26 Monate jüngeren Bruders. Guido Goldman hat Freunde, ist gesellig, sportlich und beliebt. Er wird Schulsprecher, studiert und lehrt in Harvard, gründet transatlantische Institutionen von bleibendem Wert und wird für seine Verdienste mehrmals ausgezeichnet. Er sammelt Kunst, investiert klug in Immobilien und macht als Treuhänder für wohlhabende amerikanische Familien wie die Bronfmans, die de Gunzburgs und die de Ménils selbst ein stattliches Vermögen.

Michael hat es weit schwerer im Leben. Es fehlt ihm an Durchhaltevermögen, sein Studium an der Columbia Universität in New York bricht er nach ein paar Semestern ab, wechselt an das Institut d'études politiques in Paris, kurz Sciences Po genannt, und gibt auch hier vorzeitig auf. Anfang der 1960er Jahre heiratet er die Afroamerikanerin Jacqueline Walcott. Sie ist eine hochbegabte Tänzerin, die erst für die berühmte Katherine Dunham Company und dann für das nicht minder berühmte Alvin Ailey American Dance Theater tanzt. Doch bald nach der Hochzeit hängt sie ihren Beruf an den Nagel, bekommt mit Michael Goldman zwei Kinder. Sie ziehen nach Paris und kaufen im Zentrum, um die Ecke vom Quartier Latin, eine geräumige zweistöckige Wohnung. Doch Michael fasst nie wirklich Fuß, was auch die Beziehung der Brüder belastet.

Guido Goldman mit dem Sänger Harry Belafonte (rechts) und Frances Taylor-Davis, der ersten Ehefrau des Jazztompeters Miles Davis, in Los Angeles Anfang der 1990er Jahre

Dabei ist Michael Goldman durchaus intelligent, kann witzig und unterhaltsam sein. Und er umgibt sich mit einigen interessanten Leuten, an denen sein Bruder Guido großen Gefallen findet. Mit einigen von ihnen befreundet er sich selbst. Etwa mit dem weltberühmten Sänger Harry Belafonte und seiner ersten Frau Julie Robinson-Belafonte. Oder mit Frances Taylor-Davis, der ersten Ehefrau der Jazzlegende Miles Davis. Guido Goldman hat sie auf der Hochzeit seines Bruders kennengelernt. Die Belafontes waren Trauzeugen, und Miles Davis spielte auf der Trompete. Jacqui Goldman ist damals sehr eng mit Julie Belafonte und Frances Davis, die beiden sind ebenfalls Tänzerinnen.

1980 wird die Ehe zwischen Michael und Jacqui Goldman geschieden. Es gibt Ärger um den Unterhalt und die Aufteilung des gemeinsamen Vermögens. Doch Guido Goldman setzt durch, dass die Goldmanns für Jacqui und ihre Kinder einen Treuhandfonds in der Höhe von einer halben Million Dollar einrichten, damit sie einigermaßen versorgt sind. „Sie gehören zu unserer Familie", sagt Guido Goldman. Und auf sein Drängen hin wird Avrom Udovitch, der gemeinsame Jugendfreund der Brüder, als

Treuhänder eingesetzt. Udovitch ist damals bereits einer der angesehensten Historiker der Vereinigten Staaten und Direktor der Abteilung für Nahost-Studien an der Universität Princeton. Heute 87 Jahre alt, sorgt er nach wie vor umsichtig für Jacqui Goldman und ihre Kinder Stephane und Maya.

Von Kindesbeinen an ist Guido Goldman der Kümmerer und Macher in seiner Familie. Und auch wenn er sich seinen Eltern und seinem Bruder nicht nah fühlt, lässt er keinen im Stich. Im Gegenteil, er tut und macht für sie. Alice Goldmann ist nach dem Tod ihres Mannes ziemlich hilflos und sucht Rat und Unterstützung bei ihrem Sohn Guido. Im November 1982 schreibt sie ihm: „Liebes Guidolein – Dank für alles! Was täte ich ohne Dich und Deine Fürsorge?" Als ihre Kräfte allmählich schwinden, bringt Goldman seine Mutter im Zumipark unter, einem vornehmen Alten- und Pflegeheim am Rande von Zürich. Aus ihrer Suite blickt sie auf eine Weide mit friedlich grasenden Schafen und die schneebedeckten Alpen im Hintergrund.

Ihr Sohn Guido fliegt regelmäßig aus Amerika ein. Und damit die zunehmend demente Mutter auch zwischendurch Besuch erhält, zahlt er Freunden der Familie die Reise nach Zürich. Im Sommer 1992 schreibt einer von ihnen: „Der Zumi-Park stellt aus unserer Sicht ein Optimum aller Möglichkeiten dar, die man sich als alter und pflegebedürftiger Mensch nur wünschen kann." Vom Direktor bis zu den Krankenschwestern, von den Hilfskräften bis zur Bedienung im Restaurant seien alle äußerst zuvorkommend. „Es werden sich nicht viele Menschen einen solchen Platz in einem Altersheim leisten können, aber wer dazu in der Lage ist, kann sich glücklich schätzen." Alice Goldmann stirbt am 27. November 1994 und wird neben ihrem Mann auf dem Herzlberg beigesetzt.

Und natürlich kümmert sich Guido Goldman ebenso um seinen inzwischen schwer an Demenz erkrankten Bruder. Michael lebt in einem Pflegeheim in Los Angeles und hat kein eigenes Vermögen mehr. Beglichen werden die Kosten aus einem von Guido Goldman eingerichteten Treuhandfonds, den ebenfalls Avrom Udovitch verwaltet.

Wenn Guido Goldman über sich und seine Familie nachdachte, kam ihm immer das Bild der „Mutter Courage" in den Sinn, die einen mit ihren Kindern beladenen Planwagen hinter sich herzieht. Als Jugendlicher hatte Goldman das Brecht-Drama zum ersten Mal gesehen – und seitdem hatte es ihn nicht mehr losgelassen. „Ich bin keine ‚Mutter Courage'", sagte er wenige Monate vor seinem Tod, „aber der schwere Wagen steht sinnbildlich für meine Eltern und Michael, die ich all die Jahrzehnte mitgeschleppt habe."

„Menschenfischer und Menschenfreund"

Guido Goldman hatte keine eigenen Kinder. Er hat auch nie geheiratet oder in einer Beziehung gelebt. Dafür gab es unterschiedliche Gründe. Er selbst sagte, die Ehe seiner Eltern sei ein zu abschreckendes Beispiel gewesen. Außerdem sei er zu viel beschäftigt gewesen, um sich an einen Menschen zu binden. Und schließlich habe es in der Familie seiner Mutter psychische Erkrankungen gegeben, und er habe Angst gehabt, diese Belastung womöglich weiterzugeben.

Vielleicht hat Guido Goldman auch nie den richtigen Partner für eine dauerhafte Beziehung gefunden oder nicht die passende Lebensform dafür, weil die Konventionen zu eng und das gesellschaftliche Klima zu konservativ waren. Er selbst redete nicht viel darüber, war keiner, der sein Seelenleben auf der Zunge trug. Seine engsten Freundinnen und Freunde, die ihn über Jahrzehnte begleitet haben, sagen, er sei schon immer ein Wanderer und Suchender gewesen und habe sich darum nur schwer auf bloß *eine* Familie, lediglich *einen* Menschen oder nur *einen* Lebenspartner, egal ob Frau oder Mann, einlassen können.

Am zutreffendsten beschreibt ihn vielleicht der Freund und Soziologe Andrei Markovits. „Guido", sagt er, „war verletzbar, ein Unruhegeist, immer ein wenig auf der Flucht." So sei er bis fast zuletzt noch ständig zwischen seinen diversen Wohnungen und Häusern hin und her gependelt und habe permanent etwas Neues auf die Beine stellen müssen. Er sei rasch gelangweilt gewesen, habe sich in Gesellschaften nie lange aufgehalten und auch die eigenen Gäste, die er zu sich oder in ein Restaurant einlud, irgendwann höflich merken lassen, dass es an der Zeit sei, den Abend zu beenden.

Goldman habe gerne viele Leute um sich gehabt, sagt Avrom Udovitch, und möglichst immer wieder andere. Er sei der unterhaltsamste, großzügigste und fürsorglichste Mensch gewesen, dem er je begegnet sei. Das meinen auch Andrei Markovits, Josef Joffe und Karl Kaiser und Goldmans langjährige Freundinnen Susan Rauch und Marie Warburg. Guido Goldman war ein Macher und Mäzen, ein Menschenfreund und Menschenfischer.

Seit seinen jungen Jahren hat Goldman unzähligen Verwandten, Freunden und Bekannten geholfen. Die Reihe derer, denen er in der Not oder auch nur in einer verzwickten Lage beistand, ist endlos. Nur einige Beispiele: Mal löst Goldman einer klammen Freundin die fällige Hypothek ab, damit sie nicht aus ihrem Haus geworfen wird. Mal besorgt er einer Bekannten den besten Anwalt in einem Arbeitsrechtsstreit. Einen Professorenfreund, der nicht in Harvard wohnt und für seine Lehrtätigkeit nur ein schmales Salär bezieht, lässt er in den Vorlesungswochen bei sich zu Hause wohnen, um ihm die teure Miete für ein Zimmer in der Universitätsstadt zu ersparen.

Einem englischen Patensohn finanziert er die Privatschule, dem Sohn seines Haushälterehepaares die Klassenreise nach Italien, und „Tante Ellen" schickt er regelmäßig einen Scheck. Einer guten Freundin, die in den Bergen lebt, gewährt er einen zinslosen Kredit für den Kauf des Nachbargrundstücks, damit ihr niemand den freien Blick in die wundervolle Landschaft verbauen kann. Seinem Assistenten Joe, der ihm bis zu seinem Tod zur Seite stand, kauft er als Lebensversicherung ein Appartement, denn er soll auch versorgt sein, wenn Goldman nicht mehr ist.

Der Tochter des Hummerfischers auf Vinalhaven Island bezahlt er die teure Zahnbehandlung, und seine in Frankreich lebende Ex-Schwägerin Jacqui Goldman lädt er alle paar Jahre nach New York ein, damit sie sich eine Galaveranstaltung ihres ehemaligen Tanztheaters anschauen kann. Dann lässt Guido Goldman auf seine Kosten auch Jacquis alte Tanzfreundin Frances Davis aus Los Angeles einfliegen. Davis begleicht er außerdem bis zu ihrem Tod die Wohnungsmiete, weil die Diva des Tanzes nach ihrer Scheidung vom gewalttätigen Jazztrompeter Miles Davis ziemlich mittellos dastand.

Es sind vor allem schwarze Freunde, denen Guido Goldman in den vergangenen Jahrzehnten geholfen hat. Ruth aus Barbados, sagte er, habe ihm als Kind die Augen für den allgegenwärtigen, strukturellen Rassismus geöffnet. Sein Engagement für das Alvin Ailey American Dance Theater, in

Guido Goldman mit Desmond Richardson (links) und Dwight Rhoden, zwei Tänzern des Alvin Ailey American Dance Theater. Ort und Datum der Aufnahme sind unbekannt.

dem vornehmlich Schwarze tanzen, habe ihn leider gelehrt, dass sich seither nicht sehr viel zum Besseren gewendet habe. Die Vereinigten Staaten hätten mit Barack Obama zwar den ersten schwarzen Präsidenten gehabt und bekämen mit Kamala Harris nun die erste schwarze Vizepräsidentin. „Doch Schwarze", so Goldman, „werden immer noch tagtäglich diskriminiert, in allen Lebensbereichen, in der Bildung und der Gesundheitsversorgung, auf dem Arbeitsmarkt, bei der Wählerregistrierung oder wenn sie in die Fänge von Polizei und Justiz geraten." Und immer wieder stünden gerade schwarze Tänzer, deren Beruf ein großes Verletzungsrisiko mit sich bringe und deren Körper nach zwei, drei Jahrzehnten oft völlig ausgelaugt seien, nach dem Ende ihrer Bühnenkarriere oft vor dem Nichts.

Der legendären Tänzerin und Bürgerrechtsaktivistin Katherine Dunham, eine Pionierin des sogenannten Black Dance, die 1945 die Dunham School of Dance and Theatre gründete, greift Goldman bis zu ihrem Lebensende im Jahre 2006 finanziell unter die Arme. Ebenso Vanoye Aikens, der in den 1940er und 1950er Jahren Startänzer der Katherine Dunham Dance Company war und 2013 mit fast 91 Jahren in Los Angeles verstarb.

Vor allem aber unterstützt Guido Goldman das Alvin Ailey American Dance Theater (siehe Kapitel XII). Zu diesen Tänzerinnen und Tänzern fühlt er sich, seit er 1994 in das Kuratorium des Ensembles berufen wurde, besonders hingezogen. Der hochtalentierten Hope Boykin hilft er über einen finanziellen Engpass hinweg und dem Star Yannick Lebrun kauft er alle Jahre wieder ein Flugticket, damit er seine Familie in seiner Heimat Französisch Guayana besuchen kann. Goldman kommt für die Einbürgerungskosten von Tänzern aus der Karibik, aus Lateinamerika, Afrika oder sogar Frankreich auf und gibt eine Finanzspritze, wenn es darum geht, ein Berufsleben für die Zeit nach der Tanzkarriere aufzubauen.

Goldman ist es ein Herzensanliegen, Tänzer zu unterstützen, die wegen ihrer sozialen Herkunft, ihrer Hautfarbe oder ihrer sexuellen Orientierung ausgegrenzt werden. Im Alvin Ailey American Dance Theater trifft Goldman auf viele von ihnen. Dem schwulen Tänzerpaar Sam Roberts und Michael McBride schmeißt er die Hochzeit, einem anderen Paar gibt er Geld, damit es sich in St. Louis ein kleines Haus bauen kann.

Goldman war vermögend, aber seine Ressourcen waren nicht unerschöpflich. Hätte er eigene Kinder gehabt, sagte er, hätte er nicht so freigebig gegenüber anderen sein können. Seine „Kinder" waren die Menschen im Center for European Studies, im German Marshall Fund und in der Tanztruppe Alvin Ailey. Sie alle waren Teil der riesigen Guido-Goldman-Familie.

Schaut man mit Goldmans Augen auf diese Familie, waren seine Eltern und Bruder Michael das Kuckucksei, sie hatte er mehr oder weniger notgedrungen unter seine Flügel genommen. Das Tanztheater war ohne Zweifel sein Herzenskind, der German Marshall Fund hatte es von allen Zöglingen besonders weit gebracht und dem Harvard-Center, dem Erstgeborenen, fühlte er sich intellektuell besonders verbunden.

Die ersten Jahre in Harvard

Lügen haben kurze Beine

Guido Goldman kann sich im Sommer 1955 aussuchen, wo er studieren will. Er hat einen sehr guten Schulabschluss und war an seiner High School Schülersprecher – das sind die besten Voraussetzungen für eine freie Uni-Wahl. Für ihn kommen aber nur drei Hochschulen infrage: das kleine und feine Dartmouth College in der Stadt Hanover im Bundesstaat New Hampshire, das Wesleyan College in der Stadt Middletown im Bundesstaat Connecticut – und Harvard, eine der besten Universitäten der Welt in der kleinen Neuenglandstadt Cambridge, gleich neben Boston.

Goldman bewirbt sich bei allen drei. Sein Vater wünscht natürlich, dass sein Sohn in Harvard studiert, und wendet sich an seinen prominenten Freund Felix Frankfurter mit der Bitte um ein Empfehlungsschreiben. Er hofft, so die Chancen für eine Aufnahme zu vergrößern. Felix Frankfurter ist Richter am Supreme Court, Amerikas Oberstem Gericht, einer der brillantesten Juristen seiner Zeit und – was hier besonders hilfreich erscheint – Absolvent der Rechtsfakultät in Harvard. Frankfurter hat Nachum Goldmanns Sohn Guido noch nie getroffen, aber tut ihm den Gefallen.

Bald darauf wird Guido Goldman zu einem Bewerbungsgespräch nach Cambridge eingeladen. Und weil der berühmte Frankfurter ihn für ein Studium vorgeschlagen hat, führt der damalige Chef der Zulassungsabteilung höchstpersönlich das Interview. Dean Benders erste Frage lautet, ob Goldman von dem Empfehlungsschreiben wisse. Goldman nickt, woraufhin die Nachfrage kommt, wie gut er Frankfurter denn kenne.

Der Student Guido Goldman

Goldman weiß im ersten Moment nicht, was er antworten soll. Sagt er die Wahrheit, dass er Frankfurter noch nie in seinem Leben begegnet sei, kann er die Empfehlung in den Papierkorb schmeißen. Sagt er das Gegenteil, wird seine Lüge womöglich enttarnt. Kurzentschlossen entscheidet sich Goldman für die Wahrheit. Zum Glück. Denn Dean Bender liest ihm unverzüglich den ersten Satz aus Frankfurters Brief vor: „Nachum Goldmann, den ich sehr wertschätze", schreibt Amerikas Oberster Richter, „hat mich gebeten, eine Empfehlung für seinen Sohn Guido auszusprechen, den ich nicht kenne." Goldman fällt ein Stein vom Herzen.

Alle drei Universitäten sagen zu, doch Goldmans Favorit ist nicht die Eliteschule Harvard, sondern Wesleyan. Das College ist von New York aus mit dem Auto in weniger als zwei Stunden zu erreichen und winkt außerdem mit einem Stipendium und anderen Vergünstigungen. Es schmeichelt dem 17-Jährigen, dass Wesleyan ein so großes Interesse an ihm zeigt. Kurz bevor die Anmeldefrist abläuft, erzählt Guido Goldman bei einem Picknick dem Familienfreund Robert Berks von seiner Priorität. Der ist ein angesehener Bildhauer und schuf unter anderem das Albert-Einstein-Denkmal in der Hauptstadt und die große Bronzeskulptur von Präsident John F. Kennedy im Foyer des Kennedy-Center im Herzen von Washington D.C. Soeben hat er auch eine Büste von Nachum Goldmann fertiggestellt. Berks ist entsetzt, als er hört, dass Guido Goldman nach Wesleyan und nicht nach Harvard will. „Wenn du das machst", wäscht er ihm den Kopf, „bist du nicht mehr mein Freund."

„Die 24-Karat-Denker"

Im August 1955 trifft Guido Goldman in Harvard ein. Fast alle neuen Studenten, Freshmen genannt, werden von ihren stolzen Eltern gebracht, das ist eine alte amerikanische Tradition. Doch Goldmans Vater ist wieder einmal auf Reisen, und die Mutter hat kein Interesse, sie besucht ihren Sohn nur ein einziges Mal an seiner Uni, als er im Frühsommer 1959 seinen Collegeabschluss macht.

Guido Goldman kommt alleine. Er fährt in seinem roten Plymouth Cabriolet vor, was eigentlich verboten ist, denn Studenten sollen kein Auto mitbringen. Die Uni fürchtet, sie könnten sich nach einer der vielen Partys mit betrunkenem Kopf hinters Steuerrad setzen und einen Unfall verursachen. Außerdem will sie nicht, dass Studenten ihren Reichtum zur Schau tragen. Nichts liegt Goldman ferner als zu protzen. Er will den Wagen nur für Heimfahrten nach New York nutzen und stellt ihn darum weit weg auf dem Parkplatz der Harvard Business School ab. Die liegt drüben am anderen Ufer des breiten Charles River und ist außer Sichtweite.

Goldman schreibt sich für Staats- und Regierungskunde ein und zieht in das Studentenwohnheim Matthews South direkt auf dem Universitätscampus. Alle männlichen Studienanfänger werden in den ersten beiden Semestern dort untergebracht. Das ist eine alte angelsächsische Tradition.

Schon die Freshmen werden in Harvard verwöhnt. Sie müssen sich nicht wie in vielen anderen Unis zu mehreren in ein Zimmer quetschen, sondern teilen sich zu dritt ein kleines Appartement mit zwei Schlafzimmern, einem Wohn- und einem Badezimmer. Auf die Frage, mit wem er gerne zusammenziehen würde, hat Goldman vorab schriftlich mitgeteilt, dass er, wenn möglich, gerne einen Afroamerikaner und einen ausländischen Kommilitonen als Wohngenossen haben würde. Er erhofft sich von dieser Mischung interessantere Gespräche. Doch ironischerweise wird Goldman ausgerechnet mit zwei Jungen zusammengelegt, die wie er aus New York stammen und jüdisch sind. Goldman glaubt, dass die Universität wahrscheinlich dachte, wer eine solche Prioritätenliste habe wie er, müsse stark verunsichert sein und sollte darum besser mit Studenten wohnen, die ähnlich sozialisiert sind. Goldman kann mit seinen neuen Mitbewohnern nicht viel anfangen. Der eine ist langweilig und verschroben, der andere, ein brillanter Kopf und Jahre später ein berühmter Astrophysiker, vergräbt sich in seinen Büchern.

Nach dem ersten Studienjahr müssen alle Freshmen umziehen, und Goldman residiert für die nächsten drei Jahre, bis zum Abschluss des Bachelorstudiums, im Winthrop House, nur wenige Schritte vom Charles River entfernt. Dort haben schon so berühmte Leute wie John F. Kennedy gewohnt. Im geräumigen Winthrop House lebt man ziemlich komfortabel. Goldman teilt sich mit drei weiteren Studenten eine Suite, zunächst eine, die drei, dann eine, die vier Schlafzimmer hat, plus Wohnraum und Bad.

In dieser Zeit macht Goldman Freunde fürs Leben. Über einen alten Schulfreund aus New York lernt er 1956 den Politikstudenten John Mudd kennen. Mudds Eltern und seine älteste Schwester Emmy werden für Goldman zu einer Art Ersatzfamilie, er verbringt viel Zeit mit ihr und fühlt sich dort geborgen. Die Mudds nehmen ihn in den Frühjahrsferien mit auf eine Reise nach Haiti und auf die Virgin Islands, und Emmy führt ihn Jahre später durch das malerische Neuenglandstädtchen Concord, wo sie inzwischen wohnt.

Goldman verguckt sich in diesen Ort, von dem man mit dem Auto schnell in Harvard ist. 1978 erwirbt er in Concord ein stattliches Anwesen. Es liegt in einem großen Park, von kleinen Gewässern umsäumt, auf einer bewaldeten Anhöhe über dem Fluss Concord. Hier hört man nur Vogelgezwitscher, hin und wieder bricht ein Reh durchs Gebüsch, und im Herbst hüllen sich die Bäume in ein tiefrotes Gewand. Es ist ein Ort der Stille, der Besinnung und Kontemplation – und darum wahrscheinlich das einzige der vielen Häuser, das Goldman nicht wieder verkauft hat und in dem er bis zu seinem Tod im November 2020 gelebt hat.

Guido Goldman (Mitte rechts) mit Studienfreunden in Harvard, Ende der 1950er Jahre

John Mudd und seine Frau wohnen nicht weit von Concord entfernt, und alle paar Wochen traf man sich auf Goldmans Einladung zum Dinner in der gemeinsamen Universitätsstadt Cambridge. Mit von der Partie war jedes Mal auch Jack Womack, ebenfalls ein enger Studienfreund aus den frühen Harvard-Jahren.

Anders als Mudd und Goldman wuchs Womack in bescheidenen Verhältnissen auf. Der Vater war Postbote in der Stadt Norman im Bundesstaat Oklahoma. Selbst sehr belesen, legte er großen Wert auf Bildung. Und so konnte der Sohn mit seiner Unterstützung den einsamen Weiten des Mittleren Westens entkommen, besuchte dank eines Stipendiums eine gute Schule in St. Louis, Missouri, und wurde dort von der Universität Harvard entdeckt. Die war im Rahmen eines sogenannten Diversitätsprogramms bestrebt, auch begabten Studenten aus weniger begüterten Familien eine Chance auf eine gute Ausbildung zu bieten. Im letzten Studienjahr vor dem Bachelorexamen, dem sogenannten *senior year,* leben Goldman und Womack im Winthrop House in zwei nebeneinanderliegenden Appartements. Sie öffnen die Zwischentür und gründen eine Wohngemeinschaft. Jahre später lehren beide in Harvard, der Historiker und Lateinamerikaexperte Womack erhält sogar eine Professur auf Lebenszeit.

Mudd, Womack und Goldman gehen in die Welt hinaus, studieren in Europa an unterschiedlichen Orten, sind aufgrund ihrer Berufe mal hier, mal dort. Aber Harvard bleibt für das Dreiergespann all die Jahrzehnte der gemeinsame Lebensmittelpunkt. Goldman wird eine Art Pate für Womacks Tochter Liza, und John Mudd setzt Goldman als Treuhänder für seine Kinder ein. Die Mudd-Familie gehört schon früh zu den Förderern von Goldmans Center for European Studies und spendet immer mal wieder Geld.

Es kommt in diesen Jahren zu einer weiteren folgenreichen Begegnung: Als Guido Goldman 1956 ins Winthrop House zieht, wird dort der große Stanley Hoffmann sein Tutor und akademischer Betreuer. Es gehört ebenfalls zu den angelsächsischen Universitätstraditionen, dass junge Professoren eine Zeit lang unter einem Dach mit Studenten wohnen und sich ihrer annehmen. Hoffmann, nur neun Jahre älter als Goldman, ist bereits eine Koryphäe der Politikwissenschaften und ein begnadeter Lehrer. Der Experte für französische Politik und Ideengeschichte, für die Soziologie des Krieges und die europäische Nachkriegsgeschichte vermag wie kaum ein Zweiter die Studenten in seinen Bann zu ziehen.

Stanley Hoffmann kam 1928 in Wien als Sohn eines Amerikaners und einer österreichischen Jüdin zur Welt. Die Eltern ließen sich kurz nach seiner Geburt scheiden, die Nazizeit überlebte er mit seiner Mutter in Frankreich. In Paris lernte und lehrte er unter anderem an der berühmten Sciences Po. 1955 erhielt Hoffmann einen Ruf nach Harvard und siedelte in die Vereinigten Staaten über, wo er sich fünf Jahre später einbürgern ließ.

Hoffmann hat in Harvard eine riesige Fangemeinde, zu der auch Goldman und John Mudd gehören. Beim Abendessen im Winthrop House speist man oft gemeinsam. Guido Goldman wird Hoffmanns dauerhafter Tischnachbar. Der Student aus New York, der als Jugendlicher nichts mit Politik am Hut hatte, liebt es inzwischen, über Gott und die Welt zu räsonieren, über Amerika und Europa. Auf manche Kommilitonen wirkt er ein bisschen altklug, doch er selbst sagte, er sei weder besonders intellektuell noch ein großes akademisches Talent gewesen: „Allein meinem Vater und dessen illustren Gästen hatte ich es zu verdanken, dass ich überall mitreden konnte. Ich habe die wichtigsten Gesprächsbrocken aufgeschnappt und weitererzählt."

Mudd und Goldman kleben an Hoffmanns Lippen. „Wie ein Schwamm haben wir sein Wissen aufgesaugt", sagt Mudd. „Doch offenbar schätzte auch Hoffmann die Unterhaltung mit uns – und besonders das Gespräch mit Guido." Der Professor, der eher Franzose geblieben als Amerikaner geworden ist, brennt für europäische und internationale Politik. Und natürlich weiß er, wer Nachum Goldmann ist. Interessiert hört er zu, wenn dessen Sohn vom Vater erzählt und von den berühmten Personen der Zeitgeschichte, die bei ihnen zu Hause verkehren. Und irgendwann nimmt Goldman seinen Tutor im roten Cabriolet mit nach New York und stellt ihn Nachum Goldman vor.

Keine Ahnung von Politischer Theorie

Hoffmann wird Guido Goldman zum Freund. Der Jüngere bewundert den Intellekt des Älteren, dessen Fähigkeit, allein durch Denken zu Erkenntnissen zu gelangen. Goldman selbst ist eher politisch-praktisch orientiert und beschäftigt sich vorrangig mit Regierungskunde und Staatswissenschaften, Fächer, die Henry Kissinger oder Zbigniew Brzeziński unterrichten, Professoren, die Jahre später Politikberater werden und selbst höchste Regierungsämter ausüben.

Doch umgekehrt weiß auch Stanley Hoffmann zu schätzen, was er an Goldman hat. Später sagt er ihm einmal: „Guido, du bist mir einer der wichtigsten Menschen in meinem Leben." Goldmans Großzügigkeit, Einfluss und unternehmerisches Talent kommen Hoffmann als Professor in Harvard enorm zugute.

Hier der hochgewachsene, geschäftstüchtige und zur Extravaganz neigende Goldman, dort der kleine, asketische und der Wissenschaft verschriebene Hoffmann – unterschiedlicher, gar gegensätzlicher könnten die beiden kaum sein. Und doch wird das ungleiche Gespann anderthalb Jahrzehnte nach der ersten Begegnung im Winthrop House zunächst die West European Studies und dann das daraus hervorgehende Center for European Studies gründen. Goldman und Hoffmann schreiben in Harvard gemeinsam Universitätsgeschichte.

Guido Goldman und Harvard-Professor Stanley Hoffmann (rechts). Das Foto wurde wahrscheinlich Ende der 1980er Jahre aufgenommen.

In den ersten Semestern in Harvard ist Guido Goldman allerdings ein orientierungsloser Student, der nicht recht weiß, mit welchem Ziel er lernt. Er ist an fast allem interessiert und begegnet als Lehrern derart vielen großen Geistern, dass es ihm schwerfällt, sich für einen Studienschwerpunkt zu entscheiden.

Die Universität ist ein Sammelbecken von „24-Karat-Denkern", wie der Publizist und *Zeit*-Herausgeber Josef Joffe die damals in Harvard versammelte Professorenschar nennt. Joffe, als Sohn jüdischer Eltern in Polen geboren, kommt Ende der 1960er Jahre selbst an diese Universität und freundet sich mit Goldman an. Harvard ist seit dem Zweiten Weltkrieg vor allem ein Magnet für jüdische Wissenschaftler, die rechtzeitig dem Holocaust entkommen sind oder ihn glücklicherweise überlebt haben. Ihnen fühlt sich der Sohn von Nachum Goldmann in gewisser Weise seelenverwandt und auch generationell verbunden. Jedenfalls wenn man den Begriff Generation im Sinne des Soziologen Karl Mannheim weiter fasst: als eine Epoche, die auf gleichen Lebenserfahrungen basiert – und weniger auf dem gleichen Lebensalter.

In Harvard lehren die Juden Stanley Hoffmann und Henry Kissinger. Bei Egon Schwartz frischt Goldman seine Deutschkenntnisse auf, vor allem Grammatik und Rechtschreibung. Mit Schwartz, einem aus Wien stammenden jüdischen Literaturwissenschaftler, verbindet ihn später eine lebenslange Freundschaft. In Harvard unterrichtet ebenso die jüdische Politikwissenschaftlerin Judith N. Shklar, die 1928 als Judita Nisse im lettischen Riga zur Welt kam. Sie ist eine bedeutende Theoretikerin des Liberalismus und die erste Frau, die im Government-Department der Universität eine feste Professur innehat.

Sie unterrichtet Politische Theorie, aber Goldman drückt sich um ihre Seminare. „Judith Shklar war eine gestrenge Lehrerin", sagte er, „und ich war fürchterlich in politischer Theorie, absolut unbegabt." Doch rückblickend hätte er diesen inneren Widerstand besser überwinden sollen. Denn als Goldman über ein Jahrzehnt später seine Doktorprüfung ablegt, ist Politische Theorie eines der beiden schriftlichen und eins von vier mündlichen Examensfächern. Und seine Prüferin in dieser Disziplin heißt Judith Shklar.

Goldman ist nervös, das Erlangen der Doktorwürde ist Voraussetzung dafür, dass er selbst in Harvard unterrichten darf. Stanley Hoffmann hat bereits vorgeschlagen, dass sie gemeinsam einen Kurs in Europäischer Politik anbieten. Was also tun? In einem Schnellkurs eignet sich Goldman das Grundwissen in Politischer Theorie an und wählt als Thema die Vorreiter des Marxismus. Über sie gibt es nicht so viel zu lesen und man kann in einer Prüfung besser improvisieren. Zur Vorbereitung holt er sich die Hilfe des jungen Wissenschaftlers Erich Goldhagen, ein brillanter Kopf und, wie Goldman sagte, „absolut fit in Politischer Theorie".

Auch Goldhagen ist ein europäischer Jude, stammt aus Rumänien und hat den Holocaust im Ghetto von Czernowitz überlebt, einer Stadt, die heute zur Ukraine gehört. Sein Sohn ist der Historiker Daniel Goldhagen, der Mitte der 1990er Jahre mit seinem umstrittenen Buch „Hitlers willige Vollstrecker" eine neue Debatte über die deutsche Kollektivschuld entfesseln wird, in die sich dann auch Goldman einmischt.

Am Ende weiß der Student Guido Goldman genug, um bei der strengen Judith Shklar knapp zu bestehen. Er erhält die Doktorwürde und eine Gesamtnote, die ihn berechtigt, fortan in Harvard zu unterrichten. Lächelnd bemerkt Shklar dabei, dass auch der in Harvard lehrende Merle Fainsod, einer der damals weltbesten Analytiker sowjetischer Politik und Direktor des Russian Research Center, als Doktorand nicht gerade in Politischer Theorie geglänzt habe.

Das kommunistische Experiment

Zurück zu den Anfängen in Harvard: Im dritten und vierten Studienjahr wird der Politologe Zbigniew Brzeziński Goldmans akademischer Betreuer. Auch er wird Goldman ein wichtiger Wegbegleiter. Wie so viele an der Universität ist auch der gebürtige Warschauer Brzeziński ein Opfer der europäischen Verheerungen des 20. Jahrhunderts. Sein Vater, ein polnischer Diplomat, lässt sich 1938 als Konsul nach Montreal in Kanada versetzen. Zbigniews Bruder ist schwer an Kinderlähmung erkrankt, und es heißt, dass die warmen Mineralwasserquellen in der Stadt Warm Springs im US-Bundesstaat Georgia Linderung bringen könnten. Und Kanada liegt allemal näher an Warm Springs als an Polen.

Die Brzezińskis kehren nicht wieder in ihre Heimat zurück. Als Franklin D. Roosevelt, Winston Churchill und Josef Stalin am Ende des Zweiten Weltkriegs in der Konferenz von Jalta die Machtverhältnisse in Europa neu ordnen und Polen der sowjetischen Einflusssphäre zuschlagen, beschließt die Familie, in Nordamerika zu bleiben.

Mit dem Schreckensherrscher Stalin haben sie schon vor dem Krieg schlechte Erfahrungen gemacht, zwischen 1936 bis 1938 lebten die Brzezińskis zwei Jahre lang in der UdSSR. Das war während der sogenannten Großen Säuberungen, täglich wurden im Sowjetreich etwa tausend Menschen umgebracht, weil sie in Stalins Augen politische Gegner oder sonst wie „unzuverlässig" waren. Diese Erfahrungen haben die Brzezińskis geprägt.

Wie Henry Kissinger gilt auch Zbigniew Brzeziński in Harvard als Vertreter der realistischen Schule der internationalen Politik. Danach ist jeder Staat vorrangig am eigenen Überleben interessiert und deshalb bestrebt, mächtiger zu sein als andere. Obwohl Brzeziński den Demokraten und Kissinger den Republikanern zuneigt, sie in der Politik oft gegensätzliche Schlüsse ziehen und einander auch sonst nicht sonderlich mögen, ist Goldman von beiden Professoren gleichermaßen beeindruckt. Vielleicht gerade wegen ihrer Widersprüche, Goldman ist ja selbst ein Meister der Dialektik.

Dank Brzeziński, der am Russian Research Center arbeitet, entwickelt Guido Goldman damals ein wachsendes Interesse an Osteuropa und lernt den berühmten Institutsdirektor Merle Fainsod kennen, dessen Schüler Brzeziński war. Fainsod berät immer wieder amerikanische Regierungen in Angelegenheiten, die die Sowjetunion betreffen. In den Jahren des Kalten Krieges ist das besonders wichtig.

1953 veröffentlicht Fainsod „How Russia is Ruled", eine der damals besten Analysen der Kreml-Politik von Lenin bis Stalin. Und 1958 erscheint sein Buch „Smolensk under Soviet Rule", eine Untersuchung der Stalin-Herrschaft in der russischen Stadt Smolensk vor dem Zweiten Weltkrieg. Es ist ein erschütterndes Dokument der absoluten Macht Stalins und bestätigt den langgehegten Verdacht, dass die Kommunistische Partei der Sowjetunion bis in die letzten Gliederungen ein willfähriger Handlanger des Diktators war und im vorauseilenden Gehorsam seine Ideen und Wünsche vollstreckte.

Im selben Jahr, in dem „Smolensk under Soviet Rule" erscheint, reisen die Freunde Guido Goldman und John Mudd mit 38 weiteren Studenten aus verschiedenen amerikanischen Universitäten für sechs Wochen in die Sowjetunion. Es sind vier Austauschgruppen mit jeweils zehn Teilnehmern, jene von Mudd und Goldman heißt „Experiment in International Living" und wurde von Mudds Mutter gegründet.

Zum ersten Mal ist die Sowjetunion Ziel einer solchen Fahrt. Von Austausch kann allerdings keine Rede sein, denn die Reise geht nur in die eine, die östliche Richtung. Die amerikanischen Studenten leben auch nicht in russischen Familien, sondern werden in Jugendhotels und Ferienlagern untergebracht. John Mudd hat darüber ausführlich Tagebuch geführt.

Mudd und Goldman nehmen ein Schiff über den Atlantik und reisen weiter mit dem Zug über Berlin und die belarussische Stadt Brest nach Moskau. Dort werden sie freundlich mit Blumen empfangen, und ihre Gastgeber stopfen, wie es damals in der UdSSR üblich war, die Tage voll mit politischem Programm. „Mit Besuchen von Fabriken, Baustellen,

Bildungseinrichtungen und ‚informellen' Jugendtreffs", wie John Mudd schreibt.

Einen halben Tag werden sie durch das Haupthaus der Moskauer Lomonossow-Universität geschleppt. Der Koloss im stalinistischen Zuckerbäckerstil war bei seiner Eröffnung 1953 das höchste Gebäude außerhalb Nordamerikas. Beeindruckt schreibt Mudd: „Es gehört zu den eindrucksvollsten Leistungen des Sowjetregimes … und ist ein Werk großen kollektiven Stolzes für Sowjetbürger, die in ihrem täglichen Leben enge Wohnverhältnisse und karge Konsumartikel ertragen müssen." Goldman und Mudd besuchen das berühmte Kaufhaus Gum und wundern sich über die riesigen Menschenschlangen vor den Geschäften, in denen es kaum etwas zu kaufen gibt.

Sie fahren über Land und staunen, dass die Häuser in den Dörfern ohne Strom und fließendes Wasser sind. Das nächste Ziel ist die ukrainische Hauptstadt Kiew, wo sie außerhalb am Ufer des Dnepr untergebracht werden und sich morgens im Flusswasser waschen. Die Gastgeber führen ihre Besucher aus Amerika durch eine riesige landwirtschaftliche Kolchose und füllen sie mit derart viel Wodka ab, dass sie, wie Mudd in seinem Bericht schreibt, in mehreren Autos zurückgefahren werden müssen, „weil die meisten in unserer Gruppe sich nicht mehr aufrecht halten konnten".

Auch die Ukraine ist damals Teil der Sowjetunion. SS und deutsche Wehrmacht haben dort im Zweiten Weltkrieg furchtbar gewütet. Die Wunden sind, wie Mudd und Goldman unterwegs immer wieder erfahren, noch längst nicht verheilt. Sie wissen das auch aus Harvard, denn einige der jüdischen Emigranten, die dort studieren oder lehren, kamen in Städten wie Lemberg oder Czernowitz zur Welt, die nach dem Krieg der Ukraine zugeschlagen wurden.

Es geht auf der Reise aber auch vergnüglich zu. Die Amerikaner bringen den Russen den Charleston-Tanz bei, am Abend schaut man russische Stummfilme oder geht im Mondschein am Dnepr spazieren. Und alle paar Tage hält, wie Mudd berichtet, ein „sowjetischer Agitator" einen politischen Vortrag wie zum Beispiel „über den US-Imperialismus im Libanon". Die Studenten machen einen Abstecher auf die Krim und springen in die Fluten des Schwarzen Meeres.

Sommer 1958: Guido Goldman (rechts) besucht mit einer Gruppe Studenten die UdSSR, bereist die Krim und unternimmt mit einem sowjetischen Reisebegleiter eine Bootstour auf dem Schwarzen Meer.

Zum Schluss steht Leningrad auf dem Plan, das rund drei Jahrzehnte später wieder seinen ursprünglichen Namen St. Petersburg erhalten wird. Goldman und Mudd sind von der Stadt an der Newa angetan. Nicht nur wegen der baulichen Schönheit und des enormen Reichtums an europäischer Kunst, sondern weil Leningrad, wie Mudd schreibt, „viel mehr Möglichkeiten bietet, mit interessanten Sowjets, meist Studenten, in Kontakt zu kommen ... In den Straßen und Parks schien es extrem einfach, Leute zu finden, die mit uns reden wollten, oft auf sehr freimütige Art."

Von Leningrad aus unternimmt die amerikanische Gruppe auch eine kurze Exkursion in die Wälder im östlichen Grenzgebiet der Sowjetunion. Dahinter beginnt mit Finnland der freie Westen, jenes Werte- und Ordnungssystem, zu dessen Verteidigung Goldman anderthalb Jahrzehnte später eine Reihe wichtiger Institutionen gründen wird.

Für Goldman jedenfalls ist der Ausflug ins Reich des Kommunismus von nachhaltiger Wirkung. Zurück in Harvard beschließt er, seine Bachelorarbeit, in Amerika „senior thesis" genannt, unter Anleitung seines Mentors Zbigniew Brzeziński einem sowjetischen Thema zu widmen. „Zionism under Soviet Rule" betitelt der nicht unprätentiöse Guido Goldman seine hundert Seiten lange Bachelorarbeit, eine Anspielung auf das bahnbrechende Werk des Russlandexperten Merle Fainsod über „Smolensk under Soviet Rule". Goldman erfährt damals, dass es vor allem russische Zionisten waren, die in den 1920er Jahren in der Sowjetunion die ersten Kolchosen schufen, eine Art Kibbuz, wo man sich auf die Auswanderung nach Palästina und die Gründung von Kibbuzen im gelobten Land vorbereiten wollte. Doch den Kommunisten waren die Zionisten alsbald ein Dorn im Auge – und die ärgsten Feinde der Zionisten waren selbst russische Juden, Mitglieder der Jewsekzija, einer jüdischen Untergruppe innerhalb der Kommunistischen Partei. 1918 mit Lenins Unterstützung gegründet, war die Jewsekzija überzeugt, dass der Zionismus und jüdische Traditionen den Idealen des sowjetischen Kommunismus im Wege standen und deshalb mit aller Härte bekämpft werden mussten. Die Jewsekzija verachtete das jüdische Bürgertum und die hebräische Sprache, sie besetzte Synagogen und machte sie zu Parteibüros. Der Zionismus wurde zu einer staatsgefährdenden Doktrin erklärt. Am Ende, welche Ironie der Geschichte, wurden die Führer der Jewsekzija selbst Opfer der stalinistischen Säuberungen, wurden in Lager gesperrt oder hingerichtet.

Zbigniew Brzeziński findet Gefallen an Goldmans Thema, auch weil es dazu bislang kaum Literatur gibt. Goldman stößt auf Quellen in sieben verschiedenen Sprachen, von denen er selbst nur drei lesen kann, Deutsch, Französisch und Englisch. Das meiste ist auf Jiddisch, und Goldman bezahlt einen Übersetzer. Brzeziński und die anderen Professoren, die Goldmans Bachelorarbeit lesen, sind begeistert und zeichnen sie mit der höchsten Note aus: summa cum laude.

Warum ausgerechnet Deutschland?

Die andere Welt

Im Sommer 1959 kommt Guido Goldman zum ersten Mal in seinem Leben nach Deutschland, genauer gesagt: nach Westdeutschland. Er hat seinen Bachelor in der Tasche und ein Stipendium des Deutschen Akademischen Austauschdienstes (DAAD), um ein Semester in München und eins in Paris zu studieren. Das Geld gibt er dem DAAD zurück, weil er findet, dass damit weniger betuchte Studenten unterstützt werden sollten.

München ist natürlich nicht seine erste Berührung mit Deutschland. Seine Eltern sind hier großgeworden und in ihrem Wesen und Denken nach wie vor sehr deutsch. Zu Hause in der Upper West Side sind die Goldmanns von deutscher Literatur, deutscher Musik und europäischer Kunst umgeben. Wenn Gäste kommen, wird das Meißner Porzellan aus dem Schrank geholt. Der Vater ist wenige Jahre nach dem Krieg andauernd in Bonn, um mit Konrad Adenauer über Entschädigungsleistungen für die Überlebenden des Holocaust zu verhandeln. Nachum Goldmann versteht sich gut mit dem ersten deutschen Bundeskanzler.

1959 sind die Spuren des Zweiten Weltkriegs und des Holocaust noch überall zu spüren, aber diese Gräuel, obwohl auch in der Familie Goldmann allgegenwärtig, bestimmen nicht allein ihr Deutschlandbild – und damit auch nicht den Blick des jungen Guido Goldman auf das Land, das er gerade kennenlernt. Wenn Alice und Nachum Goldmann von Deutschland reden, haben sie nicht in erster Linie die Nazizeit vor Augen, sondern die Jahrzehnte davor. Das waren für sie glückliche, schöne und erfüllende Jahre, auf die sie gerne, voller Stolz und mit bisweilen verklärender Nostalgie zurückschauen. Avrom Udovitch, der bei den Goldmanns in New York ein und aus ging, sagt, wie so viele deutsche Juden hätten die Goldmanns und Gottschalks aus Frankfurt und Berlin an einem ganz speziellen Trauma gelitten. „Es hat ihnen das Herz gebrochen, dass sie nach Hitlers Machtergreifung aus einer Gesellschaft und Kultur vertrieben und ausgeschlossen wurden, die auch ihre war, die sie liebten – und die ihnen wahnsinnig viel bedeutete."

Deutschland, so Udovitch, habe für die Goldmanns einen ganz anderen Erinnerungswert gehabt als für seine Familie. Für Udovitchs Eltern, die als einfache Leute in einem osteuropäischen jüdischen Schtetl aufwuchsen, war nach dem Holocaust alles Deutsche tabu, sie hatten keine positive Assoziation zu dem Deutschland in der Zeit vor Naziherrschaft, sie kannten es nicht. „Die Shoa", sagt er, „hüllte Deutschland in ein schweres, schwarzes, tiefschwarzes Tuch und ließ es nicht zu, dass irgendjemand auch nur das kleinste gute Licht auf dieses Land warf." Die Udovitchs waren lange vor dem Krieg, bereits Anfang des 20. Jahrhunderts, in die kanadische Ebene ausgewandert und hatten ihren orthodoxen Glauben und die Traditionen des Schtetls mitgenommen. Zu Hause sprach man Jiddisch, feierte alle religiösen Feste und hielt streng den Sabbat ein.

Avrom Udovitch wird nie vergessen, wie er kurz nach Kriegsende als 13-Jähriger mit einem Rabbiner von Winnipeg nach Montreal fuhr, um am Flughafen Überlebende des Konzentrationslagers Auschwitz in Empfang zu nehmen. Es waren ungarische Juden, sie konnten nur Jiddisch, und der in vielen Sprachen bewanderte Schüler Avrom Udovitch sollte übersetzen. Ihm blieb das Herz stehen, als die Menschen von dem Grauen des KZs erzählten. Udovitch hatte selbst im Holocaust seine Großmutter, einen Onkel und weitere Verwandte verloren. „Ich weiß nur, dass sie ermordet wurden, weil mein Vater weinte", sagt er, „mein Vater hat sonst nie geweint." Seine Familie wollte darum nichts mehr mit Deutschland und den Deutschen zu tun haben. „Schon die bloße Erwägung, einen deutschen VW Käfer zu kaufen", erzählt Udovitch, „wäre ein Verrat an den Opfern des Holocaust gewesen." Für die Goldmanns galt das nicht, sie hatten auch viele gute und schöne Erinnerungen, waren selbst in vielem sehr deutsch.

Goldmans Freund Andrei Markovits konnte sich ebenfalls nur schwer mit diesem Land versöhnen, das Europa mit einem grauenvollen Krieg überzogen und millionenfachen, industriellen Mord an Juden, an Sinti und Roma, an Homosexuellen, Oppositionellen und Menschen mit Behinderungen begangen hatte. Für ihn war dies nicht nur ein Land großer Dichter und Denker, sondern auch das von Hitler, Himmler, Eichmann und Goebbels. Markovits' Eltern waren rumänische Juden, und er besuchte nach dem Krieg bis zum Abitur ein strenges Wiener Gymnasium, in dem der Rohrstock kreiste und, wie er sarkastisch sagt, „germanische Zucht und Ordnung" herrschten.

Anders als Guido Goldman wäre Andrei Markovits niemals 1959 nach Deutschland gereist, um dort zu studieren. Seinen Frieden mit dem Land machte er erst, als die Generation der 68er auf die Straße ging und gegen ihre Eltern rebellierte. Als der Studentenführer Rudi Dutschke und die Außerparlamentarische Opposition Front gegen Nazis machten, die auch nach dem Krieg weiter hohe Posten in der Regierung und Verwaltung, in den Universitäten, der Wirtschaft und Justiz bekleideten. Seinen Frieden mit Deutschland schloss er endgültig, als die Grünen zum ersten Mal in Stadträte und Parlamente einzogen, Tabus brachen und die verknöcherte Politik aufbrachen.

Markovits kam 1974 zum ersten Mal nach Westdeutschland, 15 Jahre nach Goldman. „Mein Deutschland", sagt er, „war ein ganz anderes als das von Guido. Es war das der Aufrührer, der Protest- und Alternativbewegungen." Guidos Deutschland sei das eher staatstragende, das der Kanzler, der Präsidenten und großen Nachkriegsparteien gewesen, ein Land, das der junge Guido Goldman mit den Augen von Nachum Goldmann gesehen habe.

Der München-Blues

Klar, Guido Goldman bewegt sich als Student auf dem Parkett seines Vaters, trifft sich als Doktorand mit Adenauer und Bertold Beitz, dem Generalbevollmächtigten des Krupp-Konzerns. Weil Nachum Goldmann ihm die Türen öffnet, überschneidet sich seine Welt zwangsläufig mit der des Vaters. Dennoch, als Goldman 1959 als DAAD-Student erstmals nach Westdeutschland kommt, macht er seine eigenen Erfahrungen – und die sind nicht immer nur gut. Mit Deutschland, das später einen so großen und wichtigen Platz in Guido Goldmans Leben einnimmt, ist es keine Liebe auf den ersten Blick.

Die akademische Welt an der Universität München ist im Vergleich zu Harvard hierarchisch, traditionell und altbacken. Als der Student aus Amerika einen Professor um eine Literaturliste für seine Vorlesung bittet, schüttelt dieser ungläubig den Kopf und sagt: „Das gibt es hier nicht. Das ist nicht vorgesehen!" Entnervt schreibt Goldman seinem Vater: „Mensch, sind die Deutschen ordnungsfixiert. Es scheint, dass ihre Philosophie für alles und jedes lautet: ,Ja, aber es muss seine rechte Ordnung haben.'"

Goldman macht in München kaum Freunde, seine Kommilitonen sind mehr an Partys und Skifahren als am Studium interessiert, das Wetter ist in den Herbst- und Wintermonaten grau und feucht und drückt aufs Gemüt. „Ich glaube, irgendwo tief in mir trage ich einen Berg von Vorbehalten gegen dieses Land und ich vermute, meine Haltung ist: Zeigt mir, dass dies nicht gerechtfertigt ist!", schreibt er seinem Freund John Mudd, aber bittet ihn zugleich, dieses momentane Stimmungstief nur als vorübergehend zu betrachten.

Es zieht Goldman damals immer wieder von der Isar an die Seine, in Paris fühlt er sich wohler, aufgehobener, dort studiert sein Bruder Michael und lebt seine geliebte Tante Ellen. Doch will er das Münchener Experiment nicht gleich aufgeben. „Ich möchte die Stadt nicht verlassen", schreibt er Mudd, „bevor sich bei mir nicht das Gefühl einstellt, dass ich hier eine gute, solide, interessante Zeit gehabt habe."

Auch wenn Goldman in München nicht heimisch wird und er das Studium „viel zu lax" findet, hellt sich seine Stimmung auf. Zunächst wohnt er beengt in der Nähe des Hauptbahnhofs, mietet sich dann aber im mondänen Stadtteil Schwabing ein und schwärmt seinen Eltern gegenüber von dieser luxuriösen Zwei-Zimmer-Altbauwohnung mit Küche, Bad und Balkon. In Paris kauft er sich einen gebrauchten Peugeot Cabriolet, fährt mit dem übers Land und ist zu manchem Streich aufgelegt.

An vielen Landstraßen und Autobahnen stehen damals riesengroße Plakatwände mit den Umrissen des im Zweiten Weltkrieg untergegangenen Deutschen Reichs und dem Spruch: „3 geteilt? Niemals!" Das stramm rechte „Kuratorium Unteilbares Deutschland" propagiert damit die Wiederherstellung Deutschlands in den Grenzen von 1937. Gefordert wird nicht nur die Vereinigung von West- und Ostdeutschland, also der Bundesrepublik und der Deutschen Demokratischen Republik (DDR), sondern auch die „Rückholung" jener ehemals deutschen Ostgebiete, die die vier Siegermächte am Ende des Krieges Polen und der Sowjetunion zugesprochen haben, wie etwa Pommern, Schlesien oder Ostpreußen.

Goldman und ein amerikanischer Freund aus München finden das empörend und wollen, wie Goldman erzählte, „etwas gegen diesen deutschen Revanchismus tun". Sie drucken kleine Zettel mit der Aufschrift „Wo ist das Dritte?" und kleben sie auf die Plakate. Leider erwischt sie die Polizei und brummt ihnen eine Geldbuße auf.

Mit den deutschen Ordnungshütern hat Goldman noch ein weiteres unschönes Stelldichein. Seine Mutter kommt ihn für ein paar Tage in München besuchen, Alice Goldmann ist seit Anfang der 1930er Jahre nicht wieder in Deutschland gewesen. Sie residiert im vornehmen Hotel Vier Jahreszeiten und hat sich dort mit ihrem Sohn zu einer Tasse Kaffee verabredet. Als Guido Goldman vor dem Hotel rückwärts in eine Parklücke einbiegt, kommt gerade ein Bekannter vorbeigefahren und hupt. Goldman winkt, passt eine Sekunde lang nicht auf und muss dabei, ohne es selbst zu merken, ganz leicht die Stoßstange des hinter ihm stehenden Fahrzeugs berührt haben. Ein Gast im Hotelcafé sieht das und meldet diesen Vorfall, ohne Goldman ein Sterbenswörtchen davon zu sagen, unverzüglich der Polizei. „Ich mag ja Deutschland sehr", entrüstete sich Goldman noch sechzig Jahre später, „aber das war wirklich typisch deutsch."

Plötzlich stehen jedenfalls zwei grünuniformierte Beamte am Kaffeetisch und fordern Goldman barsch auf, mit auf die Wache zu kommen. Alice Goldmann hat das Gefühl, sie wäre zurück in Nazideutschland, und ist nahe einem Nervenzusammenbruch. Die touchierte Stoßstange wird inspiziert, die klitzekleine Schramme ist mit bloßem Auge kaum zu erkennen. Aber die Polizisten bleiben unnachgiebig: „Schramme ist Schramme – und das ist Sachbeschädigung."

Auf dem Revier stellt Goldman fest, dass er weder Pass noch Führerschein dabeihat. Doch die Beamten wollen ihn nicht gehen lassen, bevor er sich nicht ausgewiesen hat. Goldman erwidert, dass er, wenn sie ihn nicht freiließen, auch leider nicht die Dokumente beibringen könne. So geht es hin und her, es ist eine Catch-22-Situation, und Goldman sagt irgendwann genervt: „Jetzt kann ich gut verstehen, wie Hitler und 1933 geschehen konnten." Die Polizisten sind verärgert und sehen in dieser Äußerung einen Affront. Aber sie vermuten wohl, dass Goldman ein jüdischer Name ist, wollen darum jeden weiteren Aufstand vermeiden und lassen den „Sachbeschädiger" ziehen. Allerdings nur unter der Auflage, dass er bis Punkt 17 Uhr seinen Pass und Führerschein auf der Wache vorlegt. Im Frühjahr 1960 verlässt Goldman München, geht nach Paris, verbringt dort das zweite Semester und kehrt im Sommer nach Harvard zurück.

Wieder an seiner Alma Mater, beginnt er mit dem sogenannten Postgraduiertenstudium, das idealerweise in einer Promotion und der Erlangung der Doktorwürde endet. Aber Goldman weiß nicht recht, was er studieren soll, vor allem welches Dissertationsthema ihn derart packen könnte, dass er über viele Jahre am Ball bleibt und sich nicht zu Tode langweilt. Es ist das alte Dilemma des ewig Suchenden: Hin- und hergerissen zwischen seinen vielen Interessen, kann er sich nicht entscheiden.

Die Afrika-Expedition

Als Goldman im Sommer 1960 in Harvard ankommt, ist sein Freund John Mudd nicht mehr da. Jetzt ist er mit einem Stipendium in Deutschland, studiert in Berlin an der Freien Universität. Goldman vermisst den Freund und Ratgeber sehr. Immer wieder schreibt er Mudd in langen Briefen von seiner Zerrissenheit, den vielen ungeordneten Gedanken und Zukunftsplänen, die in seinem Kopf umherschwirren und sich nicht auf eine Schnur spannen lassen. Besonders ein Brief drückt geradezu exemplarisch seinen Wankelmut, seine Flatterhaftigkeit, aber ebenso die Vielfalt seiner Interessen aus: Sein Vater Nachum, schreibt Goldman, erwäge, sich in Israel stärker politisch zu engagieren, vielleicht sogar für ein Staatsamt zu kandidieren, und wünsche darum, dass sein Sohn ihn dabei unterstütze und mehr Zeit in Israel verbringe. Vielleicht, so Goldman, sei das keine schlechte Idee.

In der nächsten Zeile aber schwärmt er von einem Studium am renommierten Institut für Internationale Angelegenheiten in Genf, verbunden mit einem Projekt der Internationalen Arbeitsorganisation in Afrika. Um Augenblicke später zu schreiben, dass es vielleicht das Klügste wäre, sich wieder den russischen Studien zuzuwenden. Hier habe er ja schon einige Erfahrungen gesammelt und außerdem in Brzeziński einen guten Berater. Allerdings befürchte er, da er ja schon seine Bachelorarbeit einem sowjetischen Thema gewidmet habe, mit der Konzentration aufs Russische zu einem Fachidioten zu werden.

Dann durchzuckt Goldman wieder eine ganz neue Idee: Eigentlich sei es sein innigster Wunsch, nach Europa zurückzukehren, schreibt er. Er wolle mehr über die Traditionen und die Kultur erfahren, wünsche sich, viele Europäer kennenzulernen und Zeit in den großartigen Bergen und den fantastischen Theatern zu verbringen. Mit dem Fahrrad möchte er durch den Kontinent radeln, „um eine stimulierende Abwechslung von der Atmosphäre in Harvard zu haben".

Im nächsten Absatz liebäugelt Goldman mit dem totalen Bruch, erwägt die Universität zu wechseln und vielleicht für einige Zeit am Massachusetts Institute of Technology (MIT) in Boston zu studieren, um sich stärker mit den immer wichtiger werdenden Themen der Ökonomie zu beschäftigen. Das MIT, schreibt er begeistert, habe gerade zwölf Studenten nach Nigeria entsandt, um der Wirtschaft und Industrie dort auf die Beine zu helfen. „Womöglich ist es an der Zeit", so Goldman, „sich auf den Weg nach Afrika oder Nepal oder Vietnam oder einem noch exotischeren Ort zu machen, die in einer völlig neuen Weise anregen."

Im Sommer 1962 reist der ewig Suchende tatsächlich nach West- und Ostafrika. Allerdings nicht, um die Wirtschaft anzukurbeln, sondern um gemeinsam mit Zbigniew Brzeziński und weiteren Mitarbeitern des Russian Research Center in Erfahrung zu bringen, wie groß dort inzwischen der Einfluss der Sowjetunion ist. In den Vereinigten Staaten gibt man sich zunehmend besorgt über die von Moskau lancierte Ausbreitung des Kommunismus in der sogenannten Dritten Welt und will dem Vormachtstreben des Kreml Einhalt gebieten.

Das Expeditionskorps aus Harvard wird jedoch nicht fündig. In keinem der Länder, das es unter die Lupe nimmt, weder in Ghana noch in Nigeria, Kenia oder Uganda lässt sich ein Einfluss der Sowjetunion feststellen. „Nichts haben wir entdeckt, das Amerika in irgendeiner Weise hätte beunruhigen müssen", erzählte Goldman. Nur hier und dort sehen sie ein paar merkwürdige Dinge, die jedoch ohne Belang sind. In Ghana zum Beispiel, wo die Temperaturen niemals auch nur in die Nähe des Gefrierpunkts sinken, stehen ein paar Dutzend sowjetische Traktoren mit Schneepflügen herum. Schneepflüge für Afrika? Ghana braucht damals dringend Traktoren für die Landwirtschaft, und offenbar haben die Spender aus Moskau nur dieses sibirientaugliche Gerät im Angebot.

Um ein Haar Soldat

Die Angst vor einer Ausdehnung des sowjetischen Einflusses ist allerdings nicht unbegründet. Goldmans afrikanische Kommunismus-Expedition fällt in eine Zeit höchster weltpolitischer Nervosität. Mit Unterstützung Moskaus riegeln Soldaten der Nationalen Volksarmee und Angehörige der Deutschen Grenzpolizei am 13. August 1961 die Straßen und Schienenwege nach West-Berlin ab und beginnen mit dem Bau einer Mauer quer durch die Stadt. In einem Beschluss des Ministerrats heißt es, diese neue Grenzanlage sei notwendig „zur Unterbindung der feindlichen Tätigkeit der revanchistischen und militaristischen Kräfte Westdeutschlands und Westberlins".

Ein Jahr später, im Juli 1962, beginnt die Sowjetunion unter dem Decknamen Operation Anadyr heimlich damit, russische Soldaten auf Kuba zu stationieren. Militärbasen werden errichtet, Dutzende russischer Schiffe transportieren über Monate Kriegsgerät auf die Karibikinsel, die fast in Sichtweite der US-amerikanischen Küste liegt. Aufklärungsflugzeuge des US-Militärs zeigen auch erste Vorarbeiten für Abschussrampen sowjetischer Mittelstreckenraketen. Es beginnt ein ebenso nervenaufreibendes wie hochgefährliches Tauziehen zwischen den Vereinigten Staaten und der Sowjetunion. Im Oktober 1962 verhängt US-Präsident John F. Kennedy eine Seeblockade, in letzter Sekunde lenkt der Kreml-Herrscher Nikita Chruschtschow ein. Ein Krieg wird abgewendet, aber die Spannungen werden nicht weniger, das Säbelrasseln ist in diesen Jahren deutlich zu hören, Amerikaner und Russen rüsten auf und haben ihre Hand gefährlich nah am Atomknopf.

Eine der Folgen: Die Vereinigten Staaten verstärken ihre Verteidigungsbereitschaft und ziehen darum wieder mehr wehrfähige junge Männer ein. Auch Guido Goldman gerät 1962 ins Visier der Streitkräfte. Als Student war er bisher vom Militärdienst zurückgestellt, wird aber nun angesichts der bedrohlichen Weltlage neu eingruppiert, in die Kategorie 1-A. Das heißt, Goldman muss dienen, falls er den Tauglichkeitstest besteht, woran bei dem 1,90 Meter großen, kräftigen Mann kein Zweifel besteht. Goldman ist darüber tief beunruhigt und schreibt seinem Vater: Zwar habe er das Recht, gegen die neue Eingruppierung Einspruch zu erheben, aber wenn es bei der „Entscheidung 1-A" bleibe, „dann ist es sehr gut möglich, dass ich schon bis Ende September vom Militär eingezogen werde, zumal die Truppenverstärkung gerade sehr schnell geschieht".

Die einzige Chance, dem zu entgehen, ist Harvard. Wenn ihm mehrere Professoren bestätigen, dass er für das akademische Leben der Universität unverzichtbar sei, wird man ihn wohl herunterstufen, in die Kategorie 2-S. Damit würde er ziemlich ans Ende der Wehrpflichtigenschlange rücken, und eine Einberufung wäre unwahrscheinlich – einstweilen jedenfalls.

Zbigniew Brzeziński, Merle Fainsod und auch der Politologe Rupert Emerson verbürgen sich für den Studenten Goldman. Der Einberufungsausschuss korrigiert seine Entscheidung, Goldman bekommt den Stempel 2-S und kann aufatmen. Später sagte er, sein Beispiel zeige, wie sich die Söhne wohlhabender, privilegierter Familien vor dem Militärdienst drücken konnten. „Mittellose Studenten und solche ohne einflussreiche Beziehungen hatten keine Chance auf Zurückstellung."

Henry Kissingers Gretchenfrage

Auch der Ausflug nach Afrika hat keine Erleuchtung gebracht, Goldman ist 1962 mit seinen Studienplänen noch immer keinen Schritt weiter. Es dauert noch ein gutes Jahr, bis der Groschen fällt. Irgendwann Ende 1963, Anfang 1964, kurz nach der Ermordung von John F. Kennedy, hält der junge deutsche Politologe Karl Kaiser im Lowell House in Harvard ein Seminar über die neue Bedeutung der Bundesrepublik. Goldman ist davon derart angetan, dass er sich spontan entscheidet, fortan sein Studium und die Doktorarbeit deutschen Themen zu widmen. Ein halbes Jahrhundert später sagte Goldman dazu: „Es musste zwangsläufig so kommen, war es doch in meiner Biografie und in meinen Genen bereits angelegt."

Kaiser ist nur drei Jahre älter als Goldman und noch neu in Harvard. Zuvor hat er am Nuffield College im englischen Oxford seine Dissertation geschrieben. Das Institut, erst 1937 gegründet und auf Soziologie und Politologie spezialisiert, gehört zu den jüngeren Colleges der fast tausend Jahre alten Universität. Anfang 1963 macht in Harvard Goldmans früherer Mentor Stanley Hoffmann Furore mit dem von ihm herausgegebenen Werk „In Search of France". Die von mehreren Autoren verfasste Analyse und Interpretation der französischen Politik und der Rolle Frankreichs gilt als wegweisend. Hoffmanns Kollege Henry Kissinger möchte für Deutschland eine ähnliche Studie auf die Beine stellen und sucht dafür einen geeigneten Assistenten. Irgendjemand empfiehlt ihm den blitzgescheiten 29-jährigen Karl Kaiser, und Kissinger holt ihn nach Harvard.

Kissinger ist damals stellvertretender Direktor des Instituts für Internationale Angelegenheiten und leitet außerdem das International Seminar, das er schon in den 1950er Jahren, als er selbst noch Student in Harvard war, mit ins Leben gerufen hat. Das International Seminar bringt jeden Sommer Journalisten, Künstler, Literaten, Filmemacher und Politiker zusammen. Sie kommen aus allen Ecken der Welt, nur nicht aus kommunistischen Staaten, weil deren Bürger entweder nicht ausreisen dürfen oder die stramm antikommunistischen Vereinigten Staaten sie nicht einreisen lassen.

Die meisten Teilnehmer sind Europäer und Amerikaner. Einer von ihnen ist damals der Journalist Theo Sommer, der später als Chefredakteur die Geschicke der Wochenzeitung *Die Zeit* lenken wird. Wie Nachum Goldmann und sein Sohn Guido ist auch Henry Kissinger der *Zeit* verbunden, vor allem deren Herausgeberin Marion Gräfin Dönhoff und Helmut Schmidt, der nach dem Ende seiner Kanzlerschaft 1983 in die Führungsetage der Zeitung einzieht. Einige Male taucht Kissinger sogar in Redaktionskonferenzen auf, er schätzt die Diskussion mit jungen Journalisten.

Sein Verhältnis zur *Zeit* ist allerdings nicht spannungsfrei. Kissinger wird in Artikeln immer wieder vorgeworfen, dass er als Nationaler Sicherheitsberater und Außenminister der Vereinigten Staaten im September 1973 den Putsch gegen Chiles demokratisch gewählten sozialistischen Präsidenten Salvador Allende unterstützt habe. Auch seine Rolle im Vietnamkrieg wird heftig kritisiert. Seine Freundschaft zu Schmidt bleibt davon unberührt. Als der ehemalige Kanzler im November 2015 stirbt, fliegt Kissinger, bereits 92 Jahre alt, nach Deutschland und hält, gestützt auf seinen Stock, im Hamburger Michel eine bewegende Trauerrede.

Mitte der 1960er Jahre, als der junge Kissinger in Harvard lehrt und über ein „In Search of Germany" nachdenkt, steht Westdeutschland im Zentrum des politischen Interesses. Es ist viel los in der Bonner Republik, eine Zeit der Umbrüche und Neuanfänge. Die Sozialdemokratische Partei Deutschlands legt in der Wählergunst zu, es ist sehr wahrscheinlich, dass sie demnächst zum ersten Mal nach dem Ende der Weimarer Republik wieder Regierungsverantwortung übernehmen wird. In Amerika sieht man das mit Sorge, auch Henry Kissinger ist skeptisch.

Die Sozialdemokraten Willy Brandt, Herbert Wehner und Fritz Erler wollen darum Signale der Verlässlichkeit und Berechenbarkeit nach Washington senden und bringen ihre SPD behutsam auf einen neuen außen- und sicherheitspolitischen Kurs. Die feste Einbindung der Bundesrepublik in die westliche Wertegemeinschaft und die Mitgliedschaft im westlichen Verteidigungsbündnis NATO werden ab nun auch für deutsche Sozialdemokraten zur Staatsräson.

Henry Kissinger und sein Institutsdirektor Robert Bowie wollen mehr darüber hören und laden darum Fritz Erler Mitte der 1960er Jahre zu einer Vortragsreihe nach Harvard ein. Erler brennt für Außenpolitik, spricht fließend Englisch und ist als Vorsitzender der SPD-Bundestagsfraktion ein wichtiger Mann in der Partei. Und weil er früh ein Gegner Hitlers war und von 1939 bis 1945 als politischer Gefangener im Zuchthaus saß, genießt er in den Vereinigten Staaten und gerade unter Harvard-Professoren, die vor den Nazis fliehen mussten, einen untadeligen Ruf.

Erler gelingt es, Vertrauen zu bilden, auch bei Kissinger, der wenige Jahre danach in die Regierung von Präsident Richard Nixon eintritt. Im Sommer 1965 veröffentlicht die Universität Harvard Erlers Vorträge. Unter dem Titel „Demokratie in Deutschland" erscheinen sie auch in der Bundesrepublik. „Dieses Buch ist nicht um des Wahlkampfes willen geschrieben worden", bilanziert *Die Zeit*. „Es enthält … zwar die Ansichten eines der führenden deutschen Sozialdemokraten, aber nicht in der Form des Angriffs, … sondern als eine abgezogene, wissenschaftliche Untersuchung der Verhältnisse in der Bundesrepublik und der Ziele seiner eigenen Partei … Im letzten Vortrag wirbt Erler bei den Amerikanern um Vertrauen nicht zu einer bestimmten Partei, sondern zu Deutschen. Er tut es ohne Gefühlsseligkeit, ohne Anbiederung, selbstbewusst, mit klaren und darum einleuchtenden Gründen." Ende 1965 erkrankt Fritz Erler schwer an Krebs. Er stirbt im Februar 1967.

Von Karl Kaiser stammt die treffliche Formel, dass Westdeutschland lange Zeit keine eigene Außenpolitik hatte, sondern dass eine Außenpolitik – sprich: die Außenpolitik der Alliierten – den Staat Westdeutschland geschaffen hat. Fast alles wird damals vorgegeben, nur wenig kann die Bonner Republik in ihren Außenbeziehungen selbst bestimmen. Jede eigenmächtige Veränderung, jeder Emanzipationsversuch wie zum Beispiel Willy Brandts Ostpolitik stößt darum zunächst einmal auf Vorbehalte und oft auch auf Widerstand.

Die 1960er und 1970er Jahre sind allerdings auch eine Epoche, in der sich der Blick des Auslands auf Westdeutschland Schritt für Schritt verändert. Die Nazizeit, die Shoa verschwinden zwar nicht aus der öffentlichen Debatte, wie sollten sie das auch ob der Schwere der Schuld. Aber die Last der Vergangenheit dominiert nicht mehr sofort jeden öffentlichen Diskurs, und nicht mehr jedes unsägliche Wort irgendeines deutschen Altnazis schafft es sofort auf die erste Seite der *New York Times*.

Ins Zentrum der Aufmerksamkeit rücken das „deutsche Wirtschaftswunder" und die wachsende Bedeutung Westdeutschlands in der sich zuspitzenden Konfrontation zwischen Amerika und Russland im Kalten Krieg. Außerdem: Europas Staaten wachsen immer enger zusammen, es geht um die künftige Struktur der Gemeinschaft, um die eigene Wehrhaftigkeit, um die Rolle Europas in der Welt – und mittendrin ist die Bonner Republik, die immer selbstbewusster auftritt. „Auf einmal musste Amerika um Deutschland kämpfen", sagt Karl Kaiser, „und konnte sich nicht mehr absolut sicher sein, dass die Regierung in Bonn immer genau das tut, was die Regierung in Washington verlangt."

Die 1960er Jahre sind auch für die Universität Harvard eine Zeit des Umbruchs und der Neuanfänge. Etliche Professoren, die dort die akademische Neugierde auf Europa und auf Deutschland geweckt und gefördert haben, treten in den Ruhestand oder verlassen aus anderen Gründen die Universität. Henry Kissinger wechselt in die Nixon-Regierung, Karl Kaiser wird Professor in Westdeutschland und berät Bundeskanzler Willy Brandt. Nachfolger sind nicht in Sicht, und anders als etwa für die Russlandstudien gibt es auch keinen geschützten Raum, kein eigenes Institut, in dem das wissenschaftliche Interesse am Alten Kontinent gebündelt werden könnte. Die Sorge geht deshalb um, dass Deutschland und Europa, obwohl politisch und wirtschaftlich immer bedeutender, im akademischen Leben zurückfallen und am Ende ganz verschwinden könnten.

Es ist eine Sorge, die der Student und neue Deutschlandfan Guido Goldman teilt. Er findet, Harvard müsse unbedingt etwas dagegen tun, zum Beispiel ein „German Research Program" gründen, ein eigenes akademisches Deutschlandstudium. Er spricht darüber mit seinem Vertrauten Stanley Hoffmann. Der ist zwar kein Deutschlandfreund, findet die Idee aber gut und rät Goldman, sich an Kissinger zu wenden.

Kissinger ist mittlerweile Goldmans Doktorvater. Irgendwann im Herbst 1966 lädt Goldman seinen Professor zum Mittagessen in den vornehmen Fakultätsclub ein und erzählt ihm von seiner Sorge und von seiner Idee. Kissinger hört höflich zu, ist aber, wie Goldman sich erinnert, nicht sonderlich interessiert. Er will lieber wissen, was gerade aktuell in Bonn passiert. In Westdeutschland regiert Bundeskanzler Ludwig Erhard und steckt in allergrößten Schwierigkeiten. Es heißt, die Tage des Christdemokraten und Adenauer-Nachfolgers seien gezählt, er sei ein Kanzler auf Abruf.

Bei der Bundestagswahl 1965 hatte Erhard seiner Partei noch einen grandiosen Sieg beschert, aber als Regierungschef hat der ehemalige Bundesminister für Wirtschaft und Vater des deutschen Wirtschaftswunders keine glückliche Hand. Die Republik droht 1966 in eine Rezession abzurutschen, bei den Landtagswahlen im wichtigen Kohle- und Stahlland Nordrhein-Westfalen verliert die CDU um Haaresbreite die Regierungsmehrheit, immer mehr prominente Parteifreunde gehen auf Abstand zu ihrem Kanzler. Auch Erhards Koalitionspartner im Bund, die Freien Demokraten, werden zunehmend nervös; Erhards Autorität erodiert.

Angesichts dieser Lage stellt Henry Kissinger seinem Doktoranden die Gretchenfrage: „Wer wird auf Ludwig Erhard folgen?" Goldman geht die schon nervös mit den Hufen scharrenden christdemokratischen Kandidaten in alphabetischer Reihenfolge durch. Als er bei Kurt Georg Kiesinger, dem damaligen Ministerpräsidenten von Baden-Württemberg ankommt, sagt Kissinger: „Klar, der wird es werden, es wird Kiesinger." Goldman jedoch wendet ein: „Nur wenn er den Nazitest besteht."

Henry Kissinger runzelt die Stirn, und Goldman sagt, dass Kiesinger schon ganz früh, bereits im Februar 1933, in die NSDAP eingetreten sei. Im Reichsaußenministerium habe er es dann zum stellvertretenden Leiter der Rundfunkpolitischen Abteilung gebracht, deren Aufgabe es gewesen sei, Goebbels NS-Propaganda zu verbreiten. Das, so Goldman, könnte Kurt Georg Kiesinger womöglich das Genick brechen.

Henry Kissinger ist erstaunt, brummt ungläubig, dass er davon, obwohl gewöhnlich gut informiert, noch nie etwas gehört habe, und das Mittagessen ist beendet. Am nächsten Tag berichtet die *New York Times* groß auf der ersten Seite von Kurt Georg Kiesingers Naziverstrickungen. Kurz darauf klingelt Goldmans Telefon, Henry Kissinger ist am Apparat und sagt: „Ich will das German Research Program und werde es selbst leiten."

Goldman ist hocherfreut, sagt, er habe schon ein paar Ideen, man könnte zum Beispiel eigene Seminare anbieten, Rechercheprojekte zur Bonner Republik anschieben und deutsche Stipendiaten nach Harvard holen. Kissinger bittet Goldman, seine Gedanken aufzuschreiben und schon zu überlegen, wo sich Geld für das neue Unterfangen lockermachen ließe.

Da ist er bei Goldman an der richtigen Adresse. Wenn einer für eine gute Idee Geld beschaffen kann, dann er. Goldman hat – auch dank seines Vaters – schon damals Kontakt zu einer Handvoll wichtiger Leute in der Bonner Republik. Für die Recherchen zu seiner Doktorarbeit ist er immer wieder dort. Von Kurt Georg Kiesingers dunkler Vergangenheit hat ihm zum Beispiel der Diplomat Hans Otto Bräutigam erzählt. Der arbeitet 1966 unter dem christdemokratischen Außenminister Gerhard Schröder als Legationssekretär im Auswärtigen Amt.

Auch Schröder wird damals als Erhards Nachfolger gehandelt. Doch in der parteiinternen Abstimmung setzt sich Kiesinger im dritten Wahlgang durch und wird am 1. Dezember 1966 von den Abgeordneten von CDU/CSU und SPD zum Bundeskanzler gewählt. Es ist die Geburtsstunde der ersten Großen Koalition, die Sozialdemokraten treten in die Regierung ein, und Willy Brandt wird Außenminister.

Guido Goldman und der ehemalige Bundeskanzler Kurt Georg Kiesinger, Anfang der 1970er Jahre

Über seinen Vater hat Goldman den CDU-Politiker Kurt Birrenbach kennengelernt, er ist Vorstandsvorsitzender der reichen Thyssen-Stiftung. Ihn will Goldman für seine Idee des German Research Program gewinnen und anzapfen. Der Jurist und Finanzexperte Birrenbach war 1939 nach Südamerika ausgewandert, um in Uruguay seine deutsche Freundin heiraten zu können. Die Nazis hatten sie als „Halbjüdin" eingestuft, und eine Eheschließung war darum nach den Rassegesetzen in Deutschland verboten. Mitte der 1950er Jahre kehrte Birrenbach zurück. Seitdem macht er sich für gute Beziehungen mit Amerika stark und wird in den 1960er Jahren Mitglied der Atlantik-Brücke, in deren Schwesterorganisation, dem American Council on Germany, sich einige Jahre später auch Goldman engagiert. Birrenbach schätzt Henry Kissinger über alle Maßen und spendet freimütig Geld für Goldmans Idee.

Kissinger wird Direktor dieses Studienprogramms, doch die Geschäfte führt in Wahrheit Guido Goldman, sein Doktorand. Dabei war sich der Professor anfangs keineswegs sicher über Goldmans wissenschaftliche Fähigkeiten. „Ich habe ihn in meinen Seminaren kaum wahrgenommen", schmunzelt Kissinger heute, „er muss also zu Beginn keinen großen Eindruck auf mich gemacht haben."

Goldmans Dissertationsthema lautet „The Role of the German Iron and Coal Industry after World War I" – die Rolle der deutschen Stahl- und Kohleindustrie nach dem Ersten Weltkrieg. Er hat gelesen, dass die deutschen Stahl- und Kohlebarone an Rhein und Ruhr damals weit größere Angst davor hatten, von der sozialdemokratischen Regierung in Berlin verstaatlicht als vom Nachbarland Frankreich besetzt zu werden. Deshalb versuchten sie, ihrer Regierung das Leben so schwer wie möglich zu machen, und boykottierten die Deutschland nach dem verlorenen Ersten Weltkrieg abverlangten Reparationszahlungen nach Kräften. Frankreich marschierte daraufhin im Rheinland ein, was die Industriekapitäne freute, waren sie doch so dem Zugriff aus Berlin entzogen.

Diese Episode fasziniert Goldman, sie ist brisant, wenig bekannt und das Archivmaterial dazu sehr überschaubar. Ihm passt das gut, denn die wissenschaftliche Recherche droht nicht auszuufern, und er kann sich auch weiterhin mit den vielen anderen Dingen beschäftigen, die ihm mindestens ebenso wichtig sind.

Placebos gegen die Angst vor dem Ku-Klux-Klan

Goldman lässt sich mit seinem Studium und der Dissertation viel Zeit, sehr viel Zeit. Als er Anfang 1968 mit Henry Kissinger die Fifth Avenue in New York City entlangspaziert, sie sind gerade auf dem Weg zum Büro von Nelson Rockefeller, dem Gouverneur des Bundesstaats New York, den Kissinger berät, fragt der Professor seinen Doktoranden: „Wie lange sind Sie eigentlich schon im Promotionsstudium?" Wahrheitsgetreu antwortet Goldman: „Seit neun Jahren!" Woraufhin Kissinger knurrt: „Ich habe auch keine Graduierten mit einer zweistelligen Jahreszahl."

Aber Goldman lässt seine Zeit nicht nutzlos verstreichen. Er baut nicht nur das German Research Program in Harvard auf, sondern engagiert sich ebenso in der amerikanischen Bürgerrechtsbewegung. Es sind die Jahre, in denen er Schritt für Schritt erkennt, was er mit sich anfangen will und in denen er im Leben seine Bestimmung findet. Hier werden die Wurzeln gelegt für sein Engagement und sein Lebenswerk.

Die fast alles beherrschenden politischen Themen dieser Zeit sind der Vietnamkrieg, in den sich Amerika immer heftiger verstrickt, und das schreiende Unrecht des Rassismus. Selbstverständlich erfasst der Protest auch die Universität Harvard. Im August 1963 marschieren Hunderttausende Amerikaner nach Washington und demonstrieren für Gleichheit, Freiheit, ein Recht auf Arbeit – und gegen den Krieg. Vor dem Lincoln Memorial unweit des Weißen Hauses hält Martin Luther King seine berühmte Rede „I have a dream". „Ich habe einen Traum", ruft er, „dass eines Tages selbst der Staat Mississippi, ein Staat, der in der Hitze der Ungerechtigkeit und Unterdrückung verschmachtet, zu einer Oase der Freiheit und Gerechtigkeit verwandelt wird. Ich habe einen Traum, dass meine vier kleinen Kinder eines Tages in einer Nation leben werden, in der sie nicht nach ihrer Hautfarbe, sondern nach dem Wesen ihres Charakters beurteilt werden."

Ein Jahr später unterzeichnet Präsident Lyndon B. Johnson im Beisein von King den Civil Rights Act und im darauffolgenden Jahr den Voting Rights Act. Die Gesetze erklären schwarze Amerikaner für gleichberechtigt und heben die Rassentrennung in öffentlichen Einrichtungen auf. Doch der weiße Rassismus ist damit keineswegs vorbei. Es wird weiter gemordet, geprügelt, Feuer gelegt, diskriminiert, Tag für Tag.

Guido Goldman und sein Universitätsfreund John Mudd sind entsetzt und wollen unbedingt etwas dagegen tun. Nur wie – und wo? Goldman ist in New York oft bei der Richterin Justine Wise Polier zu Besuch. Sie ist die Tochter von Stephen Wise, dem großen Reformrabbiner und Vorkämpfer für Gleichberechtigung und für das Recht auf Streik. Wise hat 1909 die National Association for the Advancement of Colored People mitbegründet und wurde 1936 zum ersten Präsidenten des Jüdischen Weltkongresses gewählt. Sein Nachfolger in diesem Amt wurde 1949 Nachum Goldmann.

Justine Wise Polier hat den Mut und Durchsetzungswillen ihres Vaters geerbt. Seit Jahrzehnten streitet sie dafür, dass Arme und Schwarze vor Gericht die gleichen Chancen bekommen wie alle anderen. Man hat ihr dafür den Beinamen „kämpfende Richterin" gegeben. Bei ihr begegnet Guido Goldman dem schwarzen Bürgerrechtler und Pädagogen Robert Moses. Er ist eine imposante Persönlichkeit und von großer Anziehungs- und Überzeugungskraft.

Moses, der einst in Harvard studierte, zählt zu den wichtigsten Organisatoren des gewaltlosen Protests. Im Südstaat Mississippi, den Martin Luther King in seiner I-have-a-dream-Rede als Inbegriff des Unrechts gebrandmarkt hat, organisiert Moses gerade eine Kampagne zur Registrierung schwarzer Wähler. Denn in den USA darf nur der von seinem Wahlrecht Gebrauch machen, der seinen Namen in eine offizielle Wählerliste eingetragen hat.

Goldman ist tief beeindruckt von Moses und stellt ihm seinen Freund John Mudd vor. Der packt kurzerhand die Koffer und schließt sich Moses' Kampagne in Mississippi an. Zu seinem Schutz vor weißen Rassisten schafft er sich einen Schäferhund an. Dort im Süden hat sich ebenfalls die junge schwarze Anwältin Marian Wright niedergelassen und verteidigt mutig Schwarze vor Gericht. Sie ist ebenfalls eine Freundin Goldmans und wird anderthalb Jahrzehnte später dem Vorstand der von Goldman gegründeten transatlantischen Denkfabrik German Marshall Fund beitreten.

Auch Goldman will nach Mississippi, um dort Wähler zu registrieren. Im Juni 1964 nimmt er an einem zweitägigen Vorbereitungskurs an der Miami-Universität im Bundesstaat Ohio teil. Dort sollen die Freiwilligen über die Gefahren ihrer Arbeit aufgeklärt werden. Denn gerade in den Südstaaten kann das Engagement für Bürgerrechte tödlich enden.

Das Seminar leitet Robert Coles. Der 35-Jährige ist ein in Harvard lehrender Kinderpsychiater und ein Star der Bürgerrechtsbewegung. Als Arzt begleitete er 1960 ein Jahr lang die kleine Ruby Nell Bridges. Nachdem das Oberste Gericht der Vereinigten Staaten schon vor Jahren geurteilt hatte, dass die Rassentrennung in öffentlichen Schulen verfassungswidrig sei, war Bridges in der Stadt New Orleans im Südstaat Louisiana das erste schwarze Mädchen, das die rein weiße William-Frantz-Grundschule besuchen durfte.

Es wurde ein Spießrutenlauf für die Sechsjährige – und lebensgefährlich. Weiße Eltern versperrten ihr den Weg, beschimpften und schmähten das Mädchen, Bridges musste von Bundespolizisten zum Unterricht eskortiert werden. Als eine weiße Mutter ihr damit drohte, sie zu vergiften, und eine andere ihr geifernd einen kleinen Holzsarg mit einer schwarzen Puppe entgegenhielt, befahl der damalige US-Präsident Dwight D. Eisenhower weitere Bundespolizisten zu ihrem Schutz nach New Orleans.

Bridges konnte in der Schule nur noch das essen, was sie von zu Hause mitgebracht hatte. Es lastete ungeheurer Druck auf ihr – und auf ihren

Eltern. Der Vater verlor seinen Job als Tankstellenwärter, der Familie wurde beim Einkaufen die Tür gewiesen. Die Bridges waren sehr mutig, und Bob Coles leistete ihnen psychologischen Beistand. Später schrieb er über diese Zeit das gefeierte Kinderbuch „Story of Ruby Bridges".

Just als Coles im Sommer 1964 an der Miami University in Ohio die freiwilligen Registrierungshelfer über die Risiken unterrichtet, ermorden in Mississippi weiße Rassisten vom Ku-Klux-Klan einen schwarzen und zwei weiße Bürgerrechtsaktivisten. Sie waren in der Nähe der Stadt Meridian von Tür zu Tür gegangen, um volljährige schwarze Amerikaner in Wählerlisten einzutragen. Der Schock ist gewaltig. Um die sich ausbreitende Panik im Camp einzudämmen, verteilt Bob Coles Beruhigungstabletten. Es sind allerdings, wie er später sagt, nur Placebos. Coles wollte partout vermeiden, dass irgendein freiwilliger Helfer von Tabletten abhängig wird. Ein paar Wochen später soll es endlich losgehen nach Mississippi, Bob Moses wartet schon auf weitere Unterstützung. Doch Goldman erkrankt ziemlich heftig am Pfeifferschen Drüsenfieber und muss zu Hause bleiben. Bis zuletzt bedauerte er es, damals nicht dabei gewesen zu sein.

Bob Moses, schwer frustriert über den mangelnden Fortschritt, gelangt nach und nach zu der Überzeugung, dass Weiße als Verbündete nicht taugten und Schwarze ihr Schicksal darum alleine in die Hand nehmen müssten. Er zieht für eine Zeit nach Afrika und widmet sich nach seiner Rückkehr Mitte der 1970er Jahre dem Studium der Mathematik. Als ihm seine Tochter erzählt, dass an ihrer Schule kein Algebra unterrichtet wird, steigt er als Lehrer in den Schuldienst ein und gründet das „Algebra Project", das benachteiligten schwarzen Kindern Mathematik nahebringt.

Die subversive Leselampe

Nachdem Goldman seine Krankheit überwunden hat, befasst er sich verstärkt mit seiner Doktorarbeit. Zwischen 1965 und 1969 ist er dafür immer mal wieder in Deutschland, oft über mehrere Monate. Sein Vater hat drei gute Bekannte darum gebeten, seinem Sohn ihre Archive zu öffnen: den ehemaligen Bundeskanzler Konrad Adenauer, den Krupp-Manager Berthold Beitz – und Hermann Josef Abs, den Chef der Deutschen Bank.

Adenauer schreibt, Guido Goldman dürfe gerne in seine Dokumente schauen, doch die, stellt sich schnell heraus, sind für seine Recherche über die dunklen Machenschaften der Kohle- und Stahlbarone leider ohne Belang. Mit Hermann Josef Abs trifft er sich auf Vermittlung der Bank zum Interview auf einer Zugfahrt von Bonn nach Koblenz. Da hätten sie ein privates Abteil ganz für sich, sagt Abs Sekretärin.

Die wichtigste Person für seine Dissertation ist jedoch Krupp-Manager Berthold Beitz. Der lädt Goldman nach Essen ein und bietet ihm an, das Krupp-Archiv in der Villa Hügel zu nutzen. „Die riesige Dokumentensammlung", sagte Goldman, „war für meine Promotion eine Goldmine." Drei Monate mietet sich Goldman in einem Essener Hotel ein und fährt jeden Tag in der Frühe hinauf zu dem schlossähnlichen Anwesen in einem riesigen Park hoch über dem Baldeneysee. Bis zum Ende des Zweiten Weltkrieges residierte die Industriellenfamilie Krupp von Bohlen und Halbach hier – in sage und schreibe 269 Räumen, von denen sie 103 bewohnte.

Nach den Monaten in Essen geht es nach Bonn, und Goldman gräbt sich im Politischen Archiv des Auswärtigen Amts ein. Auch dort hat er, wie einst in München, ein paar Erlebnisse, die man als „typisch deutsch" beschreiben könnte, die ihm aber sein Interesse an Deutschland und die wachsende Zuneigung zu diesem Land nicht vergällen.

In Bad Godesberg bezieht Goldman in einer Pension Quartier, in der auch drei Abgeordnete des Deutschen Bundestags wohnen. Morgens gibt es immer zwei Semmeln, ein hartgekochtes Ei, Butter, Marmelade und einen löslichen Ersatzkaffee aus Getreide, der fürchterlich schmeckt. Weil Goldman es morgens eilig hat und er sich auf dem Weg in die Bibliothek lieber einen richtigen Bohnenkaffee kauft, lässt er das Frühstück liegen. Bis ihm seine Vermieterin eines Tages ziemlich barsch mitteilt, sie müsse ihm kündigen. Die drei Abgeordneten würden sich jeden Morgen um seine zwei Semmeln schlagen, die sich nicht dritteln ließen. Dem Treiben wolle sie nun ein Ende bereiten. Um den Rauswurf zu vermeiden, steckt Goldman ab sofort die Brötchen in die Tasche und nimmt sie mit ins Archiv.

Auch in der Bibliothek des Auswärtigen Amts herrscht ein strenges Regiment, der autoritäre Ton und Erziehungsstil der Kaiser- und der Nazizeit hat sich noch nicht verflüchtigt. Das Archiv ist schlecht beleuchtet, schon tagsüber fällt es schwer, die Schriften zu entziffern. Doch wenn es draußen zu dämmern beginnt, wird das Lesen zur Qual, denn niemand schaltet die Deckenlampen an. Darauf hat der Bibliothekswächter acht. Goldman kauft sich darum eine kleine elektrische Schreibtischleuchte, woraufhin der Wächter ihn im zackigen Kasernenton auffordert, die Leuchte unverzüglich aus der Steckdose zu ziehen. „Das ist vom Staat bezahlte Elektrizität!", herrscht er ihn an.

Goldman, nie um eine Lösung verlegen, besorgt sich daraufhin eine Leuchte mit Batteriebetrieb. Dagegen kann der Bibliothekswächter nichts einwenden, aber er verbannt Goldman mit dem neuen Gerät in die hinterste Ecke des Archivs. „Ich schätze es nicht", sagt er und baut sich vor dem Amerikaner Goldman auf, „wenn ein Besucher eine Lampe hat, die anderen Bibliotheksbenutzer aber nicht."

1969 reicht Guido Goldman endlich seine Dissertation ein. Er erhält eine sehr gute Note, veröffentlicht das Werk aber nie, weil er in Harvard längst anderes und für ihn Wichtigeres zu tun hat: die Gründung eines Instituts für deutsche und europäische Studien.

Das Center for European Studies in Harvard

Ein Dach überm Kopf

Das geistige Zentrum für internationale Politik in Harvard ist damals in den 1950er und 1960er Jahren unbestritten das Center for International Affairs, das spätere Weatherhead Center. Hier werden die Konflikte des Kalten Krieges analysiert und durchgespielt, hier wird hitzig über atomare Abschreckung gestritten und darüber, was die beste Verteidigungspolitik des Westens wäre.

An diesem Center finden die großen Schlachten zwischen Gaullisten und Atlantikern statt, zwischen jenen, die eine engere Anlehnung der Europäer an die Atommacht Frankreich wünschen, und denen, die eher Schutz unter den Flügeln der Supermacht Amerika suchen. In Westdeutschland wird dieser Streit besonders leidenschaftlich in den konservativen Unionsparteien CDU und CSU ausgetragen.

Das Center for International Affairs ist damals nicht nur in Amerika das führende Institut für strategische Fragen, sondern weltweit, vielleicht mit Ausnahme des 1958 ins Leben gerufenen International Institute for Strategic Studies in London. An diesem Center in Harvard trifft sich die Crème de la Crème der transatlantischen Gemeinde. Direktor ist Robert Bowie, Diplomat, Republikaner und nach dem Zweiten Weltkrieg von 1950 bis 1952 juristischer Berater von John McCloy, dem Hohen Kommissar der USA in der neu gegründeten Bundesrepublik Deutschland. Bowies Vize am Institut ist der aufstrebende Star Henry Kissinger.

Doch die Welt wird zunehmend komplizierter, die Konflikte werden vielfältiger und unübersichtlicher, immer häufiger sind spezielle Landeskenntnisse gefragt. Der moderne Trend der Politologie und Sozialwissenschaften geht damals ganz klar in Richtung Regionalstudien, das genaue Gegenteil zu heute, ein halbes Jahrhundert später. Zugleich möchte man aber vermeiden, dass die Wissensvermittlung dadurch zu eng und einseitig wird. Es dürfe nicht sein, sagt Stanley Hoffmann 1965 in einem Interview mit der Studentenzeitung *The Harvard Crimson,* dass Politologen ihr Studium ohne eine Ahnung von Freud und Weber abschließen könnten.

Die damalige Neigung zur Regionalisierung und Ausdifferenzierung bleibt natürlich nicht ohne Auswirkungen auf das Center for International Affairs. Wie bei einer Kernspaltung trennen sich immer mehr Teile ab und machen sich selbstständig. Neue, eigene Institute entstehen wie zum Beispiel für das Thema Abrüstung, für Russland, den Mittleren Osten, Ostasien, Lateinamerika – und schließlich auch für Europa und Deutschland.

Es gibt allerdings auch Fusionen, zwei Studienprogramme, das German Research Program sowie Kissingers West European Seminar, verschmelzen zu einem eigenen Institut namens West European Studies. Kissinger hat nichts dagegen, er ist bereits auf dem Absprung nach Washington. Doch Robert Bowie wehrt sich. Er fürchtet um die Zukunft seines Center for International Affairs und will darum das Thema Europa allein abdecken.

Doch im Fakultätsrat verteidigt Stanley Hoffmann energisch die Gründung der West European Studies, das neue Institut soll auch sein akademischer Heimathafen werden. Hoffmann ist in Harvard eine große Nummer, sein wissenschaftlicher Ruf reicht weit über die Universität hinaus, die Studenten strömen in seine Vorlesungen. Hoffmanns Wort hat darum Gewicht, und der Fakultätsrat stimmt seinem Vorschlag zu. Um Bowie nicht völlig zu verprellen, verzichtet man jedoch auf die Bezeichnung Institut und einigt sich auf den Namen Studies, West European Studies – das klingt offenbar unverfänglicher. In den 1970er Jahren wird der Name noch einmal geändert in Center for European Studies, kurz CES genannt.

Damit es endlich losgehen kann, stellt Kissinger dem Doktoranden Goldman seine Mitarbeiterin Abby Collins zur Seite, die ihm in den nächsten Jahrzehnten bei all seinen Unternehmungen in Harvard zur wichtigen Stütze wird. Collins betreut bereits seit vielen Jahren Kissingers International Seminar am Center for International Affairs und beschafft Goldman dort unter dem Dach ein Büro. Schon ein Jahr später ziehen die West European Studies in Cambridge in ein eigenes kleines Haus auf dem Broadway Nummer 471, um die Ecke vom Universitätscampus, direkt gegenüber der Markthalle Broadway Market. Mit dem Geld der Thyssen-Stiftung für das German Research Program werden die ersten deutschen Wissenschaftler eingeladen. Der Politologe und spätere Publizist Josef Joffe macht den Anfang – und bleibt gleich vier Jahre. Ihm folgt unter anderem der Jurist und Zeithistoriker Arnulf Baring.

Goldman gelingt es außerdem, ein paar Millionen Mark bei anderen deutschen Unternehmen sowie der Bundesregierung lockerzumachen. Und er gliedert, was ein besonders geschickter, weitsichtiger und folgenreicher Schachzug ist, das bereits seit 1967 in Harvard existierende John-F.-Kennedy-Stipendium in sein neues Institut ein. Mit diesem Programm kommen deutsche Postdoktoranden für ein Jahr zum Studium an die Universität, und mit der Gründung der West European Studies ist dieses neue Institut ihr Ankerplatz. Das John-F.-Kennedy-Stipendium ist begehrt, sein Stiftungskapital hat sich im Laufe der Jahrzehnte mehr als verzwanzigfacht, von einst 656 000 Dollar auf heute über 15 Millionen Dollar.

Ausgewählt werden die Postdoktoranden gemeinsam mit dem Deutschen Akademischen Austauschdienst. Unter ihnen sind Ende der 1960er, Anfang der 1970er Jahre so namhafte Deutsche wie die Politologen Sabine Müller von Levetzow und Manfred Knapp, der Historiker Heinrich August Winkler, der Soziologe Wolfgang Zapf und der Sozialhistoriker Jürgen Kocka – das Who's who der künftigen akademischen Avantgarde Westdeutschlands.

Ein halbes Jahrhundert später, längst nach dem Fall der Mauer, wird der damalige deutsche Außenminister Frank-Walter Steinmeier darum gebeten, das deutsche Stipendium für Europäer zu öffnen, denn vor allem Osteuropäer haben so gut wie keine Chance, eine Studienförderung zu erhalten. Steinmeier ist einverstanden, das Stipendienprogramm wird ausgeweitet, und seither können Postdoktoranden aus ganz Europa als sogenannte German-Kennedy-Fellows in Harvard studieren.

Und auch das zeigt die Veränderungen im Laufe eines halben Jahrhunderts: Direktor des Center for European Studies ist heute, im Jahr 2020, der gebürtige Pole Grzegorz Ekiert, ein Politikwissenschaftler, der sich akademisch mit einem besonders drängenden und hochaktuellen Thema befasst: der Zukunft der Demokratie und der Entwicklung sozialer und zivilgesellschaftlicher Bewegungen, vor allem in Osteuropa.

Verteilte Rollen

Zurück zu den Ursprüngen der West European Studies: Das Institut, das offiziell nicht so genannt werden darf, entwickelt sich rasch zu einer Attraktion, vor allem für die transatlantische Elite, aber ebenso für ganz normale Studenten, die an Europa interessiert sind. Zum Magnet wird ein Seminar, das Stanley Hoffmann und Guido Goldman gemeinsam anbieten, ihr Kurs über europäische Regierungssysteme ist stets ausgebucht. „Vor allem wegen Stanley", sagte Goldman zeitlebens.

Hoffmann ist ein mitreißender Dozent und eine nie versiegende Wissensquelle. Goldman, sagt Abby Collins, sei zurückhaltender gewesen, habe eher leise gesprochen, manchmal gar ein wenig genuschelt, man habe ihm darum irgendwann ein Mikrofon ans Jackenrevers geklemmt. Die Studentenzeitung *The Harvard Crimson* gibt zu Beginn jedes Studienjahres eine inoffizielle Bewertung der Professoren heraus. Goldman erzählte schmunzelnd, dass dieser sogenannte Confy Guide nach dem ersten Vorlesungsjahr über Hoffmann und ihn sinngemäß geschrieben habe: „Das ist ein Kurs, den Ihr nicht versäumen solltet, nimmt er Euch doch mit auf eine Reise zu sehr unterschiedlichen Themen. Hoffmann ist ein begnadeter Lehrer, bei dem jeder Politikstudent mindestens eine Vorlesung belegen sollte. Auch Goldman kennt sich gut aus, aber vermeidet die ersten Stunden bei ihm, sie sind eine ,snooze cruise', eine Schlummerkreuzfahrt."

Er habe es damals zu gut mit den Studenten gemeint, sagte Goldman und lachte. Bereits im Kursverzeichnis habe er haarklein beschrieben, was er am Anfang erzählen werde. „Da wussten alle Bescheid und konnten getrost ein Nickerchen halten."

Ein Vierteljahrhundert lang, von 1969 bis 1994, unterrichtet Guido Goldman in Harvard – aber immer nur nebenbei. Dabei hat er einen Doktorhut auf, einen Lehrauftrag, ist Gründer und Direktor eines Universitätsinstituts und besitzt damit alle Insignien für eine ruhmreiche Karriere in der Wissenschaft. Doch auch wenn renommierte Kollegen meinen, Goldman hätte durchaus das Zeug zum Akademiker gehabt, war er selbst anderer Meinung. Wahrscheinlich zu Recht.

Goldman mochte sich nicht lange mit einer Sache beschäftigen, hat nur wenig veröffentlicht – und kein Werk von durchschlagender Bedeutung. Seine Bachelorarbeit „Zionism Under Soviet Rule" wurde 1960 in New York von der Theodor-Herzl-Stiftung veröffentlicht. Und 1974 erschien von ihm bei Random House „The German Political System", ein kleiner Wegweiser durch das Regierungssystem, die Verfassung und Wirtschaft der Bundesrepublik Deutschland.

Goldman war belesen, geistreich, unterhaltsam und witzig. Er konnte am laufenden Band Anekdoten erzählen – und hatte ein enormes Wissen. Aber er blieb ein akademischer Flaneur, ein kluger Kopf, der ein großes institutionelles, aber kein intellektuelles Erbe hinterlassen hat. Ihm fehlte die Geduld, auch das Interesse, sich über Monate oder gar Jahre in Bibliotheken zu vergraben und ein einziges wissenschaftliches Thema durchzukneten. Außerdem liebte Goldman das schöne Leben, den Komfort, die Salongesellschaften in New York, die Pendelei zwischen Amerika und Europa. Von einem Professorensalär hätte er sich das nicht leisten können.

Sein Geld verdient er ab Ende der 1960er Jahre mit der Verwaltung großer Vermögen, viele Jahre ist er Chef der Investmentfirma First Spring. Sein Freund Morris Offit, ein erfolgreicher Geldmanager in New York, sagt, „Goldman hätte ein wirklich guter Investmentbanker werden können, vielleicht einer der besten". Aber sich nur damit zu beschäftigen, das Geld anderer – und damit auch das eigene – zu mehren, hätte ihn von seinen ebenso spannenden wie zeitaufwendigen Aufgaben in Harvard ferngehalten. So wird Goldman halt, wie *Zeit*-Herausgeber Josef Joffe es beschreibt, in Harvard zum besten Banker unter Akademikern und in New York zum besten Akademiker unter Bankern.

An der Spitze der West European Studies sind die Rollen von Anfang an festgelegt: Stanley Hoffmann ist das akademische Aushängeschild, der geistige Kopf, Goldman der Impresario, der – auf seine eigene Weise ebenso geniale – Institutionenbauer, Strippenzieher, Organisator, Architekt und Geldeintreiber. Salopp gesagt, ist Hoffmann der allseits bewunderte intellektuelle Guru, dem Goldman mit dem Center for European Studies eine große, strahlende Bühne verschafft. Ihr gemeinsamer Erfolg ist damals nur möglich, weil sie vom Trend zu kleinen, eigenen Universitätsinstituten profitieren. „Das könnte man so nicht wiederholen", sagte Goldman ebenso realistisch wie leicht wehmütig. Regionalstudien seien inzwischen überholt, „völlig out". Egal ob man heute zu Norwegen, Polen, Belgien oder Italien forsche, alles werde zu einem großen Ganzen zusammengepackt. „Als wissenschaftlich, auch in der Politologie, gilt nur noch", klagte Goldman, „wenn die Themen quantifiziert, beziffert, in Zahlen und Vergleichsstatistiken ausgedrückt werden können."

Als 1969 die West European Studies ins Leben gerufen werden, geht es um etwas ganz anderes, sehr Grundsätzliches: darum, dass in Amerika wissenschaftliche Neugierde für Europa und umgekehrt in Europa wissenschaftliche Neugierde für Amerika geweckt wird.

Das geschieht angesichts der politischen Krisen – und dank der Studienstipendien – ziemlich schnell. Schon bald wird das Haus auf dem Broadway zu eng. Die West European Studies sind längst zu einem begehrten Ort für wissenschaftliche Nachwuchskräfte in Harvard geworden, der Historiker Charles Maier oder der Politologe Peter Hall, die beide Jahrzehnte später das Institut leiten werden, brauchen dringend ein Arbeitszimmer. Außerdem gibt es keine Bibliothek, keinen Leseraum, wo sich die Stipendiaten treffen und bei einer Tasse Kaffee oder einem Glas Wein miteinander über Gott und die Welt diskutieren können. Das aber ist doch gerade der Sinn des akademischen Austauschs.

Guido Goldman begibt sich auf die Suche, und sein Auge fällt auf ein Haus in der Bryant Street Nummer 5, nur wenige Schritte vom Universitätscampus entfernt. Dort ist der Verein Hillel untergebracht. Benannt nach dem jüdischen Schriftgelehrten, ist Hillel damals die weltweit größte jüdische Studentenorganisation. Sie steckt in finanziellen Nöten und muss umziehen. Das Haus hat genau die Größe, die Goldman im Auge hat. Doch woher soll er das Geld für die Miete und den notwendigen Umbau nehmen? Die Ford-Stiftung hat seinem Institut für drei Jahre einen Zuschuss von 250 000 Dollar gewährt, danach soll Schluss sein. Die Stiftung hat bereits mitgeteilt, dass sie sich aus der Förderung von Regionalstudien zurückziehen wird.

Einige zehntausend Dollar hat Goldman bei wohlhabenden Freunden eingesammelt, das meiste bei Marietta Sackler und dem Ehepaar Georges und Lois de Ménil. Goldman ist oft übers Wochenende in New York, im Stadtteil Manhattan hat er eine kleine Wohnung. Er geht zu Empfängen, Vernissagen, Dinnerpartys, verkehrt zunehmend in betuchten Kreisen, spinnt Fäden und baut Schritt für Schritt sein Netzwerk aus, das millionenschwere Kapital für all seine Unternehmungen. Mit etlichen dieser Leute aus dem Netzwerk ist Goldman befreundet, beschenkt sie, lässt ihnen Blumen bringen, steht ihnen in schwierigen Situationen mit seinem Rat zur Seite, lädt sie später in sein Anwesen auf Vinalhaven ein. Auch diese einzigartige Beziehungspflege ist Teil seines Erfolgs.

Marietta Sackler zum Beispiel, die immer wieder für Goldmans Harvard-Institut spendet, gehört dazu. Sie ist die geschiedene Frau des Unternehmers Arthur Sackler, der mit der Vermarktung von Medikamenten, vor allem Valium, viele Millionen verdient hat. Goldman ist mit Marietta Sackler gut befreundet. Vor dem Zweiten Weltkrieg als Marietta Lutze in Berlin geboren, ist sie als Inhaberin des deutschen pharmazeutischen Unternehmens Dr. Kade selbst reich und wie Goldman an allem interessiert, was in Deutschland passiert. In Concord wohnt Sackler viele Jahre mit auf Goldmans Grundstück, in einem Haus ihm gegenüber. Auf dem örtlichen Friedhof liegen sie heute nebeneinander begraben.

Der Name Sackler hat heute in Amerika einen verheerenden Ruf. Schuld daran hat allerdings nicht Arthur Sackler. Seine zwei jüngeren Brüder gründeten, Arthur Sackler ist da bereits tot, den Arzneimittelkonzern Purdue Pharma, der ab den 1990er Jahren mit dem stark abhängig machenden Schmerzmittel Oxycontin Unsummen verdient. Das Medikament gilt als Hauptursache der grauenhaften Opioid-Epidemie, die in den Vereinigten Staaten, vor allem entlang der Appalachen-Berge und im Mittleren Westen, ganze Landstriche erfasst hat. 2017 starben laut der amerikanischen Gesundheitsbehörde rund 70 000 Bürger an einer Drogen-Überdosis, zwei Drittel von ihnen an Opioiden wie Oxycontin.

Die promovierte Politikwissenschaftlerin Lois Pattison de Ménil, eine weitere Gönnerin der West European Studies, kennt Goldman vom Studium, sie hat auch bei Kissinger und Hoffmann studiert. Ihr Mann, Georges de Ménil, ist ein amerikanischer Ökonom französischer Herkunft, der in

Princeton und an der Sciences Po in Paris gelehrt hat. Seine Mutter ist die Tochter und Erbin Conrad Schlumbergers, dem milliardenschweren Gründer des weltweit größten Unternehmens für Erdöl- und Erdgasexploration. Aber die Spenden der Freunde reichen nicht aus, um das begehrte Haus in der Bryant Street Nummer 5 in Schuss zu bringen, die Hillel-Studenten, die sich dort zum koscheren Kochen treffen, haben es völlig heruntergewirtschaftet. Doch der jüdische Geschäftsmann Irving Rabb erklärt sich auf Goldmans Drängen bereit, ein paar Dollar für die Renovierung zuzuschießen. Rabb betreibt in Boston die florierende Supermarktkette Stop & Shop und ist ein wichtiger Förderer des Studentenvereins. Das letzte Loch stopft Goldman schließlich mit Geld aus seiner privaten Kasse.

Einzug ins Germanische Museum

1970 ziehen die West European Studies in die Bryant Street Nummer 5 und bleiben fast 20 Jahre dort, bis sie im Herbst 1989, inzwischen längst in Center for European Studies umgetauft, in der ehrwürdigen Adolphus Busch Hall Quartier nehmen. Das ehemalige Germanic Museum in der Kirkland Street Nummer 27 in Cambrigde zählt zu den prächtigsten Universitätsgebäuden der Universität Harvard.

Auch wie es zu diesem Coup kam, ist eine Erzählung wert. Zum einen macht sie deutlich, wie weit die deutsch-amerikanischen Beziehungen zurückreichen und welchen Wechselbädern der Geschichte sie ausgesetzt waren. Zum anderen illustriert sie besonders anschaulich Goldmans Umtriebigkeit, seine Gewitztheit, den Einfallsreichtum und sein großes Unternehmertalent. Wann immer er etwas anpackte, geschah es nach demselben Muster: Am Anfang stand eine fixe Idee, in die er sich immer stärker vernarrte. Er wurde sie nicht mehr los und setzte so lange hartnäckig alle Hebel in Bewegung, bis die Idee Wirklichkeit wurde.

Die Adolphus Busch Hall, in der das Center for European Studies bis heute residiert, versinnbildlicht geradezu exemplarisch ein schwieriges Kapitel deutsch-amerikanischer Geschichte: Ende des 19. Jahrhunderts veröffentlichen drei Harvard-Professoren für deutsche Literatur einen Aufsatz mit der Überschrift „The Need of a Germanic Museum" – die Notwen-

Die Adolphus Busch Hall in Harvard, das heutige Minda de Gunzburg Center for European Studies, in der Kirkland Street Nummer 27, Cambridge, Massachusetts

digkeit eines Germanischen Museums. Sie haben vernommen, dass der deutsche Kaiser geneigt sei, Amerika einige deutsche Kunstschätze zu vermachen. Da die Professoren befürchten, dass Städte wie etwa St. Louis oder Milwaukee dank ihrer vielen deutschen Einwanderer den Vorzug erhalten könnten, preschen sie vor.

Ihr Ansinnen verfängt, Wilhelm II. stiftet eine große Zahl von Gipsabdrücken kirchlicher Monumente, die zunächst in einem Gymnasium in Harvard ausgestellt werden. Dort wirken sie so bizarr, dass der berühmte Philosophieprofessor William James nach einer Besichtigungstour darüber eine kleine amüsante Satire schreibt.

Doch schon bald platzt das Provisorium in der Schule aus allen Nähten, und Harvard wirbt bei wohlhabenden Deutschamerikanern um Geld für einen Neubau und den Ankauf weiterer Kunst. Die Bitte stößt fast überall auf taube Ohren, nur nicht bei Hugo Reisinger aus St. Louis im US-Bundesstaat Missouri. Er ist der Schwiegersohn des äußerst vermögenden Adolphus Busch, den er davon überzeugt, das Museumsprojekt zu finanzieren. Busch ist Sohn eines Hopfenhändlers aus Kastel bei Mainz. Mitte des 19. Jahrhunderts ist er nach Amerika ausgewandert, hat die Brauerei-Dynastie Anheuser-Busch gegründet, ist mächtig reich geworden und betätigt sich seither als Philanthrop und Kunstsammler.

Dank Busch und Reisinger kann Harvard ein Museum bauen. Mit dem Entwurf wird der in Nürnberg ansässige German Bestelmeyer beauftragt. Er ist damals einer der meistbeschäftigten Architekten Deutschlands, zu seinen Werken gehören unter anderem die Erweiterungsbauten der Universität München. Adolphus Busch, der die Sommer stets in seinem Schloss in Deutschland verbringt, ist absolut begeistert von Bestelmeyers Stil. Dessen Architektur, schreibt die Stadt Nürnberg in einer Informationsbroschüre, knüpft an „süddeutsche Traditionen" an und orientiert sich an „überlieferten, monumentalen Ordnungen". Die Architekturformen vergangener Jahrhunderte, von Kirchenbauten bis zu italienischen Barockpalästen, haben Bestelmeyer besonders inspiriert. In der Adolphus Busch Hall stoßen romanische, gotische und barocke Stile hart aufeinander.

Doch das Germanic Museum muss warten. Auf dem von Adolphus Busch ausgewählten Grundstück wohnt ein Professor, der nicht ausziehen will und dessen Mietvertrag erst 1914 endet. Als die Baugrube endlich ausgehoben werden kann, sind Busch und Reisinger bereits tot. Der Erste Weltkrieg bricht aus, Bestelmeyer ist beim Militär, und die Arbeiten fürs Museum muss ausgerechnet der Chef der Architekturfakultät in Harvard überwachen. Er ist Engländer, und sein Land kämpft gerade gegen Deutschland.

Erst 1921 wird das Germanic Museum in der Adolphus Busch Hall eröffnet. Zu den Förderern gehören inzwischen auch etliche jüdische Emigranten aus Deutschland. Die Sammlung wird ständig erweitert, und in den 1930er Jahren kauft der damalige Museumsdirektor Charles Kuhn eine Reihe moderner Werke, die von den Nazis als sogenannte entartete Kunst geächtet werden und in Deutschland nicht ausgestellt werden dürfen.

Im Zweiten Weltkrieg muss das Museum schließen, 1948 wird es wiedereröffnet. Weil der Name Germanisch nach den von Deutschland entfachten Weltkriegen nicht mehr opportun ist, verpasst Harvard dem Germanic Museum im Februar 1950 den etwas unverfänglicheren Namen Busch-Reisinger Museum of Germanic Culture. Die Sammlung wird immer umfangreicher und ist heute die zweitgrößte Kollektion deutscher und deutsch-amerikanischer Kunst in Amerika. Hier findet man Werke berühmter Maler wie Lionel Feininger oder Max Beckmann in Hülle und Fülle.

In den 1980er Jahren stellt sich jedoch heraus, dass viele Schätze in der Adolphus Busch Hall nicht mehr sachgerecht gelagert werden können. Die Installation einer notwendigen Klimaanlage in den alten Gemäuern ist technisch schwierig und außerdem unbezahlbar. Man erwägt, vor allem die besonders empfindlichen Werke dem Fogg Art Museum in Harvard zu geben. Da trifft es sich gut, dass der Pharmaunternehmer Arthur Sackler der Universität schon in den 1970er Jahren einen Teil seiner umfangreichen Sammlung chinesischer Kunst vermacht hat und dafür ein eigenes Museum gleich neben dem Fogg-Gebäude baut.

Die Frage ist also, was aus der Adolphus Busch Hall werden soll, wenn es kein Museum mehr ist. Als Goldman Wind davon bekommt, dass die Universität daraus Büros machen will, geht er zur Fakultätsleitung und sagt, eine solche Zweckentfremdung wäre ein Sakrileg. Die Busch-Reisinger-Familie habe mit dem Museum deutsche Kultur fördern wollen, eine Umwidmung würde gegen diese Intention verstoßen und darum bei einem Streit vor Gericht keinen Bestand haben.

Goldman wäre nicht Goldman gewesen, hätte er nicht bereits eine Idee für eine angemessene Verwendung der alten Gemäuer gehabt: Was könnte dem Ansinnen der Stifter mehr entsprechen, argumentiert er damals gegenüber der Fakultät, als aus dem ehemaligen Germanic Museum einen Studienort für deutsche und europäische Wissenschaftler, kurzum: das Center for European Studies zu machen?

Harvard ist einverstanden, und Goldman lässt wieder einmal seine Beziehungen spielen. Der Hamburger Unternehmer Werner Otto, dessen Sohn Alex in Harvard studiert, spendet dem Fogg Art Museum drei Millionen Mark für einen Anbau, in dem die Busch-Reisinger-Kollektion im September 1991 einen würdigen Platz findet. Für die laufenden Kosten kommt ein Verein der Freunde des Busch-Reisinger-Museums auf, zu dessen Mitgliedern unter anderem der deutsche Industrielle Arend Oetker gehört. Und die Erben von Minda de Gunzburg geben 15 Millionen Dollar für den denkmalgerechten Umbau der Adolphus Busch Hall in das Minda de Gunzburg Center for European Studies.

Auch die de Gunzburgs gehören zu Goldmans Netzwerk und sind obendrein der Universität Harvard sehr verbunden. Alain de Gunzburg hat hier studiert und sein Sohn Jean, was in diesem Fall besonders gut passt, ist 1987 wissenschaftlicher Mitarbeiter am Center for European Studies. Er leitet das Projekt „Vergleichende Wissenschaftspolitik in Frankreich und den Vereinigten Staaten". Minda de Gunzburg, deren Namen das Center nun trägt, ist die 1985 verstorbene Ehefrau von Alain de Gunzburg. Sie war eine gute Freundin Goldmans und die Tochter von Samuel Bronfman, dem Gründer des kanadischen Seagram Konzerns, der wiederum mit Goldmans Vater Nachum befreundet war. Außerdem: Seit den 1980er Jahren verwaltet Guido Goldman einen Teil des de-Gunzburg-Vermögens und verkehrt eng mit Minda de Gunzburgs Sohn Charles. So greifen wieder einmal die Räder perfekt ineinander.

In der neu gestalteten Adolphus Busch Hall finden endlich alle einen Platz, die im Center for European Studies arbeiten: die Professoren und Angestellten, die Doktoranden und Habilitanden. Es gibt eigene Seminarräume, eine Bibliothek und in der Mitte eine große Halle, in der man sich freitags bei einem gemeinsamen Imbiss zum wissenschaftlichen Austausch trifft. In den Fluren und ausladenden Treppenhäusern hängen Kunstwerke, die Goldman aus seiner Sammlung dem CES gestiftet hat, darunter große Gemälde von Bernhard Schultze, einem deutschen Künstler der Nachkriegsmoderne, und kleinere von Ida Kerkovius, einer bedeutenden Vertreterin der Klassischen Moderne des 20. Jahrhunderts.

Das CES ist, auch als es noch West European Studies hieß und in der Bryant Street residierte, im Denken, seinem Stil und Umgangston sehr europäisch, mit gepflegten Lunchs und Dinners – ein High-Class-Treffpunkt für Akademiker aus Europa und für europabegeisterte Amerikaner. „Mit seiner Gastlichkeit und Eleganz", erzählt *Zeit*-Herausgeber Josef Joffe, „hob sich das Center schon früh von anderen ab. Man war unter sich, entre nous, und zivilisierte andere Universitätsinstitute."

Und das CES ist auch nicht irgendein Universitätsinstitut, sondern genießt alsbald einen großen internationalen Ruf. Bei der Eröffnung des Minda de Gunzburg Center for European Studies im September 1989 spricht EU-Kommissionspräsident Jacques Delors, in der Halle gibt es ein Klavierkonzert, es wird fürstlich gespeist und getrunken. „Dear Guido", schreibt Baron Alain de Gunzburg danach begeistert aus Paris, „das Center ist ein immenser Erfolg und ich bin sehr dankbar für alles, was Du im Andenken an Minda geschaffen hast."

Auch Stanley Hoffmann äußert sich emphatisch über seinen Arbeitsplatz in der im neuen Glanz erstrahlenden Adolphus Busch Hall: „Lieber Guido", schreibt er, „ich möchte Dir wirklich für alles, was Du fürs Gedeihen des CES getan hast, gratulieren und danken. Das Busch ist Dein Parthenon, und wir alle stehen in Deiner Schuld. Du hattest die Vision, Fähigkeit, Energie und Weisheit, um es durchzuziehen. Es ist ein großartiges Gebäude. Auf zu mehr und noch besseren Dingen – mit jüngeren Leuten an Bord."

Und dann äußert der ansonsten restlos glückliche Hoffmann noch einen kleinen Wunsch: eine Fenstertür zum Garten, die beim Verschließen die Geräusche von draußen fernhält. „Ich hoffe Ihr unterstützt mich darin. Es ist mein einziger Anspruch." Der Wunsch wird erfüllt, und Hoffmann darf das geräumige, ebenerdige Büro mit direktem Zugang zum weinberankten Innenhof bis zu seinem Tod im September 2015 behalten. Dieser Ort erinnere ihn immer an seine Herzensheimat Frankreich, schwärmt er bei einer Begegnung im Herbst 2006 und fügt in der ihm eigenen Ironie schmunzelnd hinzu: „Jedenfalls wenn da nicht mittendrin die Replika des Braunschweiger Löwen stünde."

Der Historiker Charles Maier, Goldmans Nachfolger als Institutsdirektor, bekommt in der Adolphus Busch Hall ein großes Eckzimmer, in dem er seine Tausenden von Büchern bis unter die Decke stapeln kann. Der Politologe Peter Hall, der das CES von 2001 bis 2006 führt, haust unterm Dach, der gegenwärtige Chef Grzegorz Ekiert im ersten Stockwerk. Dort wurde auch für Guido Goldman, der dieses Institut 1969 ins Leben gerufen, am Leben erhalten und ein Vierteljahrhundert als Direktor geleitet hat, ein Zimmer freigehalten. Wann immer er auftauchte, was nicht mehr so oft geschah, wurde der Schreibtisch für ihn freigeräumt.

Immer wieder Vietnam

Wissenschaftler, Abgeordnete, Firmenbosse, Premiers und Präsidenten geben sich über die Jahre am Center for European Studies die Klinke in die Hand, erst in der Bryant, dann in der Kirkland Street. Die Kanzler Willy Brandt, Helmut Kohl und Angela Merkel diskutieren mit Studenten, der damalige SPD-Politiker Oskar Lafontaine lässt sich von einem Chauffeur in einer schweren Limousine vorfahren und ist sauer, dass in den Seminarraum nur knapp hundert Leute passen und in erster Linie Europäer und keine Amerikaner gekommen sind. Er hat wohl nicht verstanden, dass er in einem Institut für europäische Studien zu Gast ist.

Wann immer es in den transatlantischen Beziehungen knirscht, steht das CES im Zentrum der Debatte. Dazu tragen in erster Linie die umtriebigen Stipendiaten bei. Während viele Professoren sich oft lieber hinter ihrer Wissenschaft verschanzen, suchen die Nachwuchsakademiker aus Europa und den Vereinigten Staaten die offene politische Auseinandersetzung. Und Anlässe dafür gibt es in den 1970er, 1980er und 1990er Jahren mehr als genug. Die ehemalige Bibliothekarin Leonie Gordon erzählt, dass man 1972 mitten im Kalten Krieg im Leseraum nächtelang das legendäre Schachduell zwischen dem Amerikaner Bobby Fischer und dem Russen Boris Spasski nachgespielt habe, ein Jahrhundertmatch. Und wie man sich immer wieder über den Ost-West-Konflikt, die atomare Aufrüstung und über Willy Brandts Ostpolitik in die Haare geraten sei, wenn auch meist freundschaftlich.

Die einen, unter ihnen Karl Kaiser, sind damals der Ansicht, dass man die deutsche Wiedervereinigung nicht zum alleinigen Dreh- und Angelpunkt der Beziehungen zur Sowjetunion machen dürfe, sondern um des Friedens willen nach Gemeinsamkeiten und Interessenüberschneidungen mit dem Kreml suchen müsse. Wandel durch Annäherung lautet Kaisers Losung, die manche Amerikaner wie etwa John McCloy, der ehemalige Hohe Kommissar für die Bundesrepublik, spätestens seit dem Einmarsch der Warschauer-Pakt-Truppen in der Tschechoslowakei 1968 für widerlegt halten. Zbigniew Brzeziński, der inzwischen an der Columbia Universität in New York lehrt und einige Jahre später Nationaler Sicherheitsberater des demokratischen Präsidenten Jimmy Carter werden wird, vertritt eine völlig andere Strategie. Er setzt trotz der Niederschlagung des Prager Frühlings weiter auf reformwillige Staaten in Osteuropa und hofft, irgendwann einen Gürtel halbwegs demokratischer europäischer Staaten um die Sowjetunion legen zu können.

Ein anderes großes Streitthema im Center for European Studies ist immer wieder der Vietnamkrieg. Stanley Hoffmann ist ein erbitterter Gegner des Krieges. Sein Briefwechsel mit McGeorge Bundy, dem Sicherheitsberater von Präsident Kennedy und ehemaligen Dekan der Faculty for Arts and Sciences in Harvard, der ein Einschreiten Amerikas in Vietnam befürwortet, ist legendär. Als Hoffmann auf die schlechten Erfahrungen der französischen Kolonialmacht in Indochina hinweist, schreibt Bundy: „Wir sind nicht die Franzosen – wir kommen als Befreier, nicht als Kolonialisten." Worauf Hoffmann erwidert: „Das einzige Problem dabei sind die Vietnamesen." Amerikanische Außenpolitik neige immer wieder zu denselben Fehlern: „Die Sünde überzogener Fürsorge: Wir wollen Menschen glücklich machen, egal ob sie es möchten oder nicht." Interventionismus und Isolationismus wechseln sich in der amerikanischen Geschichte immer wieder ab. Im Jahr 2020, als dieses Buch geschrieben wird, haben sich die Vereinigten Staaten unter der America-First-Politik von Donald Trump wieder auf sich selbst zurückgezogen. Im November desselben Jahres verspricht Wahlsieger Joe Biden der Welt eine neue Öffnung seines Landes.

Goldmans ehemalige Mitarbeiterin Abby Collins erinnert sich, dass damals einige Stipendiaten am CES aus Protest gegen den von der Nixon-Regierung angeordneten Bombenhagel auf Kambodscha an Sit-ins und dem Boykott des Vorlesungsbetriebs beteiligt waren. Die Wut der Studenten über den Krieg, sagt Collins, habe sich in Harvard besonders gerne an Henry Kissinger entladen, dem einstigen Direktor des German Research Program und Nachnachfolger von McGeorge Bundy als Nationaler Sicherheitsberater.

Stanley Hoffmann ist mit Kissinger befreundet und darum innerlich zerrissen. Auf dem Höhepunkt der Antikriegsdemonstrationen hält er eine Rede vor der gesammelten Studentenschaft und mahnt zum Frieden – sowohl in Asien als auch auf dem Universitätscampus. Dem guten Dutzend Professoren, die danach zum Weißen Haus aufbrechen, um höchstpersönlich bei ihrem ehemaligen Kollegen Kissinger gegen den Krieg zu protestieren, schließt er sich jedoch nicht an.

Henry Kissinger hat den Vietnamkrieg nicht begonnen, sondern von seinen Vorgängerregierungen geerbt. Als Sicherheitsberater hat er ihn zunächst erweitert, ihn schließlich aber doch beendet. Seinen Kritikern hält er bis heute entgegen: Sie machten es sich zu einfach, wenn sie Amerikas militärisches Eingreifen in Asien in Bausch und Boden verdammten. „Unser Engagement", sagt er bei einem Gespräch im Oktober 2019 in seiner New Yorker Wohnung am East River, „war nicht, wie manche meinen, eine Ausgeburt des Bösen, sondern die Folge höchst komplexer weltpolitischer Probleme im Ost-West-Konflikt, komplexer und schwieriger als alles, was die Vereinigten Staaten bislang erfahren hatten." Die jüngeren Generationen, so Kissinger, seien leider oft schnell dabei, ein moralisches Urteil zu fällen. „Aber in der Politik haben auch moralische Fragen einen komplexen Ursprung und unterschiedliche, oft mehrdeutige Bezüge."

In den Debatten am Center for European Studies jedenfalls spielen moralische Fragen damals eine große Rolle. Den behaupteten oder tatsächlichen Zwängen der „Kissinger'schen Realpolitik" will man sich nicht fügen, zumal dieses Politikkonzept, wie die Geschichte lehrt, erstaunlich flexibel und anpassungsfähig ist. Die Realität ist eben nicht immer in Stein gemeißelt, keine unabänderliche Wahrheit, sondern kann durch unterschiedliche Brillen betrachtet und auf verschiedene Weise interpretiert werden.

Es geht im CES aber beileibe nicht nur um Amerika, sondern immer wieder und sehr heftig auch um heikle Themen in Europa – und in Deutschland. In den 1970er Jahren wirft der Terror der deutschen Roten Armee Fraktion (RAF) einen langen Schatten bis nach Harvard. Der Streit um strukturelle Gewalt und legitime Gegenwehr ist nicht neu und an der Universität spätestens seit dem Kampf lateinamerikanischer Befreiungsbewegungen sehr präsent. Aber dass jetzt auch in Westdeutschland, in einer Demokratie mit sozialer Marktwirtschaft, eine linke Terrorgruppe den Staat und seine Repräsentanten gewaltsam beseitigen will?

1970 veröffentlicht die Zeitschrift *Agit 883* den Aufruf „Die Rote Armee aufbauen", ein Jahr später publiziert die RAF ihr Strategiepapier „Das Konzept Stadtguerilla". Die Linksterroristen begehen Dutzende von Morden, legen Brände, zünden Bomben, entführen Flugzeuge, Politiker und

Industrielle, im sogenannten „deutschen Herbst" 1977 erreicht die Gewalt einen schrecklichen Höhepunkt.

Der sozialdemokratische Bundeskanzler Helmut Schmidt, der übrigens zwei Jahre später, im Sommer 1979, in Harvard zu den Jahrgangsabsolventen sprechen und zu diesem Anlass auch das Center for European Studies besuchen wird, hält hart dagegen. Seine Regierung beschließt eine Reihe einschneidender Antiterrorgesetze, die bei vielen Liberalen und Linken in Westdeutschland wie in den Vereinigten Staaten auf erbitterte Kritik stoßen.

Als der deutsche Soziologe Claus Offe bei einer Diskussion im CES angesichts dieses Bündels neuer Polizei-, Strafprozess- und Strafgesetze unter Beifall vor einer Rückkehr des deutschen Faschismus warnt, platzt dem Politologen Karl Kaiser, der damals die Schmidt-Regierung außenpolitisch berät, der Kragen. Mit hochrotem Kopf, erinnert sich Abby Collins, habe Kaiser die Einlassungen Offes als „puren Blödsinn" und „übelste Denunziation" bezeichnet. Kaiser selbst sagt, dass Offe damals „völlig unwissenschaftlich und im Stil der Außerparlamentarischen Opposition" gegen die Bundesregierung agitiert habe.

Das Center for European Studies ist immer wieder Streitarena, Seismograf, Pulsmesser – oder wie der Politologe Andrei Markovits, der damals die hitzige Diskussion mit Offe leitet, sagt: ein Spiegel des Zeitgeists. Es ist intellektuell anregend bei diesem Streit dabei zu sein, das CES ist oft akademische Avantgarde und hat ein feines Gespür für die sich abzeichnenden gesellschaftlichen Veränderungen. Manchmal aber hinkt es den Ereignissen auch arg hinterher. So dauert es ewig, bis die ersten Grünen aus Deutschland nach Harvard eingeladen werden, sie gelten als die Schmuddelkinder der deutschen Politik und werden nur mit spitzen Fingern angefasst. Und wie fast alle Beobachter damals begreift auch das CES erst spät, was sich 1989 in der DDR tut und welches gewaltige Erdbeben die Montagsdemonstrationen auslösen.

Der amerikanische Diplomat James Bindenagel, der sowohl den Aufstieg der Grünen als auch den Untergang der DDR beobachtet hat und mit Goldman befreundet war, sagt, es habe seine Zeit gebraucht, bis auf der anderen Seite des Atlantiks, in Amerika, der Groschen gefallen sei. Der studierte Politologe Bindenagel, der bis vor Kurzem an der Universität Bonn die Henry-Kissinger-Professur innehatte, war damals 30 Jahre alt und am amerikanischen Konsulat in Bremen, als im Oktober 1979 mit der Bremer Grünen Liste zum ersten Mal eine Grüne Partei über die Fünf-Prozent-Hürde hüpfte und in ein Landesparlament einzog. Zur Wahlparty kamen der ehemalige Studentenführer Rudi Dutschke, die Friedensaktivistin Petra Kelly und der Anwalt und spätere Bundesinnenminister Otto Schily. „Ich hatte das Gefühl, da entsteht eine neue politische Bewegung", sagt Bindenagel, „aber in Amerika hat sich niemand dafür wirklich interessiert. Und wenn, dann nur aus der immerwährenden Angst vor einer neuen deutschen Radikalisierung."

Bindenagel ist ein wandelndes Lexikon der deutsch-amerikanischen Konflikte seit dem Zweiten Weltkrieg, in Windeseile zählt er sie auf: von Afghanistan über den Irakkrieg bis zur gerechten Verteilung der Kosten im gemeinsamen Verteidigungsbündnis NATO. Spätestens seit Jimmy Carter klagen amerikanische Präsidenten regelmäßig darüber, dass die Deutschen ihr Wirtschaftswunder allein dem Export zu verdanken hätten und zu wenig Geld für den eigenen Konsum ausgäben. Und bereits Ronald Reagan, George W. Bush oder Barack Obama forderten, dass die Bundesrepublik ihre Verteidigungsausgaben aufstocken müsse.

Ein großer lila Fleck

Guido Goldman ist in diesen turbulenten Jahren Direktor des Center for European Studies, doch sein Büro am Broadway, dann in der Bryant Street und schließlich in der Adolphus Busch Hall ist oft verweist. Den Stipendiaten und Mitarbeitern des Centers spendiert er oft eine Kiste Wein und Pizzen für ihre Diskussionen. Goldman freut sich, wenn im CES lebhaft gestritten wird, aber er selbst hält sich von den Debatten fern. Er findet, als Institutsleiter müsse er in diesen aufgerauten Zeiten so weit wie möglich politische Zurückhaltung wahren. Als Spendeneintreiber ist er außerdem auf gute Beziehungen zu allen Parteien angewiesen. Und ohne Spenden läuft nichts.

Privat hat Goldman durchaus eine klare politische Haltung. Er nannte sich selbst einen „progressiven Moderaten", einen der „radikal in der poli-

1983: Guido Goldman und Henry Kissinger (rechts) bei der Feier zu Kissingers 60. Geburtstag im Hotel Pierre in New York

tischen Mitte" steht. Goldman setzt sich seit Anbeginn vor allem für die Einhaltung der Menschenrechte und bürgerlichen Freiheiten ein, er ist ein Verfechter der Einwanderungsgesellschaft und ein Anhänger der deutschen sozialen Marktwirtschaft. Aber Ideologen und Ideologien, egal welcher Art, sind ihm zuwider, Dutzende Briefe an seinen Freund Stanley Hoffmann bezeugen das.

Hoffmann und Goldman sind viel in der Welt unterwegs und teilen einander regelmäßig mit, was sie persönlich, aber vor allem politisch bewegt. Immer wieder ist es der Vietnamkrieg. Schon in den 1960er Jahren, als die Präsidenten Kennedy und Johnson regieren, sehen Hoffmann und Goldman düster voraus, dass sich Amerika immer weiter in diesen Krieg verstricken und nicht mehr aus ihm herauskommen wird. „Wir stecken in einer hoffnungslosen Falle", schreibt Hoffmann, und Goldman stimmt dem Freund in seiner Antwort zu.

Goldman ist oft in Deutschland, pflegt die Kontakte zu Politik und Wirtschaft und beschafft immer wieder Geld für das chronisch klamme CES. Außerdem ist er mit tausend anderen Dingen beschäftigt. Als Henry

Kissinger in die Regierung von Richard Nixon eintritt, hilft er ihm beim Umzug nach Washington, organisiert über viele Jahre Dinnerpartys und leistet Kissinger fast jedes Wochenende Gesellschaft. In New York darf Kissinger, wann immer er will, Goldmans Zwei-Zimmer-Appartement belegen. Auf der Wohnzimmercouch passen dann die Bodyguards darauf auf, dass in der Nacht niemand durchs Fenster steigt. Kissinger ist oft in New York, denn in der Stadt wohnt seine neue Partnerin Nancy Maginnes, die er 1974 heiratet.

Im Weißen Haus sind nicht alle Mitarbeiter Kissinger wohlgesonnen. Es gibt Eifersüchteleien und Hahnenkämpfe. Vor allem in Nixons engerem Umfeld, sagte Goldman, hätten einige „den deutschen Juden aus Harvard gehasst" und ihm das Leben schwergemacht. Kissinger fühlt sich fremd und oft allein, er will einen Freund in der Nähe, dem er blind vertrauen kann. Goldman wird zu seinem ständigen Schatten.

Selten reden sie über amerikanische Politik, Goldman ist eher Demokrat und ein Gegner des Vietnamkriegs. Doch die Freundschaft will Goldman damit nicht belasten, er trennt Politik und Privates. Darin sieht er keine Prinzipienlosigkeit, sondern ein Prinzip. Kissinger bietet ihm auch nie eine Stelle in seinem Beraterteam an. Und wenn, hätte Goldman den Job abgelehnt. Dann nämlich wäre es wahrscheinlich zum Konflikt gekommen. Goldman will unabhängig sein, auf verschiedenen Hochzeiten tanzen, die ihm alle gleichermaßen wichtig sind. Und auf ein Beamtengehalt ist er sowieso nicht angewiesen, als Treuhänder und Investor verdient er weit mehr.

Aber manchmal geht es in dieser Freundschaft dann doch um Politik – und zwar immer dann, wenn die deutsch-amerikanischen Beziehungen berührt werden. Wann immer Goldman in der Ära der Kanzler Brandt und Schmidt aus Bonn zurück in die Vereinigten Staaten kommt, bestellt Kissinger ihn ins Weiße Haus ein und will von ihm wissen, was er Neues erfahren hat. Wegen seiner guten Kontakte zu den Sozialdemokraten ist Goldman für den Nationalen Sicherheitsberater und Außenminister eine erstklassige Quelle.

In der Regel sprechen die beiden jedoch über die alltäglichen Dinge des Lebens, übers Essen, über die Wohnungseinrichtung und gemeinsame

Guido Goldman (rechts) mit US-Präsident Ronald Reagan auf Walter Annenbergs Ranch Sunnyland in Palm Springs, Kalifornien, Silvester 1985

Freunde. Wenn Kissinger eine neue Leselampe braucht, zieht Goldman los und besorgt sie ihm irgendwo im Weißen Haus. Er leiht Kissinger zur Büroverschönerung auch ein Gemälde aus seiner Kunstsammlung. Es ist ein abstraktes Bild mit einem großen lila Fleck und schwarzen Punkten in der Mitte. Der in der Ukraine geborene amerikanische Maler Jules Olitski hat es auf die Leinwand gesprayt. Das Bild ist nicht besonders wertvoll, Goldman besitzt weit teurere Gemälde, aber Kissinger gefällt es.

Bevor das Werk ins Weiße Haus darf, wird es auf der Luftwaffenbasis Andrews inspiziert, man will sichergehen, dass sich im Holzrahmen kein geheimes Mikrofon versteckt. Als das Bild endlich über Kissingers Sofa aufgehängt wird, ist auch ein eleganter Mann in einem vornehmen Anzug mit Weste zugegen. Er sieht die Leinwand mit dem großen lila Fleck, dreht sich zu Goldman um und sagt: „Dr. Kissinger ist wirklich ein Intellektueller!" Der Fremde ist, wie Goldman später erfährt, der Chefkurator des Weißen Hauses. Als Herr über die gigantische Kunstsammlung der amerikanischen Regierung ist Clemens Conger in Washington eine Institution. Bei ihm hätte sich Kissinger für sein Dienstzimmer Gemälde weltberühmter Maler aussuchen können. Aber er wollte unbedingt das Bild von Olitski.

Goldman steht Kissinger auch zur Seite, als dieser die Regierung längst verlassen hat. Mit 58 Jahren muss Kissinger ins Krankenhaus, um sich Bypässe legen zu lassen. Goldman weiß, dass Patienten nach einer solchen Operation oft unter Todesangst leiden. Er sagt darum zu Kissingers Frau Nancy, dass es vielleicht das Beste wäre, sie würden dem Herzpatienten sagen, dass sie gerade dabei seien, eine große Party zu seinem 60. Geburtstag zu planen. Sie findet das eine prima Idee. Als Goldman seinem Freund Kissinger davon am Krankenbett erzählt, brummt dieser nur kurz „Danke!", und Goldman sagt zu Nancy Kissinger, das sei wohl ein Schuss in den Ofen gewesen. Doch als er am nächsten Tag wieder ins Krankenhaus geht, sitzt Kissinger aufrecht im Bett und schreibt bereits eine Gästeliste.

Auch Kissinger erinnert sich bei dem Gespräch im Herbst 2019 an diese Episode und schwärmt immer noch von der „großartigen Feier" im vornehmen Hotel Pierre, die sein Freund Guido für ihn ausgerichtet hat. Die Tafeln wurden statt mit weißen mit bunten Tischtüchern eingedeckt, im Raum schwebten vielfarbige Luftballons. Unter den illustren Gästen waren der einstige US-Präsident Gerald Ford sowie zwei Präsidentenwitwen, Lady Bird, die Frau des 1973 verstorbenen US-Präsident Lyndon B. Johnson, und Jehan Sadat, die Witwe des 1981 ermordeten ägyptischen Präsidenten Anwar as-Sadat. Gekommen war ebenso Farah Diba, die ehemalige Kaiserin von Persien. Zwei der zehn Tischreden hielten Ex-Bundeskanzler Helmut Schmidt und der Chef des mächtigen amerikanischen Gewerkschaftsverbands AFL-CIO, Lane Kirkland. Zur Feier waren aus Deutschland auch die *Zeit*-Herausgeberin Marion Gräfin Dönhoff und Gabriele Henkel, die Frau von Konrad Henkel, dem langjährigen Chef des Henkel-Konzerns, eingeflogen

Kissinger sagt, die Freundschaft mit Goldman sei ihm deshalb so viel wert, weil dieser nie eine Gegenleistung verlangt habe. Natürlich habe auch er Goldman hin und wieder einen Gefallen getan, mal hier, mal dort für eines seiner Projekte geworben. „Aber Guido hat es nie eingefordert – und nicht einmal von mir erwartet."

Es gibt in jenen Jahren neben Kissinger noch viele weitere Gründe, die Goldman immer wieder aus Harvard wegführen. Er muss sich um die

Guido Goldman in seiner Rolle als Gesellschafter, mit den Freundinnen Jayne Wrightsman (links) und Jane Engelhard in den 1980er Jahren

Eltern und den Bruder in Paris kümmern, in New York seinen Geschäften als Treuhänder und Vermögensverwalter nachgehen, seine große Sammlung von usbekischen Wandteppichen aus dem 19. Jahrhundert erweitern, an den Kuratoriumssitzungen des Alvin Ailey American Dance Theater teilnehmen und seinen Pflichten als Berater des Auktionshauses Christie's nachkommen.

Viel Zeit erfordert immer wieder auch die Betreuung seines größer und größer werdenden Netzwerks wohlhabender und einflussreicher Freunde. Dazu gehört mittlerweile der milliardenschwere Medienmogul Walter Annenberg, ein Bekannter von Präsident Ronald Reagan, der auf Goldmans Vermittlung der Universität Harvard 25 Millionen Dollar stiftet.

Oder Barbara Walters, die berühmte Journalistin, die in ihrem New Yorker Salon viele wichtige Menschen um sich schart, die Goldman nützlich sein könnten. Oder Brooke Astor, Jane Engelhard oder Jayne Wrightsman, meist ältere verwitwete oder geschiedene Millionärsgattinnen, die fürs Center for European Studies spenden und denen Goldman, weil es die gesellschaftlichen Konventionen damals so verlangen, bei Empfängen oder manchmal auch auf kurzen Reisen als männlicher Begleiter und Gesellschafter zur Seite steht.

Wenn die Damen von ihren ausgedehnten Urlauben oder den Zweit- und Drittwohnsitzen nach New York zurückkehren, finden sie in ihren Appartements häufig einen großen Blumenstrauß mit einer Willkommenskarte von Guido Goldman vor. Er ist ein Meister der kleinen Aufmerksamkeiten. „Mein lieber Guido", schreibt ihm Jane Engelhard im Juli 1985, „Du verwöhnst mich weiter mit herrlichen Blumenbouquets, eines schöner als das andere, begleitet von den berührendsten Briefen. Ich weiß nicht, wie ich Dir für diese Hochherzigkeit und für Dein fortgesetztes treues Interesse danken soll."

Jane Engelhard ist die europäischste unter diesen Bekanntschaften – und die politischste. Sie ist in China geboren, in Frankreich aufgewachsen und hat über die Zeit des Zweiten Weltkriegs in Argentinien gelebt. 1943 zog sie in die USA und heiratete Charles Engelhard, den milliardenschweren Chef eines Mineralienkonzerns. Eine ihrer vier Töchter, Annette, wird später die Frau des berühmten Óscar de la Renta. Auch Goldman lernt den Modezar kennen, entwickelt zu ihm eine eigenständige Freundschaft und besucht ihn einige Male auf seinem Anwesen in dessen dominikanischer Heimat.

Die meiste Zeit und Energie aber steckt Goldman in den 1970er und 1980er Jahren in sein größtes Lebenswerk: die Gründung der transatlantischen Denkfabrik German Marshall Fund.

Der German Marshall Fund

Das Werk

Zweifellos ist der German Marshall Fund of the United States (GMF) Guido Goldmans größtes Verdienst. Ursprünglich als eine Institution gegründet, die gesellschaftliche Probleme dies- und jenseits des Atlantiks untersuchen und vergleichen und neben ein paar eigenen Vorhaben in erster Linie europäische Projekte anderer Institutionen bezuschussen sollte, entwickelte sich die Stiftung in den vergangenen 20 Jahren zu einer transatlantischen Denkfabrik mit inzwischen 155 Mitarbeitern (2001 waren es lediglich 19). Der GMF unterhält neben der Zentrale in Amerikas Hauptstadt Washington D.C. weitere Büros in sieben europäischen Hauptstädten, er ist mit einem Stiftungskapital von 157 Millionen Dollar (Stand 31. Dezember 2019) ausgestattet und operiert mittlerweile mit einem Jahresbudget von 36,4 Millionen Dollar (Juni 2020 bis Mai 2021).

Dem eigenen Stiftungskapital werden Jahr für Jahr etwa fünf Prozent für die laufenden Ausgaben entnommen, das entspricht heutzutage etwa einem Fünftel des Jahresbudgets. Die anderen 80 Prozent des Haushalts stammen aus Quellen außerhalb des GMF. Es sind überwiegend Zuwendungen von Regierungen und anderen Stiftungen für gezielte Projekte des German Marshall Fund, wie zum Beispiel für die Förderung der Demokratie in Ost- und Südosteuropa. Dazu zählen in erster Linie der Balkan Trust for Democracy, der Black Sea Trust for Regional Cooperation und der Fund for Belarus Democracy.

Trotz des Namens ist der German Marshall Fund keine deutsche, sondern eine rein amerikanische Stiftung. Er widmet sich auch nicht spezifisch deutschen, sondern europäischen Anliegen. Gleichwohl greift er Jahr für Jahr drei vornehmlich deutsch-amerikanischen Institutionen finanziell unter die Arme: dem vom GMF und Guido Goldman mitgegründeten American Institute for Contemporary German Studies (AICGS) in Washington; dem American Council on Germany (ACG) in New York, dessen Vorstand Goldman viele Jahre angehörte; und der Congressional Study Group on Germany (CSGG), die Mitglieder des amerikanischen Kongresses mit Abgeordneten des Deutschen Bundestags zusammenbringt. Darüber hinaus half der GMF in den 1980er Jahren auch, das Institute for International Economics anzuschieben, das heute Peterson Institute for International Economics heißt.

Doch die drei Hauptpfeiler des GMF sind: die eigene Denkfabrik, das zivilgesellschaftliche Engagement in Osteuropa – und das Marshall Memorial Fellowship (MMF), ein Stipendienprogramm für künftige Führungskräfte. 1982 aus der Taufe gehoben, um junge Europäer in Spitzenpositionen mit den Vereinigten Staaten vertraut zu machen, bereitet der MMF inzwischen Jahr für Jahr ungefähr 70 Frauen und Männer auf beiden Seiten des Ozeans auf transatlantische Führungsaufgaben vor. Das Training ist breitgefächert und schult die Teilnehmer bis zu einem Jahr lang zunächst in ihren jeweiligen Heimatländern. Danach schließt sich ein intensives Reiseprogramm an, um die in der Ausbildung gewonnenen Kenntnisse in Europa und den USA zu vertiefen – und um in der Begegnung mit anderen Teilnehmern das große Führungsnetzwerk des German Marshall Fund zu erweitern.

Mittlerweile kann der GMF – gerade auch dank der Stipendiaten seines Marshall Memorial Fellowship – auf etwa 4000 Personen in Wirtschaft, Politik, Wissenschaft und zivilgesellschaftlichen Organisationen zurückgreifen. Einige von ihnen sind bis in höchste Regierungs- und Unternehmensspitzen vorgestoßen. Dazu zählt, um nur ein Beispiel zu nennen, die amerikanische Politikerin Stacey Abrams. Die schwarze Demokratin wäre 2018 um ein Haar zur Gouverneurin des Südstaats Georgia gewählt worden, wird immer wieder als eine mögliche Kandidatin für das Amt der amerikanischen Vizepräsidentin gehandelt und spielt in der Demokratischen Partei mittlerweile eine wichtige Rolle. Dass die Wähler des Südstaats Georgia im November 2020 mehrheitlich für Joe Biden und damit zum ersten Mal seit 1992 wieder für einen demokratischen Präsidentschaftskandidaten stimmten, ist auch Abrams zu verdanken. Unermüdlich hatte sie schwarze Amerikaner gedrängt, sich als Wähler registrieren zu lassen und ihre Stimme abzugeben.

Natürlich gibt es, wie sollte es bei dieser großen Zahl von Stipendiaten anders sein, auch Beispiele, die weniger rühmlich sind: wie etwa der derzeitige ungarische Ministerpräsident Viktor Orbán, der als liberaler Politiker begann und sich in einen selbstherrlichen, autoritären Rechtspopulisten verwandelt hat. Insgesamt aber ist das Stipendienprogramm ein großer Erfolg und für die Arbeit des German Marshall Fund von großem Nutzen.

Wie wichtig und hilfreich ein solches Netzwerk sein kann, zeigt ein Beispiel, von dem Kevin Cottrell erzählt, der seit vielen Jahren für die Förderung des transatlantischen Nachwuchses zuständig und ein guter Freund von Guido Goldman ist: Weil seit 2002 in Afghanistan sowohl amerikanische als auch europäische Soldaten kämpfen und sie nach der Rückkehr in ihre Heimat auf dieselben Probleme stoßen wie Arbeitslosigkeit, gesellschaftliche Ausgrenzung oder unzulängliche psychologische Versorgung, erhält das Marshall Memorial Fellowship seit einiger Zeit einen Zuschuss für ein Kriegsheimkehrer-Projekt. Es soll die unterschiedlichen Rückkehrbedingungen in den USA und Europa untersuchen und vergleichen und herausfinden, welche Hilfen den Soldaten am besten dienen könnten, wie eine erfolgreiche Veteranenbehörde operieren müsste und welche Ausstattung notwendig sei. Denn man möchte um jeden Preis verhindern, dass sich Kriegsheimkehrer wie zum Beispiel etliche Serben aus Wut und tiefem Frust überall in der Welt als Söldner verdingen und brandgefährliche Konflikte anheizen. Die Gefahr ist groß und aktuell – zum Beispiel in der Ukraine.

Der MMF stellte für sein neues Projekt einen ehemaligen Stipendiaten – und Kriegsveteranen – an. Doch an der Ukraine biss er sich anfangs die Zähne aus. In dem Land leben rund 400 000 Soldaten, die seit 2014 in den östlichen Gebieten, in den Oblasten Donezk und Luhansk, gegen eine von Russland militärisch und finanziell unterstützte Spaltung der Ukraine kämpfen. Doch nach der Rückkehr vom Fronteinsatz kümmerte sich niemand um sie. Sie waren allein mit ihren Nöten und ihren Traumata. Es existierte keine Veteranenbehörde, keine besondere Fürsorge für Kriegsversehrte – und selbst der neue Hoffnungsträger der Ukraine, Präsident Wolodymyr Selenskyj, fand ein derartiges Hilfsprogramm für seine Soldaten zunächst völlig überflüssig.

Das Marshall Memorial Fellowship aber wurde gleichwohl tätig, gründete in der Ukraine einen Expertenkreis und stellte ihm als Berater ebenfalls einen erfahrenen Ex-Stipendiaten zur Seite, der früher in den Vereinigten Staaten selbst einmal Minister für Veteranenangelegenheiten war. Diesen Berater beunruhigten die mangelnde Einsicht und der hinhaltende Widerstand der ukrainischen Regierung sehr. Er alarmierte sein ehemaliges Ministerium in Washington, das wiederum den US-Botschafter in Kiew in Bewegung setzte, um Druck auf Präsident Selenskyj auszuüben. Der lenkte schließlich ein – und Schritt für Schritt werden seither eine Behörde und ein Programm für Kriegsheimkehrer geschaffen.

Der pure Zufall

Auch sonst sticht der German Marshall Fund unter Goldmans Lebenswerken hervor, illustriert er ebenfalls ganz besonders Goldmans Tugenden und Charaktermerkmale: sein enormes Verhandlungsgeschick, den nicht versiegenden Ideenreichtum, seine Chuzpe, die mitunter an Sturheit grenzende Beharrlichkeit, sein Talent, äußerst strapazierfähige Netzwerke zu knüpfen, und die Gabe, einflussreiche und vermögende Menschen für sich und seine Pläne einzunehmen.

Außerdem: Der GMF wurde in einer wichtigen und besonders schicksalsträchtigen Ära westdeutscher und amerikanischer Politik geboren. Seine Entstehungsgeschichte erzählt von großen Ideen und Wagemut, von politischen Freundschaften und Zerwürfnissen, von politischer Genialität, Tricks und Eitelkeiten – und immer wieder von der besonderen Gunst der Stunde.

In Wahrheit ist der German Marshall Fund nur einem glücklichen Zufall zu verdanken. Und fast wäre er, noch bevor er das Licht der Welt erblickte, gleich zweimal durch einen unglücklichen Zufall gescheitert.

Irgendwann im Herbst 1970, so hat es Guido Goldman am 7. März 1973 in einem „Memorandum" an den ersten Präsidenten des GMF,

Benjamin Read, festgehalten, sitzt er gemeinsam mit seinem Freund, dem Harvard-Professor Stanley Hoffmann, beim deutschen Konsul in Boston. Die von Goldman mit ins Leben gerufenen West European Studies in Harvard sind mal wieder klamm. Um weiterzumachen, braucht das von Goldman geleitete Studienseminar dringend Geld, ungefähr eine knappe Million Dollar. Doch woher soll diese Summe kommen?

Goldman hat eine Idee, die er dem deutschen Konsul vorträgt. Wie wäre es, sagt er, wenn man die Regierung in Westdeutschland um diese Million bäte? Und Goldman weiß auch bereits, wie man das den Deutschen schmackhaft machen könnte: In zwei Jahren, im Juni 1972, steht der 25. Jahrestag des amerikanischen Marshall-Plans an. Dieses Ereignis will Harvard feiern, weil der Plan 1947 hier verkündet wurde. Dank ihm erhielt Westdeutschland nach dem Zweiten Weltkrieg insgesamt 1,4 Milliarden US-Dollar als Wiederaufbauhilfe. Zunächst als Darlehen, dann als Geschenk, eine gewaltige Summe, die am Ende nicht zurückgezahlt werden musste. 1,4 Milliarden Dollar wären heute, ein Dreivierteljahrhundert später, knapp 14 Milliarden Dollar wert.

Wie wäre es also, schlägt Goldman bei dem Treffen in Boston vor, wenn die Regierung in Bonn diese großzügige Geste der Amerikaner mit einem kleinen Geldgeschenk an die West European Studies in Harvard erwidern würde. Eine Million Dollar würde jährlich etwa 50 000 Dollar an Zinsen abwerfen, genug, um das Studienseminar einstweilen am Leben zu erhalten. Westdeutschland, meint Goldman, müsse doch auch ein eigenes Interesse daran haben, dass in Harvard europäische Studien und der akademische Austausch zwischen der Neuen und der Alten Welt fortbestehen.

In Bonn regiert zum ersten Mal seit 1949 ein Bündnis aus Sozialdemokraten und Freien Demokraten anstelle der konservativen Unionsparteien. Der Kanzler dieser sozialliberalen Koalition aus SPD und FDP heißt Willy Brandt, der einst vor den Nazis ins Ausland fliehen musste. Als ehemaliger Regierender Bürgermeister des eingemauerten West-Berlin weiß Brandt wie kaum ein Zweiter, was die Vereinigten Staaten in den vergangenen Jahren für Westdeutschland getan haben und wie wichtig die Allianz mit Amerika ist. Goldman macht sich darum große Hoffnungen, dass sein Plan bei der Regierung in Bonn auf offene Ohren stößt.

Dem deutschen Konsul in Boston gefällt die Idee, und Goldman fliegt nach Washington, um auch den deutschen Botschafter zu überzeugen. Rolf Pauls, ein Karrierediplomat, der vor seiner Entsendung nach Washington der erste deutsche Botschafter in Israel war, ist ebenso angetan. Er bietet sogar an, sich bei seinem nächsten Heimatbesuch bei der Bundesregierung, vor allem bei Außenminister Walter Scheel, für Goldmans Idee starkzumachen.

Doch noch bevor Pauls nach Bonn fliegt, ist Goldman schon da. Er hat einen Termin bei Finanzminister Alex Möller bekommen, Goldmans Vater hat ihm die Tür geöffnet. Nachum Goldmann und Alex Möller haben sich vor einigen Jahren über eine gemeinsame Freundin kennengelernt und schätzen sich. Der Sozialdemokrat Möller, einst jüngster Abgeordneter im Preußischen Landtag, war schon früh ein Gegner der Nationalsozialisten und wurde nach Adolf Hitlers Machtübernahme 1933 für einige Wochen in Haft genommen.

Möller lädt Guido Goldman in seine Villa in Bad-Godesberg ein. In Goldmans Erinnerung war das Ende 1970, wahrscheinlich im November. Man tauscht Freundlichkeiten aus, trinkt reichlich Scotch, und bevor die Gedanken wegen des Alkoholgenusses Achterbahn fahren, hebt Goldman zu einer kleinen Rede an, die er sich zurechtgelegt hat. Er erzählt dem deutschen Finanzminister von den Schwierigkeiten der von ihm gegründeten West European Studies, von der Bedeutung des akademischen Austauschs und der stets großzügigen Hilfe aus den Vereinigten Staaten, wann immer die Deutschen in Not waren.

Goldman erwähnt den Dawes- und den Young-Plan, die dazu beitrugen, dass Deutschlands Zahlungsverpflichtungen nach dem verlorenen Ersten Weltkrieg nicht völlig aus dem Ruder liefen. Und er spricht über die Segnungen des Marshall-Plans nach dem Grauen des Zweiten Weltkriegs, ohne die der neue westdeutsche Staat nicht auf die Beine gekommen wäre. Wäre es nicht großartig, fragt Goldman, wenn Deutschland in ehrendem Gedenken an George Marshall den klammen West European Studies helfe? Möller weiß um die Verdienste Amerikas. Obwohl er kein Wort Englisch spricht, ist er schon immer ein großer Freund der Vereinigten Staaten gewesen. Und im Gegensatz zu einigen anderen Genossen ergriff der Sozialdemokrat auch früh Partei für Konrad Adenauers

Guido Goldman (Mitte) mit Alex Möller (links) und dem Präsidenten des Aspen Instituts Joseph E. Slater im Garten der Adolphus Busch Hall in Harvard, dem späteren Minda de Gunzburg Center for European Studies. Das Foto wurde am 5. Juni 1972 aufgenommen anlässlich der Gründung des German Marshall Fund.

Politik der Westintegration, für die enge Anbindung Westdeutschlands an Amerika.

Möller nickt und kommt schnell zur Sache. Die zwei, drei Millionen Mark für Harvard, sagt er, könne er wahrscheinlich ohne große Umstände bei der Münchener Rückversicherungsgesellschaft lockermachen, aus seiner Zeit als Vorstandsvorsitzender der Karlsruher Lebensversicherung habe er noch gute Kontakte in diese lukrative Branche. Dann holt Möller tief Luft und sagt: Als Dankesgeste der Bundesregierung zur 25. Wiederkehr des Marshall-Plans dächte er aber an einen weitaus höheren Geldbetrag. „An wie viel?", fragt Goldman verdutzt. „An ungefähr 250 Millionen Mark", sagt Möller. Goldman kann es kaum fassen und erwidert ungläubig: „Herr Minister, ich fürchte, dem wird Ihre Bundesregierung niemals zustimmen."

Der deutsche Finanzminister aber insistiert und sagt, im Rückfluss-Fonds des einstigen Marshall-Plans sei noch Geld übrig. Möller bittet Goldman, möglichst bald einen Vorschlag auszuarbeiten für die, wie er es nennt, geplante „Zweckverwendung" der 250 Millionen Mark.

Danach trinkt man noch ein, zwei Gläser Scotch und beschließt den Abend.

Auf dem Heimflug in die USA kommen Goldman erneut Zweifel. Alle, denen er inzwischen davon erzählt hat, halten Möllers Millionenversprechen für ein Hirngespinst. Goldman fürchtet, am Ende nicht einmal die drei Millionen Mark für die West European Studies nach Hause bringen zu können.

Etliche Wochen vergehen, ohne dass Goldman irgendetwas von Möller hört, kein Brief, kein Telegramm, kein Telefonat. Fast hat er das Gespräch mit dem Finanzminister schon vergessen, da sagt dieser sich für Januar 1971 zu einem Besuch in Washington an. Man trifft sich in der Residenz des deutschen Botschafters und unterhält sich über dies und das. Doch erst bei der dritten Begegnung, am Ende eines privaten Abendessens in einem vornehmen Restaurant in New York, zu dem Goldman den deutschen Finanzminister eingeladen hat, fragt Möller plötzlich: „Nun, Herr Goldman, haben Sie schon einen Plan ausgearbeitet?" Kanzler Brandt wisse von der Geschenkidee und sei nicht abgeneigt.

Damit hat Guido Goldman nicht mehr gerechnet. Natürlich gibt es keinen Plan, doch das soll Alex Möller auf keinen Fall wissen, ja nicht einmal vermuten. Von seinem Vater hat Goldman gelernt, dass man in einem entscheidenden Augenblick auch mal bluffen muss. Also sagt Goldman, ohne mit der Wimper zu zucken: Selbstverständlich habe er sich Gedanken gemacht. Das viele Geld aus Deutschland dürfe auf keinen Fall einfach verpulvert werden, auch nicht in ein Dutzend Professuren an irgendwelchen amerikanischen Universitäten fließen. Ihm schwebe die Gründung einer amerikanischen Stiftung vor, einer Art Bank, an die sich europäische und amerikanische Universitäten und Institutionen mit der Bitte um finanzielle Unterstützung ihrer transatlantischen Projekte wenden könnten.

Was genau er damit meine, fragt Möller. Er denke an die Förderung europäischer Themen, sagt Goldman, an wissenschaftliche Studien und europäisch-amerikanische Vergleiche. Auch wenn das Geld aus Deutschland komme, sollten damit nicht nur deutsche Steckenpferde geritten werden. Und dann rechnet Goldman dem Finanzminister vor: 250 Millionen Mark, das seien – nach damaligem Kurs – umgerechnet etwa 65 Millionen Dollar. Bei einer fünfprozentigen Verzinsung sprängen dabei Jahr für Jahr ungefähr drei Millionen Dollar heraus. „Mit dem Geld", sagt Goldman, „kann eine Stiftung enorm viel auf die Beine stellen."

Möller ist beeindruckt. „Schreiben Sie es auf", sagt er, „ich gebe Ihren Vorschlag an Brandt weiter, und irgendwann im Frühjahr kommen Sie nach Bonn und wir beide gehen zum Kanzler und machen Nägel mit Köpfen."

Eine Reise in den Schwarzwald

Knapp vier Monate später ist es so weit. Am 13. Mai 1971, einem Donnerstag, soll das Treffen mit Willy Brandt in Bonn stattfinden. Am Wochenende davor fliegt Goldman von New York nach London und besucht Freunde. Für Mittwoch hat er den Weiterflug nach Köln gebucht und will von dort mit einem Leihauto die paar Kilometer nach Bonn fahren. Doch kurz bevor er nach Köln aufbricht, erreicht ihn im Hotel in London ein Telefonat. Am Hörer ist Alex Möllers Sekretärin. Sie ist völlig aufgelöst. Der Finanzminister, weint sie, sei soeben aus Wut über die Spendierfreudigkeit seiner Kabinettskollegen zurückgetreten, Brandt habe das Rücktrittsgesuch akzeptiert, das morgige Treffen mit dem Kanzler sei abgesagt.

Goldman erschrickt und sieht seine Felle bereits davonschwimmen. Ohne Möller keine 250 Millionen Mark und keine Stiftung. Der Finanzminister ist Dreh- und Angelpunkt des Plans. Aber auch das hat er von seinem Vater gelernt: Verliere bei Verhandlungen nie die Nerven, gib niemals auf, wenn es schwierig wird, sondern überlege blitzschnell, wie es weitergehen kann! Geistesgegenwärtig fragt Goldman darum Möllers Sekretärin, wo der Finanzminister a. D. denn derzeit stecke und ob er sich wohl über einen Besuch freuen würde. „Aber natürlich, Herr Goldman, gerade über Ihren Besuch," sagt sie. Möller sei im Schwarzwald, im Gästehaus der Karlsruher Lebensversicherung.

Also fliegt Goldman statt nach Köln nach Zürich, wo ihn Möllers Fahrer abholt und in den Schwarzwald bringt. Er logiert in einem Hotel in der Nähe von Möllers Gästehaus. Man trifft sich zum Mittagessen und zum Abendbrot, geht gemeinsam im Tannenwald spazieren. Möller ist verbittert und tief gekränkt. Es wurmt ihn, dass die Kabinettskollegen seine Vorgaben für eine strengere Ausgabenpolitik mir nichts, dir nichts vom Tisch gewischt haben, dass Willy Brandt ihn nicht gestützt hat, sondern ziehen ließ – und dass der Kanzler ausgerechnet Möllers Intimfeind Karl Schiller zum Nachfolger gekrönt und obendrein zum Superminister gemacht hat, zum Chef des Finanz- und des Wirtschaftsministeriums. Manchmal ist Möller so wütend, dass er laut herumbrüllt: „Wie kann der Brandt mir das antun, ich kenne ihn schon so lange."

Immer wieder betont Möller, wie schmerzhaft es für ihn sei, den Plan mit den 250 Millionen Mark zum Marshall-Jubiläum nicht weiterverfolgen zu können. Das sei eine wirklich wunderbare Idee und ihm ein Herzensanliegen gewesen. „Nun kann ich Ihnen leider nicht mehr helfen," sagt er Goldman zum Abschied und wünscht Glück.

Goldman gibt nicht auf, dafür steht zu viel auf dem Spiel, und er hat noch längst nicht alle seine Trümpfe ausgespielt. Am Bahnhof, so erinnerte er sich, geht er zum Münztelefon – Handys gibt es damals noch nicht – und ruft, bevor er in den Zug nach Bonn steigt, Horst Ehmke an, Willy Brandts Kanzleramtschef. Goldman kennt den in Danzig geborenen knorrigen Rechtsprofessor gut und hat sich schon bei einem früheren Treffen dessen private Telefonnummer notiert. Man weiß ja nie, wann sie nützlich sein kann.

Es ist Sonntag, und Ehmke ist zu Hause. „Ich habe gerade ein paar Tage mit Alex Möller im Schwarzwald verbracht", erzählt ihm Goldman. „Tatsächlich?", sagt Ehmke erstaunt und fragt sofort, ob man nicht gemeinsam zu Abend essen wolle. Das treffe sich gut, erwidert Goldman, er sei sowieso auf dem Weg in die Hauptstadt. Ehmke ist sichtlich aufgewühlt, Möllers Rücktritt hat ihm und der gesamten Regierung zugesetzt. Ehmke schätzt den Genossen Möller. Der sei fachlich exzellent, sagt er zu Goldman, aber zu aufbrausend und überhaupt kein Teamplayer. Stets habe Möller mit dem Kopf durch die Wand gemusst. Doch niemand habe damit gerechnet, dass er hinwerfe. Nun habe man Angst, dass Möller vor lauter Gram auch aus der SPD austrete. „Ausgerechnet jetzt", sagt Ehmke, „da wir in der Regierung genug Ärger am Hals haben."

Die sozialliberale Koalition ist im Frühjahr 1971 nicht in bester Verfassung, drei FDP-Abgeordnete sind aus Protest gegen Brandts Ostpolitik zur CDU übergetreten, ihre Mehrheit hängt an einem seidenen Faden. Der untypische Sozialdemokrat Alex Möller, der aus der Privatwirtschaft kommt und den Spitznamen „Genosse Generaldirektor" trägt, war ein Pfeiler der Regierung, er ist beim Volk und beim Partner FDP beliebt.

Ehmke will von Goldman wissen, was er ihm in dieser verzwickten Lage raten würde. Sollte Brandt den Finanzminister a.D. zu einem Versöhnungsgespräch nach Bonn einladen? Würde Möller kommen, wenn der Kanzler ihn darum bitte? „Wahrscheinlich nicht", antwortet Goldman. „Was sollen wir denn tun?", fragt Ehmke den Amerikaner.

Goldman durchzuckt in diesem Augenblick eine Idee, die an Chuzpe kaum zu übertreffen ist. Brandt solle sich selbst zu Möller auf den Weg machen, schlägt er vor, in einen Hubschrauber steigen und hinfliegen. „Aber nicht mit leeren Händen, sondern mit einem attraktiven Angebot im Gepäck." Was könne das sein?, will Ehmke wissen. „Machen Sie Möller zum offiziellen Repräsentanten der Bundesregierung für die Feierlichkeiten zum 25. Jubiläum des Marshall-Plans", sagt Goldman. „Wie bitte?", fragt Ehmke ungläubig. „Können Sie das bitte wiederholen?" – „Bieten Sie Möller dieses Ehrenamt an", sagt Goldman, „und statten Sie ihn dafür mit einem ordentlichen Spesenetat aus. Ich bin mir sicher, er willigt ein."

Ehmke ist völlig ahnungslos, hat offenbar nicht den geringsten Schimmer, worum es hier geht. Also erzählt ihm Goldman von Amerikas schwindendem Interesse an Europa und Möllers Wunsch, dem mit einem Geschenk von 250 Millionen Mark entgegenzuwirken. „Möllers ganzes Herz hängt an dieser Idee," sagt Goldman. Am Ende des Gesprächs ist sich Goldman ziemlich sicher, dass auch Ehmke an diesem Plan Gefallen gefunden hat. Aber zunächst einmal geschieht nichts.

Zurück in Harvard, setzt sich Guido Goldman an seinen Schreibtisch und überlegt, wie sich die Bitte um eine deutsche Finanzspritze sowohl für die West European Studies als auch für die neue Stiftungsidee am besten begründen ließe. Er bespricht sich mit seinem Freund Stanley Hoffmann und fliegt in die Hauptstadt Washington, um auch Botschafter Pauls und ein, zwei weitere Vertraute um Rat zu fragen.

Goldman ist verunsichert, an wen er sich jetzt, nach Möllers Rücktritt, mit konkreten Vorschlägen für die „Zweckverwendung" des Geldgeschenks aus Deutschland wenden soll. Er entscheidet sich, am Finanzminister a.D. festzuhalten. „Es war mein Gefühl", schreibt Goldman in seinem Memorandum, „dass ich weiterhin Möller meine Vorschläge unterbreiten sollte, trotz der Tatsache, dass er nicht mehr Minister ist." Schließlich seien die 250 Millionen Mark seine Idee gewesen.

Am 27. Mai 1971, keine zwei Wochen nach dem Treffen im Schwarzwald, schickt Guido Goldman dem „Honorable Alex Möller, Bundesminister a.D." einen Brief. „My dear Dr. Möller", schreibt Goldman, hier komme schon einmal die Begründung für die erste Finanzierungsbitte, die für die West European Studies in Harvard. Die Universität habe sich Europa stets verbunden gefühlt, argumentiert Goldman, Harvard habe viele große europäische Geister angezogen, insbesondere seit den verhängnisvollen 1930er Jahren. Berühmtheiten wie der österreichische Nationalökonom Joseph Schumpeter und der russische Soziologe Pitirim Sorokin hätten an der Universität gelehrt, ebenso der deutsche Theologe und Religionsphilosoph Paul Tillich, der russische Wirtschaftswissenschaftler Wassily Leontief und der in Odessa geborene Ökonom Alexander Gerschenkron. Nach dem Krieg habe der Politologe Henry Kissinger an der Universität unterrichtet.

George Marshall, so Goldman, habe 1947 auch ganz bewusst Harvard als Bühne gewählt, um Amerikas Wiederaufbauprogramm für Europa zu verkünden. Die West European Studies widmeten sich in ganz besonderer Weise den transatlantischen Beziehungen, an amerikanischen Universitäten gebe es keine vergleichbare Einrichtung. Doch deren Fortbestand, warnt Goldman, sei in einem Augenblick, da amerikanische Stiftungen wie etwa die Ford-Stiftung sich aus der Förderung regionaler Studien zurückzögen, existenziell bedroht.

Zwei Tage später, am 29. Mai 1971, folgt der zweite Brief an Möller, diesmal mit der Begründung, warum eine neue Stiftung wichtig sei. Auch dieser Brief zeugt von der tiefsitzenden Angst vieler Transatlantiker vom Schlage Goldmans, dass Europa aus dem amerikanischen Blickfeld geraten und auf Dauer marginalisiert werden könnte.

Manche von Goldmans mahnenden Sätzen haben auch 50 Jahre später nicht an Geltung verloren. Sie könnten nahtlos auf die Ära von Donald Trump übertragen werden, auf das 21. Jahrhundert, mit dem überall grassierenden Nationalismus und der wachsenden Einigelung vieler Staaten angesichts der Herausforderungen der Globalisierung.

„My dear Dr. Möller", schreibt Goldman, „die Generation prominenter Amerikaner, die den Wiederaufbau Europas vorangetrieben hat, wird nach und nach ersetzt von einer politisch aktiven Generation mit anderen Sorgen." Die Vereinigten Staaten kehrten zunehmend dem Ausland den Rücken zu und beschäftigten sich nur noch mit ihren eigenen Problemen. Und falls sie sich überhaupt noch für eine andere Weltgegend interessierten, dann für die pazifische Region. Dabei, so Goldman, riefen die gemeinsamen Schwierigkeiten doch gerade jetzt nach einem Schulterschluss des Westens. „Die Gesellschaften auf beiden Seiten des Atlantiks sind als Folge der allumfassenden und schnell voranschreitenden Industrialisierung mit gewaltigen Problemen konfrontiert."

Das sei eine „fundamentale Herausforderung für alle Regierungen", schreibt Goldman, der man sich am besten gemeinsam stelle, indem man voneinander lerne. Doch leider wüssten viele Amerikaner immer noch erschreckend wenig über Europa. „Wir brauchen darum eine neue Initiative", fordert Goldman, „um die Richtung und die Art und Weise der europäischen Entwicklung in den Vereinigten Staaten verständlicher zu machen", eine Art „American Council for Europe", einen Amerikanischen Rat für Europa, der Stipendien vergebe, europäische Forschungsprojekte fördere und Tagungen organisiere.

In dem fünfseitigen Brief unterbreitet Goldman auch einen Finanzierungsvorschlag für eine solche Stiftung. Mindestens 50 Millionen Dollar, also umgerechnet 200 bis 250 Millionen Mark, bräuchte man, schreibt er, ausgezahlt in Zwei-Millionen-Beträgen über zweieinhalb Jahrzehnte. Und Goldman schlägt auch gleich einen Namen vor: Zu Ehren von George Marshall sollte man die neue Stiftung „Marshall Memorial Fund" nennen.

Wenige Tage später, am 6. Juni 1971, fliegt Goldman erneut zu Möller in den Schwarzwald und berät sich mit ihm. Möller drängt ihn, Kanzleramtsminister Ehmke einzubeziehen. Seit er selbst nicht mehr im Kabinett sitze, sagt Möller, sei sein Einfluss begrenzt. Die zwei, drei Millionen Mark für die West European Studies könne er nach wie vor in der Versicherungswirtschaft beschaffen, aber die 250 Millionen Mark Regierungsgeld für die Stiftung lägen nun außerhalb seiner Reichweite.

Goldman fährt also wieder nach Bonn und legt seine Vorschläge auch Horst Ehmke auf den Tisch. Außerdem bedrängt er den Kanzleramtschef

147

noch einmal, Möller für alle weiteren Verhandlungen zum offiziellen Repräsentanten der Bundesregierung zu ernennen. Ehmke ist einverstanden und präsentiert Goldmans Pläne am nächsten Tag Willy Brandt, der ebenfalls zustimmt.

Doch damit das Werk in die Tat umgesetzt werden kann, muss auch die Regierung der Vereinigten Staaten von der Stiftungsidee überzeugt werden. Schließlich soll der Marshall Memorial Fund eine amerikanische Institution werden – mit Sitz in der Hauptstadt Washington D.C.

Das ist nicht so einfach. US-Präsident Richard Nixon und sein Sicherheitsberater Henry Kissinger mögen Willy Brandt nicht besonders, der Sozialdemokrat ist ihnen zu links. Und auch wenn die Amerikaner Brandts Ostpolitik im Großen und Ganzen akzeptieren, haben sie Vorbehalte und befürchten, der Annäherungskurs der Westdeutschen könnte ihre eigenen strategischen Planungen gegenüber der Sowjetunion stören.

Brandt fliegt Mitte Juni nach Washington und trifft Nixon im Weißen Haus. Offenbar kann er ihn davon überzeugen, dass eine von Deutschland finanzierte amerikanische Stiftung zur Förderung der transatlantischen Beziehungen eine gute Idee ist. Nach seinem Gespräch mit dem Präsidenten am 15. Juni 1971 notiert Brandt: „Ich berichtete N. (Nixon, Anm. d. Autors) über Vorschläge, aus Anlaß der 25. Wiederkehr der Verkündung des Marshall-Plans einen Marshall Memorial Fund zu schaffen, damit einen American Council for Europe zu verbinden und European Studies zu finanzieren. N. hielt dies für eine begrüßenswerte Idee."

Zurück in Bonn trifft sich Brandt nun endlich auch mit Alex Möller und bittet ihn, wie Goldman vorgeschlagen hat, im Namen der Bundesregierung das deutsche Geldgeschenk zur 25. Wiederkehr des Marshall-Plans vorzubereiten. Möller willigt ein, allerdings unter einer Bedingung: Er will weiterhin nur mit Guido Goldman verhandeln. Brandt ist einverstanden. Am 21. Juli 1971 bringt der Kanzler den Plan für die neue Stiftung ins Bundeskabinett ein, und alle Minister stimmen zu. Allerdings ist die ursprünglich von Möller vorgeschlagene Summe von 250 Millionen Mark inzwischen um 100 Millionen auf 150 Millionen geschrumpft.

Woran das lag, ist ein Rätsel geblieben. Auch Goldman und Karl Kaiser, der als Sozialdemokrat mit der Regierung Brandt gut vernetzt war, haben nur Vermutungen. Die sozialliberale Koalition, sagt Kaiser, sei im

Sommer 1971 sehr schwach gewesen, ein deutlich geringerer Betrag als die von Möller ins Spiel gebrachten 250 Millionen Mark sei beim politischen Bündnispartner FDP wahrscheinlich leichter durchzusetzen gewesen. Vor allem aber, so Kaiser: Möller und Karl Schiller, sein Nachfolger im Finanzministerium, seien sich spinnefeind gewesen, und Schiller habe Möller mit Sicherheit eins auswischen wollen.

Goldman ist mit dem Ergebnis trotzdem hochzufrieden. 150 Millionen Mark, zahlbar über 15 Jahre in jeweils Zehn-Millionen-Mark-Beträgen, sind immer noch ein gewaltiger Betrag – und fünfzigmal mehr als die drei Millionen, für die er sich ursprünglich im November 1970 auf den Weg nach Bonn gemacht hatte.

„Das geht überhaupt nicht!"

Doch die wirklichen Schwierigkeiten des Stiftungsplans beginnen erst. Und auch sie spiegeln deutsch-amerikanische Geschichte und den stets lauernden Argwohn beider Seiten wider. Goldman will eine rein amerikanische Stiftung, die sich vorrangig mit europäischen Projekten befasst. Doch in Bonn, vor allem im Außenministerium, hat man andere Vorstellungen. Dort meint man, dass eine mit deutschem Geld bezahlte Stiftung sich in erster Linie deutsch-amerikanischen Studien widmen müsse. Und bei einem Gespräch im Auswärtigen Amt fordert ein Staatssekretär außerdem, dass im künftigen Stiftungsvorstand mindestens auch zwei Deutsche Sitz und Stimme haben müssten.

Genau das will Goldman aber verhindern. Energisch widerspricht er und sagt, ein an Bedingungen geknüpftes Geschenk sei kein Geschenk. Goldman befürchtet, dass deutsche Politiker mit dem Hinweis auf den Geldgeber stets versucht sein würden, eigene Interessen durchzudrücken. Vor seinem inneren Auge sieht er bereits, wie die Stiftung im deutschen Parteienstreit zerrieben wird, wie Politiker aller Couleur beim Präsidenten des Marshall Memorial Fund vorstellig werden und Freundschaftsdienste einfordern. Mal will man die Finanzierung eines politischen Steckenpferdes, mal ein Gefälligkeitsstipendium zur Versorgung von Parteifreunden oder Familienangehörigen.

Die Stimmung ist angespannt, Goldman und der Staatssekretär beharken sich. Dann jedoch spricht Möller ein Machtwort und sagt: „Das kommt überhaupt nicht infrage!" Er stütze Goldmans Position, die Stiftung müsse rein amerikanisch sein, Deutsche hätten darin nichts zu suchen. Auch Willy Brandt sei dieser Meinung. Möller hat die Einwände im Außenministerium vorausgesehen und sich darum rechtzeitig der Rückendeckung des Bundeskanzlers versichert. Alex Möller, sagte Goldman, sei in dieser Beziehung wie Konrad Adenauer gewesen: willensstark, hartbeinig und absolut ungnädig, wenn man es sich mit ihm verscherzte.

Ende 1971, Anfang 1972, Goldman erinnerte sich nicht an den genauen Zeitpunkt, macht er selbst diese Erfahrung. Man sitzt in der Planungsgruppe für die Stiftung zusammen, und irgendwann geht es darum, welchen endgültigen Namen sie tragen soll. Goldman und die anderen Amerikaner in der Gruppe sind bereits entschieden. Man wolle sie „Marshall Fund. A Memorial from Germany" nennen – zu Deutsch: Marshall Stiftung. Ein ehrendes Gedenken aus Deutschland.

Möller fährt aus der Haut. „Das geht überhaupt nicht", ärgert er sich laut. Wenn Deutschland das Geld gebe, müsse Deutschland im Stiftungsnamen ganz vorne auftauchen. „Sonst könnt ihr das Ganze vergessen!" Goldman findet, Möller habe völlig recht, und lenkt ein: „Taufen wir die Stiftung doch einfach ‚German Marshall Fund of the United States'." Damit steht der Name fest.

Vom Kaiserverwandten bis zur Bürgerrechtsikone

Nicht unkompliziert gestaltet sich auch die Suche nach geeigneten Mitgliedern für den künftigen Vorstand. Goldman will um jeden Preis vermeiden, dass es ein reiner Harvard-Club wird und man ihm vorwerfen könnte, er habe lauter Kumpel um sich geschart. Der Vorstand muss außerdem unparteiisch sein, also auch mit Republikanern besetzt werden und nicht nur mit Demokraten, denen sich Goldman, obwohl kein Parteigänger, eher verbunden fühlt.

Goldman will, so weit wie möglich, politische Äquidistanz, denn er möchte weder die Regierung Nixon noch die deutschen Unionsparteien verärgern. Eine Stiftung wie der GMF, so sein Credo, muss um ihrer selbst willen mit allen demokratischen Parteien können.

Der erste Amerikaner, den Goldman im Winter 1971 für den provisorischen Stiftungsvorstand, zunächst Planungsgruppe genannt, gewinnt, ist der 2011 verstorbene Robert F. Ellsworth. Goldman kennt ihn, wenn auch nur flüchtig. Ellsworth ist Republikaner und sehr einflussreich. Bis zum Sommer 1971 war er Amerikas NATO-Botschafter in Brüssel, davor vertrat er als Abgeordneter den Bundesstaat Kansas im amerikanischen Kongress. Ellsworth hat beste Kontakte zur Führung seiner Partei und zu Mitgliedern der Regierung Nixon. Und: Er ist ein bis in die Haarwurzeln gefärbter Transatlantiker, eine Spezies, die ein halbes Jahrhundert später in der Republikanischen Partei so gut wie ausgestorben ist.

Danach fragt Goldman den Demokraten Thomas L. Hughes. Ihn kennt er nicht, aber Freunde haben ihn wärmstens empfohlen. Hughes ist Präsident der einflussreichen Denkfabrik Carnegie Endowment for International Peace. Die älteste internationale Stiftung Amerikas ist gerade von New York nach Washington umgezogen.

In den 1960er Jahren, als Goldman in Harvard die West European Studies aufbaute, war Hughes bereits Staatssekretär im Außenministerium. Die Präsidenten hießen John F. Kennedy und Lyndon B. Johnson. Beide gehörten der Demokratischen Partei an. Mit Kennedy flog Hughes im Juni 1963 nach West-Berlin und stand ganz in seiner Nähe, als dieser vor dem Schöneberger Rathaus seine berühmte Ich-bin-ein-Berliner-Rede hielt und von Zehntausenden Berlinern umjubelt wurde. Tom Hughes, heute 95 Jahre alt, erinnert sich noch genau, wie er und andere Kollegen aus dem Außenministerium bass erstaunt waren über Kennedys scharfen, aus Hughes Sicht fast militant unversöhnlichen Ton gegenüber der Sowjetunion.

Wenige Wochen zuvor hatte der Präsident noch ganz anders gesprochen. Bei einem Auftritt an der American University in Washington D.C. hatte er leidenschaftlich für eine Annäherung an die UdSSR plädiert, für Gespräche mit dem Kreml, um im gemeinsamen Interesse den nuklearen Frieden zu wahren. Manche mögen dies als *appeasement,* als naive Beschwichtigungspolitik geißeln, sagte Kennedy zu den Studenten, aber das sei völlig falsch. Die Moskauer Zeitung *Iswestija* war begeistert und berichtete groß.

„Einige von uns haben damals in Berlin den Kopf geschüttelt über diesen schnellen Gesinnungswandel", sagt Hughes bei einem Gespräch im März 2020 in seinem Haus in Washington D.C. „Aber wer den Politiker Kennedy kannte, wusste, wie geschickt er seine Reden dem jeweiligen Publikum anpassen konnte." Nicht so tumb wie fast sechzig Jahre später Donald Trump, lacht Hughes, sondern geschmeidig und intelligent.

Als Tom Hughes im Herbst 1971 zum German Marshall Fund stößt, ist es nur acht Jahre her, dass Kennedy im November 1963 einem Attentat zum Opfer fiel, und lediglich drei Jahre, dass Kennedys Bruder Robert, Justizminister und demokratischer Präsidentschaftskandidat, sowie der schwarze Pastor und Bürgerrechtler Martin Luther King ermordet wurden.

Gerade einmal sieben Jahre sind vergangen, seit der Kongress Afroamerikanern im Juli 1964 die vollen Bürgerrechte verlieh. Doch Folgen dieser jahrhundertelangen Diskriminierung sind nach wie vor überall zu spüren. In vielen Städten setzen weiße Eltern Schulbusse in Brand, weil sie nicht wollen, dass ihre Kinder zur Aufweichung der Rassentrennung auf andere Schulen verteilt werden. Niemand ahnt damals, dass selbst noch ein halbes Jahrhundert später, im Sommer 2020, in vielen Städten Unruhen ausbrechen werden, weil die Ungleichbehandlung, die Demütigung und Stigmatisierung schwarzer Amerikaner noch immer kein Ende gefunden hat.

1971 ist auch ein Jahr, in dem Amerikaner und Russen weiter aufrüsten und sich in Vietnam einen grausamen Stellvertreterkrieg liefern. In Amerika und Europa gehen Millionen Menschen gegen Krieg und Rüstungswahn auf die Straße. Auch der Freihandel, ein wichtiges Prinzip der liberalen Nachkriegsordnung, ist in Gefahr. Der demokratische Abgeordnete Wilbur Mills schockt die transatlantische Wertegemeinschaft damals mit einem Gesetzentwurf, der einen weitgehenden Importschutz für die amerikanische Industrie vorsieht. Mills ist Vorsitzender des mächtigen Committee on Ways and Means, eine Art Bewilligungsausschuss, und gilt darum als heimlicher Präsident der Vereinigten Staaten.

Ganz im Stil der späteren Trump'schen America-First-Politik sagt er 1972 in einem Interview mit dem Nachrichtenmagazin *Der Spiegel*: „Ich will unsere amerikanische Industrie schützen, wenn sie durch Importe aus dem Ausland geschädigt wird oder dabei ist, in eine Existenzkrise gestürzt oder gar ausgerottet zu werden." Es ist eine raue, unruhige und unsichere

Zeit, in der die Stiftung German Marshall Fund of the United States geboren wird.

Für Tom Hughes als Vorstandsmitglied sprechen nicht nur seine politischen Erfahrungen, die Kontakte und sein profundes außenpolitisches Wissen, sondern auch seine ganz besondere Beziehung zu Deutschland. Hughes Ururgroßvater stammte von den Hohenzollern ab. In mehreren Seekisten hatte er im 19. Jahrhundert alte Karten, Stiche, Gemälde, Schriften, Porzellan und Münzsammlungen über den Atlantik gebracht und den Schatz seinen Nachfahren vermacht. Hughes Vater versteckte ihn vor hundert Jahren auf dem Dachboden, bis der Sohn ihn dort eines Tages entdeckte. Tom Hughes hatte sich gewundert, warum der Vater die Kammer immer verschlossen hielt.

Die Antwort lag auf der Hand. Hughes Vater, wie der Sohn ein Demokrat, kandidierte in den 1930er Jahren im Bundesstaat Minnesota für ein politisches Amt. Obwohl nur noch zu einem klitzekleinen Bruchteil deutsch, wollte er auf keinen Fall, dass irgendjemand von diesen Wurzeln erfuhr. In Berlin hatten die Nazis die Macht ergriffen, SS und SA marschierten durch die Städte, Juden wurden angegriffen, ihre Geschäfte boykottiert. Eine deutsche Herkunft, egal wie weit hergeholt, kam bei vielen amerikanischen Wählern nicht gut an.

Irgendwann nahm Tom Hughes das Erbe des Ururgroßvaters an sich. Das meiste davon hat er inzwischen seiner ehemaligen Universität Yale vermacht. Sechs historische Karten hat er dem German Marshall Fund geschenkt, sie hängen im großen Konferenzraum. Nur noch eine Handvoll Gemälde und Stiche schmücken die Wände seines Privathauses in Washington D.C.

Wie durch Guido Goldman, so wird auch durch Tom Hughes ein Stück deutsch-amerikanischer Geschichte lebendig, deren Folgen weit bis in die Gegenwart reichen. Goldmans Familie musste 1940 vor den Nationalsozialisten fliehen, Tom Hughes nahm 1938, kurz vor Kriegsbeginn, wegen des Hohenzollernbluts Kontakt zum im niederländischen Exil lebenden deutschen Kaiser auf, zu Wilhelm II., der anfangs gehofft hatte, mithilfe der Nazis wieder auf den Thron zu steigen.

Hughes gratulierte dem über tausend Ecken verwandten Ex-Kaiser jedes Jahr zum Geburtstag. Und jedes Mal dankte Wilhem II. Hughes mit einem Porträtfoto samt Autogramm. Nach dem Tod des Ex-Kaisers im Juni 1941 korrespondierte Hughes mit dessen Witwe. Hermine von Preußen hatte Holland verlassen und war mitten im Krieg nach Deutschland zurückgekehrt, ins niederschlesische Schloss Saabor.

Goldman, Ellsworth und Hughes sind 1971 die ersten Vorstandsmitglieder der künftigen Stiftung. Bald aber schon stoßen weitere Persönlichkeiten dazu. Zum Beispiel der renommierte Physiker Harvey Brooks oder Howard Swearer, Präsident des Carleton College in Northfield, Minnesota, mit allerbesten Beziehungen zur steinreichen Ford-Stiftung, die am Anfang auch Goldmans West European Studies gefördert hat.

Mit dabei sind ebenso der berühmte Ökonom Richard Cooper von der Universität Yale, der Wirtschaftswissenschaftler und Experte für internationale Sicherheitspolitik Carl Kaysen, der *New York Times*-Journalist Max Frankel, Sohn einer jüdischen Familie aus Gera, die vor den Nazis aus Deutschland floh, und Jahre später auch der deutsch-amerikanische Historiker Fritz Stern, der im Herbst 1938 kurz vor der Reichspogromnacht mit seinen Eltern aus Breslau nach Amerika emigrierte.

Goldman sucht dringend auch eine Frau. Schließlich ist der German Marshall Fund ein Geschenk der Deutschen an das amerikanische Volk, der Vorstand darf darum nach Goldmans Überzeugung kein bloßer Verein weißer Männer sein, sondern sollte wenigstens ein Stück weit die amerikanische Gesellschaft widerspiegeln.

Tom Hughes vermittelt Elizabeth Midgley, die er aus gemeinsamen Jahren im Außenministerium schätzt. Midgley kennt Deutschland gut und spricht ausgezeichnet Deutsch. Davon sei vor allem Alex Möller begeistert gewesen, erzählt sie. Der deutsche Finanzminister a.D. habe sich manchmal ein bisschen fremd gefühlt, wenn alle um ihn herum nur Englisch sprachen und er kein Wort verstand.

Drei Jahre nach dem Krieg war Elizabeth Midgley mit ihren Eltern und ihrem Bruder für ein gutes Jahr nach Deutschland gezogen. Der Vater, ein renommierter Soziologe, war Verbindungsoffizier für eine Handvoll deutscher Universitäten in der amerikanischen Besatzungszone. Midgley und ihr Bruder beschlossen, in jenem Jahr nur Deutsch miteinander zu reden. Die Familie wohnte in einer französischen Kaserne in der Stadt Mainz, die zur französischen Besatzungszone gehörte. „Da wurde im Winter ordentlich geheizt", sagt Midgley, „wir hatten es im Gegensatz zu den meisten Deutschen schön warm."

Elizabeth Midgley ist heute weit über 90 und wohnt in einem vornehmen Seniorenstift in der Hauptstadt Washington. Die Tasse Tee, serviert in Meißner Porzellan, findet kaum einen Platz, das Appartement ist bis in die letzte Ecke vollgestopft mit Büchern, Bildern und allen möglichen Andenken. Deutschland nimmt in Midgleys Erinnerungen einen besonderen Platz ein. Schon die Eltern lernten an der Uni Deutsch, und der Vater hatte ein besonderes Faible für deutsche Soziologen. In Midgleys Bücherregal steht ein Foto von ihm. Er ist hochgewachsen wie die Tochter, ein schmucker Mann in der Uniform des Office of Strategic Services (OSS). Zwischen 1942 und 1945 war das OSS der Geheimdienst des amerikanischen Kriegsministeriums. Midgleys Vater arbeitete für die Forschungs- und Analyseabteilung und erfuhr schon ziemlich früh von den Verbrechen, die die Nazis begingen.

Nach dem Krieg, erzählt Midgley, hätten viele Deutsche keine Ahnung von den furchtbaren Untaten gehabt – oder sie verdrängt. Erst ganz allmählich hätten sie begriffen, was der Holocaust war. „Und ich als junge, politisch aufgeklärte Frau," sagt Midgley, „war damals in Mainz mehr als bereit, es ihnen deutlich zu sagen, sie mit der brutalen Wahrheit zu konfrontieren."

Wieder zurück in Amerika schloss Midgley ihr Studium in Harvard ab und wurde umgehend vom Außenministerium in Washington angeheuert. Das Bureau of Intelligence and Research, eine Art nachrichtendienstliche Abteilung im State Department, suchte dringend Amerikaner mit guten Deutschlandkenntnissen. Midgley traf dort auf viele deutsche Emigranten, von denen einige wie ihr Vater im Krieg für das OSS gearbeitet hatten.

Noch heute schwärmt sie von dieser Zeit, von dem enormen Schatz an Erfahrung und Wissen, von den Lebensgeschichten und den Gesprächen mit den, wie sie sagt, „großen Geistern aus Deutschland und Europa". Der in Berlin geborene Philosoph und Soziologe Herbert Marcuse stellte Midgley ein, der aus Kattowitz stammende Politologe Franz Neumann war ihr Kollege, ebenso der 1905 in Heilbronn zur Welt gekommene Staatsrechtler Otto Kirchheimer.

Schon deswegen war Midgley ein großer Gewinn für den German Marshall Fund. Die Anfangsjahre der Stiftung, sagt sie, seien eine ganz besondere Zeit gewesen. „Wir waren euphorisch und in Aufbruchsstimmung, wir wollten das neue, demokratische Westdeutschland stärken." Und leicht spöttisch merkt Midgley an, dass die Herren im Vorstand sie nicht nur wegen ihrer Deutschlandkenntnisse in Anspruch genommen hätten, sondern weil sie die einzige Frau offenbar auch „für besonders sensible Aufgaben" brauchten. Zum Beispiel wenn es einen Streit zu schlichten gab oder einem in Ungnade gefallenen GMF-Präsidenten nahegelegt werden sollte, sich einen anderen Job zu suchen.

Einige Jahre später gewinnt Goldman eine zweite Frau für den Vorstand. Und was ihm, der immer noch nach größerer gesellschaftlicher Repräsentanz sucht, besonders wichtig ist: Marian Wright Edelman ist Afroamerikanerin und eine Ikone der Bürgerrechtsbewegung. Goldman hat sie Anfang der 1960er Jahre über den Bürgerrechtsaktivisten Bob Moses kennengelernt, seither sind sie miteinander befreundet.

Die Juristin, Absolventin der Eliteuni Yale, ließ sich 1965 für ein paar Jahre als Rechtsanwältin im Südstaat Mississippi nieder. Sie verteidigte Afroamerikaner vor Gericht, prangerte Rassenhass und Diskriminierung an und setzte sich im sogenannten Head-Start-Programm für eine bessere Schulbildung der benachteiligten schwarzen Kinder ein. Einer ihrer engsten Mitstreiter in Mississippi war John Mudd, Goldmans Studienfreund aus Harvard. Wright Edelman war absolut furchtlos und ließ sich auch nicht durch die ständigen Todesdrohungen von ihrer Mission abbringen. Sie arbeitete eng mit Martin Luther King und Justizminister Robert Kennedy zusammen und zog 1968, im Jahr, als diese ermordet wurden, von Mississippi in die Hauptstadt Washington D.C.

Ein paar Jahre später gründete Marian Wright Edelman den Children's Defense Fund, eine Stiftung zum Schutz von Kindern und Kinderrechten, für die Goldman kräftig spendete. Dort fand in den 1970er Jahren auch die junge Juristin Hillary Rodham Clinton, demokratische Präsidentschaftskandidatin von 2016 und Ehefrau des ehemaligen Präsidenten Bill Clinton, ihre erste Anstellung. Wright Edelman hatte an ihrer Alma Mater, der Yale Law School, die auch Clinton besuchte, über ihre Arbeit gesprochen und die junge Jurastudentin begeistert. Jahre später schreibt Hillary

Clinton in einem Bericht über ihre Zeit bei der Kinderschutzstiftung: „Bis ich Marian gehört habe, war mir nicht klar, in welche Richtung ich meinen Glauben und mein Engagement für soziale Gerechtigkeit lenken sollte, um zu versuchen, einen wirklichen Unterschied in der Welt zu machen. Sie hat mich auf den Weg zum Dienst am Menschen gebracht." Wright Edelman sagt, sie habe die Bitte ihres Freundes Goldman, Vorstandsmitglied zu werden, nicht ausschlagen können. „Ich kenne kaum einen anständigeren Menschen mit einem größeren Sinn für Gerechtigkeit", erzählt die fast 81-Jährige und springt zwischendurch immer wieder auf, um aus irgendeiner Ecke oder Schublade Fotos von früher hervorzukramen. Ihr Haus in Washington ist genauso mit Erinnerungen vollgestopft wie die Wohnung von Elizabeth Midgley.

Marian Wright Edelman bringt in den weißen und nach wie vor sehr männlichen Vorstand nicht nur eine völlig andere Lebensgeschichte ein, sondern auch eine andere Sicht auf die Welt. Als Schwarze hat Wright Edelman einen ganz eigenen Blick auf die 1950er, 1960er und 1970er Jahre, auf ihr Land und auf Europa.

Aufgewachsen in einer kleinen, streng segregierten Gemeinde im Südstaat South Carolina, machte sich die 19-jährige Marian Wright 1958 allein auf den Weg zum Alten Kontinent. Sie hatte soeben ihr Collegestudium abgeschlossen und für ihre sehr guten Studienleistungen ein begehrtes Merrill-Stipendium erhalten. Fünfzehn Monate durfte sie damit Europa bereisen. Wright wollte weg aus ihrem Land, wollte dem Leben voller Ungerechtigkeit eine Zeit lang entkommen. Amerika, das Vorstandskollegen wie Goldman, Fritz Stern oder Max Frankel einst Schutz geboten hatte, sei für sie wie ein Gefängnis gewesen, sagt Wright Edelman, Europa hingegen, aus dem so viele Menschen nur 15, 20 Jahre zuvor fliehen mussten, wie eine Befreiung.

Marian Wright belegte Kurse an der Sorbonne in Paris und an der Universität in Genf, sie fuhr zur Weltausstellung nach Brüssel, tourte durch Irland und England. Auch Westdeutschland, die DDR und Polen lagen auf ihrem Weg. Im Konzentrationslager Auschwitz dachte sie, schwer erschüttert: „Nein, meine Heimat South Carolina, das brutale Unrecht der Rassentrennung, das ist nicht Auschwitz. Absolut kein Vergleich. Aber der Rassismus vieler weißer Amerikaner und der Judenhass der Nazis entspringen derselben düsteren, perfiden Gedankenwelt."

Wright reiste weiter in die Sowjetunion. In Moskau hoffte sie, W.E.B. Du Bois anzutreffen. Sie bewunderte den schwarzen Bürgerrechtler sehr. Wright hatte gehört, dass dem berühmten Soziologen und bekennenden Sozialisten in Moskau der Lenin-Friedenspreis verliehen werden sollte. Doch als sie ankam, war Du Bois schon nach Ghana aufgebrochen. Marian Wright beschloss, für zwei Monate in der Sowjetunion zu bleiben. Sie entdeckte ihre Liebe zur russischen Literatur des 19. Jahrhunderts, vor allem zu Tolstoi und Dostojewski. Sie fuhr in ein Jugendlager nach Sotschi und lief dort plötzlich dem sowjetischen Staatschef Nikita Chruschtschow über den Weg, der gerade in seiner Sommerresidenz den tschechoslowakischen Regierungschef empfing. Danach, erzählt sie, sei so viel Wodka ausgeschenkt worden, dass sie, die aus einer „Familie von Teeabhängigen" stammte und auf ihrer Reise noch nicht einmal an einem Glas Wein genippt hatte, das erste Mal in ihrem Leben sturzbetrunken gewesen sei.

Chruschtschow begegnete sie zufällig noch ein zweites Mal. Am 24. Juli 1959 besuchte er gemeinsam mit dem damaligen amerikanischen Vizepräsidenten Richard Nixon im Rahmen eines kulturellen Austauschprogramms eine amerikanische Nationalausstellung in Moskau. Die inzwischen 20-jährige Wright stand nur zwei, drei Meter entfernt, als der Russe und der Amerikaner neben einer amerikanischen Modellküche spontan und vor laufenden Kameras über die Vorzüge und Nachteile von Kommunismus und Kapitalismus diskutierten. Es war ein legendärer Streit, der in die Weltgeschichte als „Küchendebatte" einging.

Marian Wright Edelman sagt, in Europa sei sie damals zur Weltbürgerin geworden. Schon deshalb habe sie Goldmans Angebot, dem Vorstand des German Marshall Fund beizutreten, dankbar angenommen. Die Gespräche in der Stiftung hätten ihr den Blick geweitet, wenn er sich zu verengen drohte. „Sie haben mich", sagt Wright Edelman, „immer wieder herausgerissen, wenn ich in meiner kleinen Welt zu versinken drohte, in meiner Arbeit für amerikanische Bürgerrechte und Kinderschutz."

Auf des Messers Schneide

Nach Alex Möllers unvorhergesehenem Rücktritt im Mai 1971 wäre die Gründung des German Marshall Fund ein Jahr später fast noch einmal gescheitert. Kanzleramtschef Ehmke hat Goldmans Satzungsentwurf gerade genehmigt, es gibt bereits einen provisorischen Vorstand, da droht im April 1972 plötzlich das Ende der Regierung Brandt.

Im Streit über die Ostpolitik sind der sozialliberalen Koalition inzwischen noch weitere Abgeordnete von der Fahne gegangen, ihre Regierungsmehrheit ist nur noch hauchdünn. Die CDU-CSU-Opposition rechnet sich darum gute Chancen aus, Willy Brandt mit den Stimmen von weiteren Unzufriedenen in seinen Reihen durch ein konstruktives Misstrauensvotum zu stürzen. Der Vorsitzende der CDU-CSU-Fraktion Rainer Barzel, 1924 in Ostpreußen geboren und ein erbitterter Gegner der Brandt'schen Ostpolitik, steht als neuer Kanzler bereit. Barzel glaubt fest, die für seine Wahl erforderliche Mehrheit von 249 Abgeordneten zusammenzuhaben.

Guido Goldman ist tief beunruhigt. Er fürchtet, dass er mit einem Regierungswechsel auch seine Stiftungsidee begraben kann. Denn ein Kanzler Barzel wird kaum ein Interesse daran haben, ausgerechnet ein Lieblingsprojekt der Sozialdemokraten Brandt und Möller zu retten. Am 27. April soll es im Bundestag zum Schwur kommen. Goldman fliegt nach Deutschland. Am Vorabend des Misstrauensvotums sitzt er mit Alex Möller im Restaurant Maternus in Bonn-Bad Godesberg. Die unscheinbare, gutbürgerliche Weinstube ist in der Zeit stehengeblieben, aber das macht offenbar ihren besonderen Charme aus – und ihren Reiz für die Bonner Politprominenz.

Das Maternus, benannt nach der Eignerfamilie, ist eng mit der Bonner Republik verknüpft. Hier wurde schon viele Male Geschichte geschrieben, auch deutsch-amerikanische Geschichte. Die US-Präsidenten Truman, Eisenhower, Kennedy und Nixon waren im Maternus zu Gast, Kanzler Adenauer schmiedete an den Tischen Koalitionspläne mit der FDP. Wer wissen wollte, wer mit wem in Bonn kungelte, musste abends ins Maternus gehen. Bis zum Umzug der Regierung im Jahre 1999 nach Berlin galt das Ende 2012 geschlossene Restaurant als heimliche Schaltzentrale der Republik.

Deshalb schlägt Möller auch das Maternus fürs gemeinsame Abendessen vor. Und er hat Goldman nicht zu viel versprochen. Ein knappes Dutzend SPD-Politiker hat sich im Lokal versammelt. Man diskutiert, streitet, tuschelt. Manche, erinnerte sich Goldman, hätten vor Aufregung einen hochroten Kopf gehabt. In einem Hinterzimmer des Maternus tagen die Liberalen. Goldman sieht den FDP-Abgeordneten Knut von Kühlmann-Stumm hineingehen. Er hat angekündigt, gegen Brandt zu stimmen. Die FDP-Führung will ihn darum wohl noch einmal in die Mangel nehmen und deutlich machen, was auf dem Spiel steht. Am nächsten Morgen sitzt Guido Goldman im Bundestag oben auf der Zuschauertribüne. Er ist nervös, Möller hat ihm zugeraunt, es werde wohl gutgehen, aber auch die Unionsparteien geben sich siegessicher. Unten im Plenarsaal tritt Willy Brandt ans Rednerpult und verteidigt vehement seine Politik der letzten zweieinhalb Jahre. Dann wird abgestimmt und ausgezählt, die Atmosphäre ist aufs Äußerste gespannt. Es herrscht Totenstille, als das Ergebnis verkündet wird: Auf Rainer Barzel entfallen 247 Stimmen, er hat die erforderliche Mehrheit um zwei Stimmen verfehlt, das konstruktive Misstrauensvotum ist gescheitert, Willy Brandt bleibt Kanzler. Sozialdemokraten und Liberale brechen in Jubel aus, in der Union verbreitet sich lähmendes Entsetzen. Guido Goldman fällt eine riesige Last von den Schultern.

Doch noch sind Goldmans Pläne nicht in trockenen Tüchern. Zwar hat die Bundesregierung 150 Millionen Mark für die Stiftung bewilligt, zahlbar in Zehn-Millionen-Raten über 15 Jahre. Aber was ist mit jenen drei Millionen Mark für die West European Studies, die Goldman dringend braucht, damit dieses Studienseminar weitermachen kann?

Möller hatte gesagt, er könne diese Summe bei seinen Freunden in der Münchener Rückversicherungsgesellschaft lockermachen, doch davon ist keine Rede mehr. Stattdessen schlägt Möller vor, die drei Millionen von den ersten zehn Millionen Mark für den German Marshall Fund abzuzwacken. Möller sagt, auch Brandt und Ehmke fänden das eine gute Idee.

Doch für Guido Goldman ist das ein Problem. Ein großes sogar. Wie soll er dem Vorstand erklären, dass der neuen Stiftung zwar 150 Millionen Mark zustehen, sie aber nur 147 Millionen bekommt, weil Goldman unbedingt drei Millionen Mark für seine West European Studies braucht? Goldman bittet darum Kanzleramtsminister Ehmke um eine schriftliche Bestätigung, dass die 150 Millionen Mark für den German Marshall Fund an eine Bedingung aus Deutschland geknüpft seien: Von der ersten Rate in Höhe von zehn Millionen müssten drei Millionen Mark für die West European Studies abgezweigt werden.

Ehmke folgt der Bitte, und Goldman geht mit dem Brief zum Stiftungsvorstand. Der ist nicht erbaut, hatten die Deutschen doch ein Geschenk ohne jede Kondition versprochen. Doch Goldman verspricht ihnen mit einem verschmitzten Lächeln, sie würden für das verlorene Geld ganz bald eine Gegenleistung erhalten, die weit mehr wert sei als die drei Millionen Mark.

Goldman hat nämlich noch ein weiteres Problem, aus dem er sich mit einem geschickten Schachzug befreien will: Er hat zwei Hüte auf. Goldman ist, wenn auch von diesem Amt kurzzeitig beurlaubt, Direktor der West European Studies und zugleich Chefverhandler und Mittelsmann des künftigen German Marshall Fund. Er will deshalb um jeden Preis den Eindruck vermeiden, er wirtschafte von der einen in die andere Tasche.

Also wendet sich Goldman, der in geschäftlichen Dingen schon immer ein Schlitzohr war, ein zweites Mal an Ehmke. Der Vorstand des German Marshall Fund, schreibt er, habe wegen der Zahlungsbedingung große Bedenken geäußert. Diese könnten nur ausgeräumt werden, wenn die Bundesregierung ihrerseits den im Folgenden von ihm aufgezählten Konditionen zustimmen und deren Einhaltung schriftlich versichern würde. Und dann führt Goldman Punkt für Punkt aus, in welchen Fällen Deutschland die Stiftung in Zukunft niemals um Zahlungen oder irgendwelche finanziellen Gegenleistungen bitten dürfe.

Horst Ehmke ist irritiert ob dieser Durchtriebenheit. Aber er sieht Goldmans Zwangslage und schickt ihm das erbetene Schreiben – allerdings mit dem ausdrücklichen Hinweis, dass man bitte nie, nie wieder etwas Derartiges von ihm verlangen möge. Für den German Marshall Fund ist dies vom Kanzleramtschef unterschriebene Dokument Gold wert. Wann immer in den folgenden Jahren deutsche Politiker eine Forderung erheben, wird Ehmkes Schreiben aus der Schublade gezogen.

Big Names

Am 5. Juni 1972 ist es endlich so weit. Um 11 Uhr vormittags wird im Beisein von Bundeskanzler Willy Brandt und Alex Möller die Stiftung German Marshall Fund of the United States mit einem Festakt in Harvards Sanders Theatre aus der Taufe gehoben.

Goldmans Gästeliste ist ellenlang, der Direktor der West European Studies und Interimspräsident des GMF hat das Who's who der transatlantischen Gemeinschaft nach Harvard geladen. Der legendäre John McCloy ist dabei und ebenso Nelson Rockefeller, republikanischer Gouverneur von New York und Spross der berühmten Rockefeller-Familie, worüber Alex Möller besonders glücklich ist, da er, wie Goldman sagte, unbedingt ein paar „big names", ganz große Namen dabeihaben will.

Sämtliche Einladungen haben Mitarbeiterinnen aus Goldmans West European Studies mit der Schreibmaschine auf Büttenpapier getippt. Und vor ihrer Versendung, erinnert sich die damalige Institutsbibliothekarin, wurden sie alle noch einmal gegen das Licht gehalten. „Und wehe", lacht Leonie Gordon, „es wurde ein mit Tippex korrigierter Tippfehler entdeckt. Dann durften wir diese Einladung noch einmal schreiben."

Der 5. Juni ist ein strahlend schöner Tag in Harvard, wie es laut Geschichtsschreibung auch schon der 5. Juni 1947 war, als George Marshall an dieser Universität die großzügige Geste Amerikas für das in Trümmern liegende Europa verkündete. Als Dank für den Marshall-Plan überbringe er nun dem amerikanischen Volk ein Geschenk der Deutschen, sagt Brandt in seiner Rede. „Durch harte Arbeit und amerikanische Hilfe ist Westeuropa wieder auf die Beine gekommen. Durch Amerika hat es wieder zu sich selbst gefunden. So stehen wir in Europa und vor allem wir in der Bundesrepublik tief in der Schuld dieses Landes."

Er wolle an diesem Tag aber nicht nur zurückschauen, sagt Brandt, sondern auch in die Zukunft blicken. Der Kanzler mahnt: „Die amerikanisch-europäische Partnerschaft ist unentbehrlich, wenn Amerika seine eigenen Interessen nicht vernachlässigen will und wenn unser Europa zu einer produktiven Ordnung finden soll, statt wieder zu einem vulkanischen Gelände der Krisen, Sorgen und Verwirrungen zu werden."

Am 5. Juni 1972 überreicht Bundeskanzler Willy Brandt (1. Reihe, 2. v. links) bei einem Festakt der Universität Harvard im Namen der Bundesrepublik 147 Millionen Mark für die Gründung des German Marshall Fund of the United States. Rechts neben ihm steht John McCloy, der ehemalige Hohe Kommissar der Vereinigten Staaten in Deutschland nach dem Zweiten Weltkrieg, und Nelson Rockefeller, der Gouverneur des US-Bundesstaats New York. Guido Goldman auf dem Foto ganz hinten rechts, mit dunkler Brille. Das Foto entstand bei einem Empfang im Garten der Adolphus Busch Hall, dem späteren Minda de Gunzburg Center for European Studies.

Man wolle, verspricht Brandt, um den „Frieden durch Zusammenarbeit" zu sichern, mit Amerika ein gemeinsames Haus bauen. Die Deutsche Marshall-Gedächtnisstiftung in den Vereinigten Staaten sei ein Beitrag dazu. Sie solle „das Verständnis zwischen den Partnern diesseits und jenseits des Atlantiks fördern". Er sei zuversichtlich, dass „Europa zu einem gleichwertigen Partner" heranwachse, mit dem die Vereinigten Staaten „die Last der Verantwortung für das Weltgeschehen tragen können".

Danach geht man die wenigen Schritte hinüber ins Busch-Reisinger-Museum, in jenes Gebäude, in das knapp zwei Jahrzehnte später Goldmans Center for European Studies einziehen wird. Im Innenhof wird fröhlich auf die 147 Millionen Mark für die neue Stiftung und die drei Millionen für die West European Studies angestoßen. Beim anschließenden Mittagsmahl in der großen Halle überreicht Goldman dem Bundeskanzler die kleine Tiffany-Silberschatulle mit der Tonaufzeichnung von Marshalls Rede. Alle sind bester Stimmung und prosten, wie sich Goldmans Mitarbeiterin Abby

Collins erinnert, einander immer beschwingter zu. Der reichlich bemessene Weinvorrat, sagt sie, habe knapp gereicht. Goldman ist zufrieden, dass der Gründungsakt des GMF ein großer Erfolg geworden ist. Vorher lagen die Nerven immer wieder blank. Die Planung des Festakts war ein Drahtseilakt und lag überwiegend in den Händen von gerade einmal drei Leuten, von Goldman und seinen Mitarbeiterinnen Collins und Gordon. Niemand von ihnen wusste wirklich, was bei einem Besuch eines Bundeskanzlers alles bedacht werden muss. Es war, wie Collins sagt, „learning by doing". Doch am Ende klappte alles wie am Schnürchen, und Goldman schenkt seinen beiden Mitarbeiterinnen als Dank eine Reise nach Europa. Abby Collins fliegt auf seine Kosten nach Athen, Leonie Gordon nach Paris.

Auch wenn es nie zu einem Eklat kommt, sind die Beziehung zwischen dem GMF und der westdeutschen Politik nicht völlig spannungsfrei. Zwar hat die Bundesrepublik auf jedes Mitspracherecht in der Stiftung verzichtet, aber manche Politiker tun sich schwer damit, dass der Zahlmeister keinen Einfluss nehmen darf. In den Protokollen der Vorstandssitzungen ist jedenfalls immer wieder von deutschem Unmut zu lesen. Mal missfällt ein GMF-Präsident, weil er sich zu sehr für Italien und zu wenig für Deutschland interessiert, mal weil er angeblich ein zu großes Faible für die europäische Sozialdemokratie hat. Auch einige Programme des GMF ziehen Kritik auf sich.

Ganz bewusst will sich die Stiftung in ihren Anfangsjahren aus den großen politischen Themen heraushalten, denn sie fürchtet, ansonsten in den Parteienstreit zu geraten. Der German Marshall Fund widmet sich darum den eher unverfänglichen Alltagsproblemen auf beiden Seiten des Atlantiks. Das erste Projekt dreht sich um Müllbeseitigung. Das ist vor allem die Idee des GMF-Vorstandsmitglieds Don Kendall. Der Pepsi-Co-Chef wurde erst kürzlich von seinem Freund Richard Nixon zum Vorsitzenden der Nationalen Kommission für Abfallentsorgung ernannt, die im Bundesstaat Alabama gerade eine supermoderne Müllbeseitigungsanlage eingeweiht hat. Das eingemauerte Berlin, meint Kendall, wisse doch nicht, wohin mit seinem Abfall. Der GMF lädt daraufhin eine Handvoll Berliner Umweltpolitiker nach Alabama ein.

Das Programm gefällt nicht allen in Deutschland. Der CDU-Politiker Kurt Birrenbach, Präsident der Deutschen Gesellschaft für Auswärtige Politik, ehemaliger außenpolitischer Berater von Konrad Adenauer, frühzeitiger Unterstützer des GMF und als Vorsitzender der Thyssen-Stiftung einst auch Finanzier von Harvards German Research Program, beschwert sich umgehend bei seinem „lieben Freund" Guido Goldman. Wie könne es sein, fragt er, dass die Stiftung den Namen des berühmten George Marshall trage und sich als Erstes mit Müll beschäftige.

Es gibt allerdings auch die genau umgekehrte Klage, nämlich dass sich der GMF zu sehr in die große Politik einmische. 1975 sind etliche in der Stiftung der Meinung, dass die meisten amerikanischen Medien nur noch Nabelschau betreiben und entweder gar nicht oder falsch über das Ausland berichten. Das will man unbedingt korrigieren und beschließt einen International Writers' Service, einen internationalen Autoren-Dienst zu gründen. Namhafte Journalisten, vornehmlich aus Deutschland, Frankreich, Italien, Großbritannien und Japan, werden gebeten, über Wirtschaft, Gesellschaft, Politik und Kultur in ihrem jeweiligen Land zu schreiben oder darüber Hörfunkbeiträge zu verfassen. Der GMF betreut und übersetzt die Beiträge und vermittelt sie amerikanischen Zeitungen und Radiostationen. In einem Memorandum der Stiftung vom 10. Juli 1975 heißt es, eine Reihe von quer über das Land verteilten Medien hätten bereits ihr Interesse signalisiert, etwa die *Washington Post*, die *New York Times*, der *Nashville Tennessean*, die *Rocky Mountain News* aus Denver und die *Los Angeles Times*.

Das Projekt nimmt schnell Fahrt auf. Anfangs geht es auch hier vorrangig um die Beschreibung europäischer Alltagssorgen wie etwa die Verseuchung von Grundwasser oder die zu harschen Zulassungsbedingungen für das Universitätsstudium. So schreibt zum Beispiel der Wissenschaftsjournalist der deutschen Wochenzeitung *Die Zeit* Thomas von Randow im November 1976 unter der Überschrift „Protecting Privacy in West Germany" über die Erfindung des Computers und wie diese Maschine in die Privatsphäre der Bürger eindringt und Daten freisetzt.

Doch die vom GMF engagierten europäischen Journalisten widmen sich mit der Zeit immer öfter außen- und sicherheitspolitischen Themen wie etwa der atomaren Aufrüstung oder den neuesten Unstimmigkeiten zwischen den Regierungen in Bonn und Washington. Diese thematische Ausweitung macht einigen Vorstandsmitgliedern große Sorgen. 1979 bemerkt Tom Hughes in einer kurzen Notiz an seine Kollegen: „Dachte, wir wären nicht involviert in internationale Angelegenheiten und hohe Politik." Der *New-York-Times*-Journalist Max Frankel sieht im International Writers' Service sogar eine wachsende Konkurrenz zu seiner Zeitung und verlässt verärgert den Vorstand.

Kritik gibt es immer mal wieder auch aus anderen Gründen. Elizabeth Midgley erinnert sich, dass sich einige Republikaner hin und wieder über eine zu große Nähe des GMF zur Demokratischen Partei aufgeregt hätten. Denn wann immer das Weiße Haus in die Hände eines Demokraten fiel, verlor der GMF reihenweise Mitarbeiter an die neue Regierung. Dann war die Führungsetage der Stiftung mit einem Mal nahezu leergefegt.

Benjamin Read, der erste Präsident des German Marshall Fund, wechselte in der Ära von Präsident Jimmy Carter ins Außenministerium. Frank Loy, der dritte GMF-Präsident, bekleidete, nachdem er bereits aus der Stiftung ausgeschieden war, im Außenministerium der Regierung des demokratischen Präsidenten Bill Clinton das Amt des Staatssekretärs für globale Angelegenheiten. Und die gegenwärtige GMF-Präsidentin Karen Donfried arbeitete sowohl für republikanische wie demokratische Präsidenten. Unter George W. Bush war sie zwei Jahre lang Mitglied der Politischen Planungsgruppe im Außenministerium, bevor sie 2005 zum GMF zurückkehrte. In der Regierung des demokratischen Präsidenten Barack Obama hatte sie ab 2011 unterschiedliche Ämter inne. Zuletzt war sie Obamas Europaberaterin im Weißen Haus.

Das ehemalige Vorstandsmitglied der Stiftung Elizabeth Midgley sagt, diese größere Nähe zur Demokratischen Partei sei aber geradezu zwangsläufig. Anders als viele Republikaner seien Demokraten schon immer Anhänger des Multilateralismus gewesen und sähen in Staat und Regierung nicht nur ein notwendiges Übel, sondern eine Institution zum Wohle der Gesellschaft.

Im Großen und Ganzen jedoch verhallt die Kritik am GMF stets schnell, auch dank Guido Goldmans Netzwerk und seinen guten Beziehungen zu allen Parteien dies- und jenseits des Atlantiks.

Im Mai 1974, knapp zwei Jahre nach Gründung des German Marshall Fund, tritt Willy Brandt als Bundeskanzler überraschend zurück. Er ist über einen persönlichen Mitarbeiter gestürzt, der als DDR-Spion enttarnt wurde. Goldman ist schockiert und schreibt dem Kanzler a.d.: „Dear Mr. Chancellor, ich und meine Kollegen hier in Harvard haben mit großer Trauer von Ihrem Rücktritt erfahren. So viele Jahre sind Sie für uns in diesem Land ein Symbol herausragender Führung in Deutschland, in Europa und fürwahr im gesamten Weltgeschehen gewesen."

Goldman bietet Willy Brandt im Namen von Harvard an, für einige Wochen oder Monate an die Universität zu kommen und aufzutanken. „Ich weiß", schreibt er, „dass Ihre Zeitverpflichtungen Sie weiter schwer in Anspruch nehmen werden, aber vielleicht finden Sie Gefallen und Interesse daran, hier einige Zeit mit uns zu verbringen. Bitte verstehen Sie dies als eine ehrliche und enthusiastische Dauereinladung."

Diese Geste symbolisiert geradezu beispielhaft Goldmans Charakter: Seine Treue zu Menschen, die ihm geholfen haben, seine Empathie und Fürsorge für jene, die gestrauchelt waren. Und sie führt vor Augen, welches großartige Netzwerk er in einem solchen Augenblick nutzen konnte. Wie Zahnräder greifen damals die Universität Harvard, die West European Studies und der German Marshall Fund ineinander.

Zu Brandts Nachfolger, Helmut Schmidt, hat Goldman allerdings ein mindestens ebenso gutes, wenn nicht sogar noch besseres Verhältnis. Vor allem kennen und mögen sich Schmidt und Goldmans Vater. Als Nachum Goldmann 85 Jahre alt wird, reist Schmidt im Sommer 1980 eigens zu dessen Geburtstagsfeier nach Amsterdam und hält eine Rede.

Um die transatlantischen Beziehungen steht es in der zweiten Hälfte der 1970er Jahre allerdings nicht zum Besten. Die Weltwirtschaft kriselt, die Sowjetunion rüstet weiter auf, der Westen sucht nach einer Antwort. Im Weißen Haus regiert der Demokrat Jimmy Carter. Er ist ein schwacher Präsident und in den Augen des zur Überheblichkeit neigenden deutschen Kanzlers nicht ernst zu nehmen.

Guido Goldman bewundert den Macher Schmidt. Er ist aus demselben realpolitischen Holz geschnitzt wie sein Freund Henry Kissinger, mehr Verantwortungs- als Gesinnungsethiker. Auch Schmidt und Kissinger sind gut befreundet. Goldman möchte den Bundeskanzler gerne nach Harvard

Guido Goldman mit Bundeskanzler Helmut Schmidt (rechts). In der Mitte steht Schmidts außen- und si-cherheitspolitischer Berater Jürgen Ruhfus. Die Aufnahme entstand vermutlich Ende der 1970er Jahre.

einladen und arrangiert, dass ihm im Juni 1979 anlässlich der jährlichen Abschlussfeier die Ehrendoktorwürde verliehen wird und er die Commencement Speech hält.

Schmidt spricht zu den Absolventen nur wenige Tage, bevor sich Carter und Leonid Breschnew in Wien zu Abrüstungsgesprächen treffen, sie wollen im Rahmen des SALT-II-Vertrags ihre nuklearen Trägersysteme begrenzen. Schmidt will beiden unbedingt etwas ins Stammbuch schreiben. Und wie könnte er in diesem Moment mehr Aufmerksamkeit auf sich lenken als mit einer Rede auf amerikanischem Boden. Seine Commencement Speech ist darum weniger an die Studenten als an den amerikanischen Präsidenten und den sowjetischen Staatschef gerichtet.

Der Bundeskanzler plädiert für eine rasche Unterzeichnung und Ratifizierung des geplanten Vertrags, weil das Wettrüsten sonst kein Ende nehme. Wie schon in seiner aufsehenerregenden Rede vor dem Londoner Institute for Strategic Studies im April 1977 fordert Schmidt auch in Harvard das westliche NATO-Bündnis auf, der sowjetischen Aufrüstung stärker als bisher die Stirn zu bieten. „Unsere Allianz", sagt Schmidt, „kann angesichts dieser Entwicklung nicht faul bleiben." Sie müsse unbedingt ihre eigenen Nuklearwaffen modernisieren.

Was in diesem Moment niemand ahnen kann: Vier Jahre später, am 1. Oktober 1982, wird Helmut Schmidt durch ein konstruktives Misstrauensvotum gestürzt. Diesmal gelingt den Unionsparteien, was ihnen gegen Willy Brandt versagt geblieben war. Für das endgültige Scheitern der sozialliberalen Koalition gibt es viele Gründe. Einer von ihnen aber hat seinen Ursprung in Schmidts Reden in London und Harvard. Die Warnung des Kanzlers wird gehört, die NATO beschließt, in Westeuropa, auch in Deutschland, mit Atomsprengköpfen bestückte Raketen und Marschflugkörper aufzustellen.

Doch Schmidts Sozialdemokraten sind dagegen, auch Parteichef Willy Brandt entzieht ihm die Unterstützung. Der Kanzler ist geschwächt, die FDP kündigt die Koalition mit den Sozialdemokraten auf und will ein Regierungsbündnis mit den Unionsparteien schließen, Schmidt verliert das konstruktive Misstrauensvotum – der neue Kanzler heißt Helmut Kohl.

Die „Gnade der späten Geburt"

Goldman ist in großer Sorge. Helmut Kohl kennt Amerika kaum, spricht anders als Brandt und Schmidt kaum Englisch und sieht sich auch der unheilvollen jüngeren Geschichte Deutschlands weniger verpflichtet als seine Vorgänger. Der 1913 geborene Sozialist Willy Brandt floh nach der Machtergreifung Adolf Hitlers nach Norwegen, Helmut Schmidt, Jahrgang 1918, war Wehrmachtssoldat. Beide sind, wenn auch aus völlig unterschiedlicher Warte, Zeitzeugen für Diktatur, Krieg und Judenverfolgung.

Aus der schweren Schuld der Deutschen folgte für Brandt wie für Schmidt geradezu zwangsläufig eine besondere Verpflichtung, und die Einbindung Westdeutschlands in die liberale westliche Nachkriegsordnung war sozusagen Staatsräson.

Als das Deutsche Reich am 8. Mai 1945 bedingungslos kapitulierte, war Helmut Kohl gerade einmal 15 Jahre alt, und er wird nicht müde, dies als Kanzler bei jeder Gelegenheit zu betonen. Viele sind irritiert, als Kohl eine Politik der „geistig-moralischen Wende" ausruft. Der studierte Historiker bezeichnet sich als „Vertreter eines neuen Deutschland" und spricht von der „Gnade der späten Geburt", dank der seine Generation sich im Nationalsozialismus nicht schuldig gemacht haben könne. Was will der Kanzler damit sagen? Glaubt er, die Generation Kohl könne das furchtbare Kapitel des Dritten Reichs ein für alle Mal schließen und sämtliche Verantwortung für die deutschen Verbrechen von sich abschütteln? Es bleibt undeutlich, was Kohl mit der „Gnade" meint. Erst viele Jahre später stellt er klar, dass er damit nichts anderes als den Zufall seines Geburtsdatums ausdrücken wollte. Und er befürchtete, dass allein die Shoa das Geschichtsbild Deutschlands prägen und so dauerhaft eine eigenständige außenpolitische Rolle Westdeutschlands verhindern könnte. „Holocaust-Angst", nennt es der Historiker Jacob S. Eder in seinem 2020 erschienenen gleichnamigen Buch.

Die Beziehung zwischen dem German Marshall Fund und Helmut Kohl ist in den ersten Jahren seiner Kanzlerschaft schwierig. Der neue westdeutsche Regierungschef zeigt wenig Interesse an der Stiftung und findet außerdem, dass sie zu stark unter dem Einfluss deutscher Sozialdemokraten und amerikanischer Demokraten stehe. Manchen in seiner Partei ist auch der damalige Präsident des German Marshall Fund ein Dorn im Auge. Frank Loy, 1928 geboren und die ersten Jahre in München aufgewachsen, hatte keine glückliche Kindheit dort. Einige vermuten, Loy sei darum nicht gut auf Deutschland zu sprechen.

Der Stress mit Helmut Kohl bereitet Goldman Kopfschmerzen. Es ist Ende 1983, in knapp drei Jahren wird die Bundesregierung dem German Marshall Fund die letzte 10-Millionen-Mark-Rate überweisen. Was danach wird, steht in den Sternen. Die finanzielle Unsicherheit macht Goldman Sorgen. Er würde die Bundesregierung gerne um eine weitere Finanzspritze bitten, um noch einmal 100 Millionen Mark, verteilt über zehn Jahre. Doch wie soll er das einfädeln?

Berndt von Staden, von 1973 bis 1979 deutscher Botschafter in Washington und mit Goldman nach wie vor freundschaftlich verbunden, signalisiert, dass die Aussichten schlecht seien, in der CDU gebe es Widerstand, man sei der Meinung, die Stiftung diene zu wenig deutschen Interessen.

Goldman bittet deshalb seinen Freund Henry Kissinger, bei seinem nächsten Besuch in Deutschland bei Kohl ein gutes Wort einzulegen. Der

Kanzler und der Ex-Außenminister kennen und schätzen sich. Doch der Kanzler will sich mit dem Thema nicht befassen und verweist Kissinger an Horst Teltschik, einen engen Mitarbeiter und Vertrauten Kohls. In Goldmans und Karl Kaisers Erinnerung sagt Teltschik, die Stiftung habe den falschen Vorstand – womit er meint: zu viele Demokraten. Darum sei der Kanzler wahrscheinlich gegen eine weitere Unterstützung.

Goldman ist dankbar für diese Information. Jetzt weiß er wenigstens, woran er ist und wo er in den Verhandlungen mit den Deutschen ansetzen muss. Anfang Februar 1984 fliegt er nach Bonn, um Volker Rühe zu treffen, den stellvertretenden Vorsitzenden und außenpolitischen Sprecher der CDU/CSU-Bundestagsfraktion. Goldman lädt ihn ins piekfeine und sündhaft teure französische Restaurant Petit Poisson ein. Rühe, erinnert sich Goldman, habe dieselben Vorbehalte wie Kohl geäußert, aber auf Nachfragen nicht sagen können, welche Mitglieder im GMF-Vorstand ihn konkret störten. Goldman zählt damals alle Namen auf und gewinnt schnell den Eindruck, dass Rühe nicht wirklich weiß, wer diese Leute sind, geschweige denn welcher amerikanischen Partei sie nahestehen.

Goldman sagt, dass zum Beispiel das Vorstandsmitglied Marc Leland, Finanzstaatssekretär in der damaligen Regierung unter Präsident Ronald Reagan, ein Republikaner sei. Ebenso General Andrew Goodpaster, einst außenpolitischer Berater des republikanischen Präsidenten Dwight D. Eisenhower, wie auch der Jurist Arlin Adams, Bundesberufungsrichter und auf Reagans Kandidatenliste für den Supreme Court, Amerikas Oberstes Gericht. Rühe sei sehr überrascht gewesen, erinnerte sich Goldman.

Danach tafelt Goldman mit Alfred Dregger, dem Vorsitzenden der Unionsfraktion. Der Vertreter des nationalkonservativen Flügels der CDU mag Goldman und hat auch eine positivere Meinung vom German Marshall Fund als der Kanzler. Das wichtigste Gespräch aber ist das mit Kohls Kanzleramtschef Wolfgang Schäuble. Goldman sagt ihm, wenn die Bundesregierung als Geldgeber tatsächlich derart enttäuscht sei vom German Marshall Fund, dann sollte am besten der gesamte Vorstand sofort zurücktreten. Schäuble ist bestürzt über die Vorurteile gegenüber der Stiftung und verspricht, sich für die weitere Förderung des GMF zu verwenden.

Schäubles Unterstützung ist wichtig. Aber Goldman weiß, will er die Zukunft des German Marshall Fund dauerhaft sichern, muss er Helmut

Kohl selbst umstimmen. Was Goldman dank seiner sozialen Intelligenz und seines Netzwerks auch gelingt. Kohls älterer Sohn Walter möchte in Harvard studieren und der jüngere Sohn Peter am Massachusetts Institute of Technology (MIT). Zumindest bei Walter Kohl hilft Goldman, die Fäden zu spinnen, und vermittelt, dass der Sohn des Bundeskanzlers 1985 für eine Zeit lang in Cambridge in der Familie des Geschichtsprofessors Richard Hunt unterkommt.

Goldman und Hunt sind befreundet. Hunt, Sprössling einer reichen Industriellenfamilie aus Pittsburgh, ist ehrenamtlicher Präsident des American Council on Germany (ACG). Der in New York ansässige Verein zur Förderung deutsch-amerikanischer Beziehungen und seine damals in Hamburg residierende Schwesterorganisation Atlantik Brücke e.V. wurden 1952 aus der Taufe gehoben – und zwar unter maßgeblicher Mitwirkung des deutsch-amerikanischen Bankiers Eric Warburg, der 1938 vor den Nazis Zuflucht in den Vereinigten Staaten gefunden hatte. Im American Council on Germany ist seit vielen Jahren auch Guido Goldman aktiv. So fügt sich wieder einmal eins zum anderen.

Richard Hunt erinnert sich noch gut an Walter Kohl. Im Februar 2020, sechs Wochen vor seinem Tod am 10. April, erzählt der 93-jährige Hunt von den lebhaften Gesprächen am Abendbrottisch und den regelmäßigen Besuchen von Walters Mutter. Hannelore Kohl, sagt er, sei alle zwei, drei Monate in Cambridge aufgetaucht, um ihren Sohn zu sehen. Und oft fand sie bei ihrer Ankunft einen Blumenstrauß von Guido Goldman vor.

„Lieber Herr Goldmann", schreibt die Kanzlergattin am 5. November 1985, „für Ihren liebenswürdigen Willkommensgruß im Hause Hunt in Cambridge möchte ich mich sehr herzlich bedanken. Ich war sehr froh, meinen Sohn Walter während der Bostoner Tage in Harvard wiederzusehen. Er hat sich offensichtlich gut eingelebt, hat einen sehr guten Kontakt zu den Mitstudenten und Professoren und schlägt sich wacker. Die ersten Leistungsnachweise sind beachtlich und so können wir alles in allem sehr zufrieden sein."

Und auch der jüngere Sohn Peter wird bald in Boston seine Zelte aufschlagen. „Während dieser Tage war ich auch beim MIT wegen Peters Zulassung", schreibt Hannelore Kohl. „Ich glaube, auch dort machen die Dinge gute Fortschritte, zumal Peters Eingangsprüfung gute scores (Punktzahlen, Anm. d. Autors) erreicht hat." Hannelore Kohl schließt ihren Brief an Goldman mit dem Satz: „Ich wünsche Ihnen alles Gute und darf noch herzliche Grüße von meinem Mann übermitteln."

Die Beziehungspflege hat auf jeden Fall nicht geschadet. Helmut Kohl lenkt ein und gewährt dem German Marshall Fund weitere 100 Millionen Mark. Allerdings muss die Stiftung davon fünf Millionen an den Chicago Council on Foreign Relations abgeben, eine amerikanische Denkfabrik, dessen Präsident John E. Rielly besonders hoch in der Gunst des deutschen Kanzlers steht.

Die sich verbessernde Verbindung zu Kohl weiß Goldman auch für die West European Studies zu nutzen. Im Herbst 1987 wird der Politikprofessor Werner Weidenfeld zum Koordinator der Bundesregierung für die deutsch-amerikanische Zusammenarbeit ernannt. Weidenfeld lehrt in Mainz, der Hauptstadt des Bundeslandes Rheinland-Pfalz, aus dem Kohl stammt und dessen Ministerpräsident er viele Jahre war.

Im Frühjahr 1988 sucht Goldman den neuen USA-Koordinator auf und erfährt, dass Kohl, betrübt über das geringe Interesse vieler Amerikaner an Deutschland, unbedingt deutsche Studien an amerikanischen Universitäten fördern will. Der Kanzler möchte sogenannte Centers of Excellence, sagt Weidenfeld, und sei bereit, dafür viel Geld in die Hand zu nehmen, etwa 30 Millionen Dollar, eine Arbeitsgruppe erstelle gerade eine erste Liste möglicher Geldempfänger.

Doch der Name Harvard taucht darauf nicht auf. Als Kohl das erfährt, sagt Goldmans ehemalige Mitarbeiterin Abby Collins, habe er getobt: „Mein Sohn Walter studiert dort, Harvard ist eine der weltbesten Universitäten." Harvard ist also umgehend unter den Kandidaten, außerdem die Universitäten Berkeley, Georgetown, Johns Hopkins, Chicago, Miami, Princeton, Yale und eine weitere Handvoll.

Das seien viel zu viele für 30 Millionen Dollar, findet Goldman. Und da er der einzige Universitätsvertreter mit einem direkten Draht ins Kanzleramt ist, gelingt es ihm in zähen Verhandlungen mit Weidenfeld, die Zahl der möglichen Geldempfänger auf drei zu reduzieren. Die Gewinner sind die staatliche Universität Berkeley in Kalifornien, die katholische Universität Georgetown in Washington D.C. – und, wer hätte das gedacht: Goldmans Center for European Studies in Harvard. Die Verlierer, erzählt Abby

Juni 1990: Bundeskanzler Helmut Kohl (vorne links) wird von der Universität Harvard die Ehrendoktor-würde verliehen. Er hält die Commencement Speech für die Absolventen des Jahrgangs. Neben ihm im Talar steht Universitätspräsident Derek Brok. Hinten in der Mitte ist Guido Goldman zu sehen, mit Brille.

Collins, seien stinksauer gewesen. „Wer ist dieser Goldman?", hätten sie getobt. „Der ist doch noch nicht einmal ein richtiger Professor."

Im Juni 1989 kommen Helmut und Hannelore Kohl nach Harvard, ihr Sohn Walter hat erfolgreich sein Studium beendet. Goldman hat der Kanzlergattin zu diesem Anlass selbstverständlich wieder einen prächtigen Blumenstrauß überbringen lassen. Festrednerin bei der Abschlussfeier ist Pakistans Premierministerin Benazir Bhutto, die Anfang der 1970er Jahre selbst in Harvard ausgebildet wurde.

Alle Studenten tragen an diesem Tag einen Trauerflor in Gedenken an die Opfer des Tian'anmen-Massakers. Nur wenige Tage zuvor hat das chinesische Militär auf dem Platz am Tor des Himmlischen Friedens den Protest der studentischen Demokratiebewegung blutig niedergeschlagen. 1989 ist in vielerlei Hinsicht ein schicksalhaftes Jahr, im Schlechten wie im Guten.

Kurz nach Kohls Rückkehr nach Bonn genehmigt sein Kabinett den drei Centers of Excellence jeweils zehn Millionen Dollar. Das Geld soll 1990 ausgezahlt werden. Niemand ahnt in diesem Augenblick, dass nur wenige Monate später, am 9. November 1989, die Berliner Mauer fallen und das Geld wegen der gewaltigen Kosten für die deutsche Wiedervereinigung knapp werden wird. „Wir haben mal wieder riesiges Glück gehabt", sagte Goldman. Ein Jahr später, am 7. Juni 1990, kommt Helmut Kohl wieder nach Harvard. Auf Initiative von Guido Goldman und Richard Hunt verleiht die Universität dem Kanzler wegen seiner Verdienste um Europa und Deutschland die Ehrendoktorwürde. Kohl hält auch die Commencement Speech.

Diese Anerkennung für den Kanzler war allerdings nicht unumstritten und wäre um ein Haar gescheitert. Einige Mitglieder im Auswahlausschuss, dem sogenannten Board of Overseers, trauen dem Kanzler der deutschen Einheit nicht. Sie befürchten, Deutschland könnte nach seiner Wiedervereinigung abermals zu Großmannssucht neigen. Kohls Satz von der Gnade der späten Geburt wirkt nach.

Andere finden wiederum, Harvard habe schon zu viele deutsche Politiker geehrt. Die Kanzler Konrad Adenauer und Helmut Schmidt sowie Bundespräsident Richard von Weizsäcker bekamen den Ehrendoktorhut aufgesetzt und durften zu den Jahrgangsabsolventen sprechen. Gewürdigt wurden ebenfalls Kanzler Ludwig Erhard – und Willy Brandt, damals noch in seiner Eigenschaft als West-Berliner Bürgermeister.

Doch Goldman und Hunt gewinnen für ihren Plan einen wichtigen Fürsprecher: den Politikprofessor Stanley Hoffmann. Wann immer es um Deutschland ging, war er wegen seiner sehr schmerzlichen Erfahrungen im von den Nazis besetzten Frankreich voller Argwohn und Skepsis. *Zeit*-Herausgeber Josef Joffe erinnert sich, wie er, als er Anfang der 1970er Jahre an den West European Studies arbeitete, in den Papierbergen in Hoffmanns Büro nach der Dissertation eines deutschen Graduierten suchte. Hoffmann habe erstaunt gefragt, woher er den Mann kenne. Weil er ein Deutscher sei, antwortete Joffe, worauf Hoffmann erwiderte, das sei eigentlich ein Grund, ihn nicht zu kennen.

Doch spätestens seit Zehntausende DDR-Bürger auf die Straße gehen und für Freiheit demonstrieren, hat Hoffmann seine Meinung geändert. Als am 9. November die Mauer geöffnet wird, hat der Deutschlandskeptiker, wie Abby Collins berichtet, Tränen in den Augen und schaut stundenlang Fernsehen. Hoffmann ist bereit, sich für Kohl zu verwenden.

Entscheidend aber ist: Im Board of Overseers, das über die Vergabe der Ehrendoktorwürde befindet, hat ein gewisser Franklin D. Raines Sitz und Stimme. Raines ist Afroamerikaner, Absolvent der Jurafakultät in Harvard, erfolgreicher Wirtschaftsmanager – und vor allem: Vorstandsvorsitzender des German Marshall Fund. Am 20. November 1989 schickt Goldman ihm einen „persönlich-vertraulichen" Brief, in dem er Punkt für Punkt aufzählt, was Deutsche von der Krupp-, der Volkswagen- und Daimler-Benz-Stiftung über Privatunternehmer wie Werner Otto und Berthold Beitz bis zu mehreren Bundesregierungen für Harvard und die deutsch-amerikanischen Beziehungen getan haben. „Dear Frank", schreibt Goldman, „ich bitte Sie dringlich, diese Kandidatur zu unterstützen." Kohl habe immer wieder unerschütterlich amerikanische Interessen gefördert, selbst wenn sie in seinem eigenen Land äußerst unpopulär gewesen seien, wie etwa die Stationierung amerikanischer atomarer Mittelstreckenraketen. Kohl sei ein „pragmatischer und effektiver" Staatsführer. „Ich schreibe Ihnen dies", so Goldman, „weil ich annehme, dass sie angesichts Ihrer Mitgliedschaft im Vorstand des German Marshall Fund ein besonderes Interesse an allen Dingen haben, die Deutschland betreffen."

Anfang Dezember gibt das Board of Overseers grünes Licht in der Angelegenheit Helmut Kohl. Am 10. Dezember 1989 dankt Goldman seinem Mitstreiter aus dem German Marshall Fund für sein Engagement: „Ich bin sicher, dass Ihr Einsatz entscheidend für das Ergebnis war", schreibt er Raines und schildert ihm seine jüngsten Erlebnisse in Deutschland.

Goldman ist soeben zurückgekehrt, war in Bonn und Ost-Berlin. Statt „Wir sind das Volk!" rufen die Menschen in der DDR inzwischen: „Wir sind ein Volk!" Der Weg zur Wiedervereinigung ist vorgezeichnet. Goldman ist tief beeindruckt von der friedlichen Revolution – und von Helmut Kohl. Er hat den Kanzler gerade im Bundestag zur Lage der Nation gehört und lobt dessen „staatsmännische" und umsichtige Politik in diesem Augenblick historischer Umwälzungen. „Ich werde Ihnen bei unserem nächsten Treffen mehr davon erzählen", schreibt er Raines. Er sei sehr zuversichtlich, dass der German Marshall Fund „auf diese neue und völlig transformierte Lage in Ostmitteleuropa mit nützlichen und interessanten Initiativen antwortet".

Guido Goldman und die derzeitige GMF-Präsidentin Karen Donfried. Aufgenommen beim Empfang zum 40. Jubiläum des German Marshall Fund in Washington D.C. im Mai 2012

Ein Jahr später weiht die amerikanische Stiftung ein Büro in Ost-Berlin ein, nur wenige hundert Meter vom Reichstag entfernt. In einem Brief vom 20. Dezember 1990 an einen unbekannten Adressaten berichtet Goldman begeistert von der kleinen Eröffnungsfeier. Er sei völlig überrascht gewesen, wie viele interessante Ostdeutsche gekommen wären. „Es ist offensichtlich, dass sie sich nach Kontakten mit dem Westen sehnen – und nicht nur nach Kontakten mit Westdeutschen. Die symbolische und reale Bedeutung unser Präsenz auf ‚ihrer' Seite scheint für sie einen entscheidenden Unterschied zu machen."

Nach und nach legt der GMF auch die ersten Programme zur Förderung der Demokratie in einer Handvoll Staaten des ehemaligen Warschauer Pakts auf. Doch unter ihrem ehrgeizigen Präsidenten Craig Kennedy will die Stiftung weit mehr. Ihm schwebt vor, aus der transatlantischen Organisation eine internationale Denkfabrik zu machen, deren Radius über Europa hinausreichen soll. Im Dezember 2012 öffnet der GMF sogar in Tunesiens Hauptstadt Tunis ein Büro.

In Deutschland erntet die kühne Expansion der Stiftung Widerspruch und stößt bald auch an finanzielle Grenzen. Der Haushalt wird von Jahr zu Jahr überreizt, das Stiftungsvermögen schrumpft und schrumpft. Guido Goldman, der anfangs keine Einwände hatte und mitunter durchaus Gefallen an der neuen Vision fand, fürchtet nun um die Existenz des German Marshall Fund.

Auf der Suche nach einer neuen Führung, die den Schwerpunkt der Arbeit wieder mehr auf die europäisch-amerikanischen Beziehungen legt, wird mit seiner Hilfe 2014 Karen Donfried an die Spitze der Stiftung berufen.

Zweiundvierzig Jahre nach der Gründung erhält der German Marshall Fund of the United States zum ersten Mal eine Frau als Präsidentin. Donfried, die unter anderem in München studiert hat und fließend Deutsch spricht, gelingt es, mit der Bundesregierung weitere Zuschüsse für den GMF zu verhandeln. Im damaligen Außenminister Frank-Walter Steinmeier hat die Stiftung einen wichtigen Fürsprecher. Bis 2025 wird der GMF Jahr für Jahr zwei Millionen Euro aus der Bundeskasse erhalten.

Das American Institute for Contemporary German Studies

Goldmans Center for European Studies und der German Marshall Fund lassen eine Lücke. Obwohl überwiegend mit deutschem Geld finanziert, beschäftigen sie sich nicht schwerpunktmäßig mit Deutschland. Das wird hin und wieder bemängelt, unter anderem von Kanzler Helmut Kohl. Aber das CES in Harvard und die Washingtoner Denkfabrik sind nun einmal von ihrer Bestimmung her auf Europa und die transatlantischen Beziehungen ausgerichtet und nicht auf ein einzelnes Land, egal wie wichtig oder stark es ist.

Diese Lücke wird 1983 vom American Institute for Contemporary German Studies (AICGS) geschlossen, dem Amerikanischen Institut für Deutsche Gegenwartsstudien. Die Idee dafür stammt ausnahmsweise nicht von Guido Goldman, sondern von Robert Gerald „Gerry" Livingston, der von 1977 bis 1981 Präsident des German Marshall Fund war.

Goldman ist anfangs skeptisch. Er hat Bedenken, das neue Institut könnte, weil es sich spezifisch mit Deutschland befassen soll, eine Konkurrenz zum American Council on Germany werden und diesem in New York ansässigen Verein wichtige Geldgeber abspenstig machen. Goldman fühlt sich dem Council verbunden, gehört doch zu dessen Gründern sein guter Freund Eric Warburg, ein deutsch-amerikanischer Bankier.

Doch Livingston kann die Vorbehalte bei einem Treffen im Februar 1982 ausräumen. Goldman ist jetzt Feuer und Flamme, er berät Livingston und setzt sich dafür ein, dass der German Marshall Fund dem neuen Deutschlandinstitut finanziell unter die Arme greift. Schließlich lässt sich damit auch ein bisschen der Bonner Unmut besänftigen, dass sich der GMF zu wenig um Deutschland kümmere. Wie Goldman hat auch

Livingston in Harvard studiert. Allerdings zehn Jahre vor ihm. 1956 tritt Gerry Livingston in den diplomatischen Dienst ein und wird immer wieder nach Deutschland entsandt, ans US-Konsulat in Hamburg, an die amerikanische Botschaft in Bonn, nach Berlin. Zwischendurch ist er auch in Salzburg und Belgrad.

1974 holt ihn Benjamin Read, der erste Präsident des German Marshall Fund, zum GMF. Livingston soll sein Vize werden. Read wird zuweilen vorgeworfen, dass er ein gespaltenes Verhältnis zu Deutschland habe und besser über Italien als über das Land seiner Geldgeber Bescheid wisse. Er will darum einen ausgewiesenen Deutschlandkenner an seiner Seite. Drei Jahre später wechselt Read ins amerikanische Außenministerium und Livingston folgt ihm als GMF-Präsident.

Für manche im GMF-Vorstand und im Bonner Politikbetrieb allerdings zeigt Livingston eine zu große Vorliebe für die europäische Sozialdemokratie und mischt sich zu stark in die konkrete Alltagspolitik ein. So interessierte er sich schon Ende der 1960er Jahre brennend für neue Konzepte der Deutschland- und Ostpolitik und lotete die Chancen dafür in einer Arbeitsgruppe der New Yorker Denkfabrik Council on Foreign Relations aus. 1981 wird Livingston als Präsident des German Marshall Fund abgelöst und geht an die Georgetown Universität in Washington, um ein Buch über deutsche Außenpolitik zu schreiben.

Stoff dafür gibt es mehr als genug. Die von Willy Brandts Ostpolitik eingeleitete Tauwetterperiode ist vorerst zu Ende, die Spannungen zwischen Ost und West steigen. Die Sowjetunion stationiert russische Mittelstreckenraketen in Osteuropa, auch in der unter ihrem Einfluss stehenden Deutschen Demokratischen Republik. Die westliche Verteidigungsgemeinschaft antwortet auf die Provokation mit dem NATO-Doppelbeschluss. Sie bietet dem Kreml Abrüstungsverhandlungen an, aber droht zugleich mit der Stationierung eigener atomarer Mittelstreckenwaffen in Westeuropa, auch in der Bundesrepublik.

Die Lage spitzt sich zu: Ende 1979 besetzen sowjetische Truppen Afghanistan. Moskau will um jeden Preis das unter Druck geratene kommunistische Regime in Kabul an der Macht halten. Auch im sozialistischen Polen begehrt eine zunehmend unzufriedene Bevölkerung gegen ihre Regierung auf. Es kommt zu Streiks, im Sommer 1980 wird die unabhängige

Gewerkschaftsbewegung Solidarność gegründet, die bald fast zehn Millionen Mitglieder hat. Der Westen befürchtet, dass sowjetische Truppen wie schon 1956 in Ungarn oder 1968 in der Tschechoslowakei jetzt auch in Polen einmarschieren könnten, um die Herrschaft des Kremls über Osteuropa zu verteidigen.

Am 11. Dezember 1981 fährt Bundeskanzler Helmut Schmidt zu einem dreitägigen Besuch in die DDR. Er will in dieser explosiven Zeit ein vorsichtiges Zeichen der Entspannung setzen. Doch just in diesem Moment verhängt die polnische Regierung mit Wissen und Unterstützung Erich Honeckers das Kriegsrecht. Die Mobilisierung von Zehntausenden polnischen Soldaten gegen die Solidarność-Bewegung wirft einen dunklen Schatten auf das Treffen zwischen Schmidt und dem Staatsratsvorsitzenden der DDR.

Dabei steht der DDR das Wasser bis zum Hals, ihre Auslandsverschuldung liegt bei umgerechnet 22 Milliarden Euro, die Finanzmärkte werten die DDR-Mark permanent ab. Ostdeutschland braucht dringend Hilfe, bittet um günstige Westkredite und um die Unterstützung der Bonner Regierung für einen Beitritt der DDR zum Internationalen Währungsfonds. In einem Beitrag für die Wochenzeitung *Die Zeit* schreibt Helmut Schmidt Jahre später über sein Gespräch mit Erich Honecker: „Er glaubte in vollem Ernst, die DDR habe wirtschaftlich ‚Weltklasseniveau' erreicht und gehöre zu den bedeutendsten Industrienationen der Welt. Zugleich war er aber bekümmert über den geringen Wechselkurs der Mark (Ost) und über die Devisennotlage der DDR."

Auch die Bonner Republik durchlebt damals unruhige Zeiten. Ihre Wirtschaft schwächelt, der NATO-Doppelbeschluss stößt in weiten Teilen der westdeutschen Bevölkerung auf großen Widerstand, die sozialliberale Regierungskoalition strauchelt, am 1. Oktober 1982 wird Helmut Schmidt durch ein konstruktives Misstrauensvotum gestürzt, Helmut Kohl wird neuer Bundeskanzler.

Gerry Livingston ist zunehmend besorgt. Die Entwicklungen in der Bundesrepublik haben direkten Einfluss auf die deutsch-amerikanischen Beziehungen, und doch gibt es keinen Ort in Amerika, der sich damit wissenschaftlich beschäftigt. Natürlich fallen die deutschen Themen nicht völlig unter den Tisch, dafür sind sie zu wichtig. Im CES und GMF wird selbstverständlich darüber diskutiert, ebenso in anderen Instituten und Denkfabriken, aber eben nirgendwo dauerhaft, nachhaltig und in der, wie Livingston meint, notwendigen akademischen Tiefe.

Vor allem die DDR ist in Amerika ein weißer Fleck. Was im Osten des geteilten Deutschlands passiert und gedacht wird, ist allenfalls Thema in Seminaren, die sich mit der Sowjetunion und dem damals kommunistischen Osteuropa beschäftigen. Und der Kontakt zu Politikern und Wissenschaftlern in Ost-Berlin, Rostock oder Leipzig ist gleich null. Livingston will das ändern und wendet sich mit seiner Institutsidee sowohl an den Dekan der Georgetown-Universität als auch an Steven Muller, den damaligen Präsidenten der Johns-Hopkins-Universität. Muller, der auch im Vorstand des GMF sitzt, ist sofort begeistert, übrigens aus ähnlichen Beweggründen, die Guido Goldman dazu bewogen hatten, das CES und den GMF zu gründen.

Muller wurde 1927 als Stefan Müller in Hamburg geboren. Sein Vater, ein jüdischer Anwalt, kam 1938 nach der Reichspogromnacht ins Konzentrationslager Sachsenhausen, wurde wie durch ein Wunder freigelassen und floh umgehend mit seiner Familie über England in die USA. Wie der zehn Jahre jüngere Goldman engagierte sich Muller nach dem Krieg für gute deutsch-amerikanische Beziehungen und wurde dafür 1980 mit dem Bundesverdienstkreuz ausgezeichnet. Muller ist außerdem fest davon überzeugt, dass ein deutsches Institut perfekt zu seiner Universität passen würde, und legt darum Wert darauf, dass der Name dies auch ausdrückt. Darum heißt das Institut auch vollständig: American Institute for Contemporary German Studies at Johns Hopkins University.

1876 mit dem Erbe von Johns Hopkins, einem reichen Eisenbahnunternehmer, aus der Taufe gehoben, orientierte sich die Johns-Hopkins-Universität am Humboldt'schen Bildungsideal der Einheit von Wissenschaft und Forschung. Hopkins, der, wie kürzlich bekannt wurde, vor dem amerikanischen Bürgerkrieg noch eine Handvoll Sklaven besaß, wurde danach zu einem entschiedenen Gegner der Sklaverei. Heute zählt die private Universität zu den besten Lehranstalten und Forschungseinrichtungen der Welt.

Für den Start des neuen Instituts gewährt Steve Muller ein zinsloses Darlehen in der Höhe von 350 000 Dollar und überzeugt außerdem eine Handvoll Geldgeber in Deutschland und Amerika, das AICGS zu fördern.

Denn wie das Center for European Studies ist es ebenfalls fürs Überleben dringend auf private Spenden angewiesen. Im Gründungsvorstand und dem späteren Kuratorium sitzen darum von Anfang an viele Unternehmer. Als Vorstandsvorsitzenden wünschen sich Muller und Livingston den republikanischen Politiker und Unternehmer George Shultz. Doch ihr Favorit wird im Sommer 1982 Außenminister in der Regierung von Ronald Reagan. Der Nächste auf der Liste ist Donald Rumsfeld, alle, auch Goldman, finden das eine gute Idee. Und Rumsfeld sagt zu. In Deutschland und Amerika genießt der Republikaner einen untadeligen Ruf. Rumsfeld ist bestens in Politik und Wirtschaft vernetzt, niemand zweifelt an der Richtigkeit dieser Wahl. Erst zwei Jahrzehnte später, da hat Rumsfeld längst nichts mehr mit dem AICGS zu tun, wird er zu einer stark umstrittenen und heftig angefeindeten Person.

Rumsfeld hat deutsche Vorfahren. 1969 tritt er wie Henry Kissinger in die Nixon-Regierung ein, 1975 wird er unter Präsident Gerald Ford der jüngste Verteidigungsminister der USA, und von 2001 bis 2006 bekleidet er dieses Amt später sogar ein zweites Mal. Präsident ist da der Republikaner George W. Bush. Nach den Terroranschlägen vom 11. September 2001 organisiert Rumsfeld den Einmarsch amerikanischer Streitkräfte in Afghanistan und befürwortet vehement einen Angriff auf den Irak. Rumsfeld ist ein Hardliner, fällt in Ungnade und muss 2006 sein Amt niederlegen. Seine Strategie im Irakkrieg, der Hunderttausenden Menschen das Leben kostet, hat versagt. Außerdem ist Rumsfeld, wie der US-Senat später in einer Untersuchung feststellt, für die „aggressiven Verhörtechniken" seines Militärs verantwortlich.

Zu den Foltermethoden gehören Schlafentzug, sexuelle Demütigung und der einschüchternde Einsatz von Hunden gegen Gefangene. Aber vor allem das berüchtigte Waterboarding, auch „simuliertes Ertrinken" genannt. Dabei wird einem gefesselten Opfer, dessen Nase und Mund mit einem Tuch bedeckt sind, so lange Wasser über den Kopf gegossen, bis es zu ersticken glaubt. Ein Bündnis von Anwälten und Menschenrechtsaktivisten zeigt den US-Verteidigungsminister a.D. deshalb bei der deutschen Bundesanwaltschaft wegen Kriegsverbrechen an.

Das konnte 1983 natürlich niemand voraussehen. Damals ist Donald Rumsfeld Chef des Pharmaziekonzerns G.D. Searle & Company, wird über die Parteigrenzen hinweg geachtet und gewinnt für den Gründungsvorstand des American Institute for Contemporary German Studies viele einflussreiche Persönlichkeiten. Unter ihnen: Guido Goldman. Am 18. Februar 1983 schreibt er an Rumsfeld: „Lieber Don, ich fühle mich geehrt, dem Gründungsvorstand des neuen Instituts beizutreten, und freue mich besonders, mit Ihnen bei diesem wichtigen Vorhaben zusammenzuarbeiten." Rumsfeld hat sich um das AICGS durchaus verdient gemacht. Das Institut wird zu einem Ort, an dem amerikanische Politiker, Unternehmenschefs, Journalisten, Studenten und Wissenschaftler ihre Kenntnisse über Deutschland vertiefen können. Und was enorm wichtig ist, aber damals wenig nach außen dringt: In den 1980er Jahren wird das AICGS zu einer Begegnungsstätte für Ost- und Westdeutsche, für Politiker und Akademiker aus der Bundesrepublik und der DDR. Weder Muller noch Livingston können ahnen, dass am 9. November 1989 die Mauer fallen und die sowjetische Herrschaft über Osteuropa zusammenbrechen wird. Aber sie haben ein feines Gespür dafür, dass sich unter der Oberfläche etwas verändert, gerade in den Beziehungen zwischen den beiden Deutschlands, die im Ost-West-Konflikt immer wieder zwischen die Fronten geraten.

Im November 1983 fährt Gerry Livingston nach Ost-Berlin und trifft Claus Montag, den Chef der außenpolitischen Abteilung des Instituts für Internationale Beziehungen der DDR. „Lieber Herr Professor Montag", schreibt er ihm wenige Wochen nach dieser Begegnung in makellosem Deutsch, „nochmals möchte ich mich sehr herzlich bedanken für Ihre Gastfreundschaft und für die lohnenden Gespräche in Berlin Ende November. Während Steven Muller und ich uns bemühen, das neue Institut aufzubauen, hoffe ich, meine Kenntnisse, Bekanntschaften und Freundschaften in der DDR zu vertiefen und zu vermehren."

Die DDR steht damals mit dem Rücken zur Wand, ihr droht endgültig die Zahlungsunfähigkeit, Honecker ist auf Bonner Unterstützung angewiesen. Ausgerechnet der als Kommunistenfresser bekannte bayerische Ministerpräsident und CSU-Vorsitzende Franz Josef Strauß trifft sich mit dem Staatsratsvorsitzenden, fädelt einen Milliardenkredit ein und rettet die DDR vor dem Staatsbankrott.

Es gibt weitere Vorzeichen einer allmählichen Entschärfung: Im Februar 1984 trifft sich in dem Städtchen Wendisch Rietz am brandenburgischen Scharmützelsee zum ersten Mal eine Gruppe von Intellektuellen aus der westdeutschen SPD und der ostdeutschen SED. Sie wollen über die Zukunft der Arbeit, die Gestaltung der Gesellschaft und ökologische Fragen reden und ausloten, wo man vielleicht übereinstimmt und bei welchen Themen es nach wie vor unüberbrückbare Gegensätze gibt. Die Teilnehmer sind nervös, vor allem für die SPD ist das Treffen historisch schwer belastet.

Der verhängnisvolle Händedruck zwischen Wilhelm Pieck von der Kommunistischen Partei Deutschlands (KPD) und dem Sozialdemokraten Otto Grotewohl im April 1946 hat sich schmerzlich ins Gedächtnis eingegraben. Damals ging die stolze Sozialdemokratische Partei in der sowjetisch besetzten Zone Deutschlands, der späteren DDR, unter. Grotewohl und Pieck beschlossen die Verschmelzung von SPD und KPD zur SED, zur Sozialistischen Einheitspartei Deutschlands. Das Kommando übernahmen Kommunisten, die Sozialdemokraten hatten nichts mehr zu melden. Doch diese Schmach liegt bei der Begegnung am Scharmützelsee fast 40 Jahre zurück, der SPD-Vorsitzende Willy Brandt hat keine Einwände gegen den Dialog, zumal, wie die Geschichte zeigen wird, dieses Mal die Kommunisten weit mehr zu befürchten haben als die SPD. Im Wettbewerb der Systeme ist die freiheitlich-demokratische Bundesrepublik der sozialistischen Zwangsherrschaft in der DDR weit überlegen. Die Menschen fliehen nur in eine Richtung – von Ost nach West.

Im August 1987 veröffentlichen SPD und SED das Ergebnis ihres Dialogs. Es trifft auf ein gespaltenes Echo in der Bundesrepublik. Viele sind über diese gemeinsamen Gespräche empört, auch in der SPD. Bereits als der Dialog ruchbar wird, protestieren zahlreiche Sozialdemokraten gegen diese ihrer Meinung nach viel zu starke Annäherung, wenn nicht gar Anbiederung an das DDR-Regime, das die Menschenrechte seiner Bürger mit Füßen tritt. Eine stattliche Riege sozialdemokratischer Hochschullehrer veröffentlicht einen erbosten Aufruf, darunter Goldmans Freund Karl Kaiser, der ehemalige Kennedy-Stipendiat in Harvard Heinrich August Winkler sowie Gesine Schwan, Mitglied der SPD-Grundwertekommission. Ihnen passt der Kurs der SPD schon seit geraumer Zeit nicht mehr, vor allem ist ihnen der hinhaltende Widerstand vieler Genossen gegen den NATO-Doppelbeschluss ein Dorn im Auge. Sie finden, ihre SPD sei gegenüber den Gefahren des Kommunismus und der Sowjetunion zu blauäugig. Auch

Ex-Bundeskanzler Helmut Schmidt ist ein Gegner des SPD-SED-Dialogs. Das Abschlussdokument nennt er später in seinem Buch „Weggefährten. Erinnerungen und Reflexionen" bissig ein „moralisch und politisch abwegiges" Pamphlet.

Doch in Ostdeutschland wird den Zeitungsverkäufern das SED-Parteiblatt *Neues Deutschland* förmlich aus der Hand gerissen. Mit der gemeinsamen Erklärung von SPD und SED in der Hand fordern Kirchenvertreter und Bürgerrechtler nun von ihrer DDR-Regierung Meinungsfreiheit. Denn in dem Dokument steht, dass sich beide Parteien zur „offenen Diskussion über den Wettbewerb der Systeme, ihre Erfolge und Misserfolge, Vorzüge und Nachteile" bekennen. Zwanzig Jahre später schreibt das Nachrichtenmagazin *Der Spiegel*: „Die Flasche war geöffnet, der Geist entschlüpft; und die Herrschenden bekamen das oppositionelle Gespenst nicht mehr zu fassen."

So einflussreich der Dialog rückblickend auch war, er wird in seiner Bedeutung auch manchmal überschätzt. Denn der wichtigste Grund für den stärker werdenden Freiheitsdrang und den wachsenden Mut der Oppositionsbewegungen in der DDR sitzt damals weder in Bonn und Ost-Berlin noch in der SPD und der SED. Er sitzt in Moskau, mitten im Kreml, an der Spitze der Kommunistischen Partei der Sowjetunion und heißt: Michail Gorbatschow. Er bestimmt seit März 1985 die Geschicke seines Landes und leitet mit seiner Politik von Glasnost (Offenheit) und Perestroika (Umbau) das allmähliche Ende des Kalten Krieges und der sowjetischen Herrschaft über Osteuropa ein.

Auch Gerry Livingstons American Institute for Contemporary German Studies will damals die wachsende Gesprächsbereitschaft zwischen Ost- und Westdeutschen fördern. Das AICGS organisiert Tagungen, Seminare und runde Tische, vor allem zur wirtschaftlichen Entwicklung. Seine Ansprechpartner in der DDR sind in erster Linie das Institut für Internationale Beziehungen und die Akademie der Wissenschaften in Ost-Berlin. Zu den Teilnehmern gehören Leute wie der ostdeutsche Biochemiker und Bürgerrechtler Hans-Jürgen Misselwitz, aber auch knallharte Verfechter des DDR-Regimes wie das Politbüromitglied Hermann Axen.

Im November 1987 schreibt Gerry Livingston an Steven Muller: „Wir sollten wissen, mit wem wir es da zu tun haben. Axen ist kein reformwilliger Gorbatschow. Er ist ein antiquierter, kompromissloser, ehemaliger Stalinist ... Ich habe kein Problem damit, ihn einzuladen, aber andere in unserem Vorstand wissen von seinem Hintergrund oder werden ohne Zweifel davon Kenntnis erlangen."

Immer wieder dabei ist auch Hanns-Dieter Jacobsen, Hochschullehrer für Wirtschaftswissenschaften an der Freien Universität in West-Berlin. In Amerika ist er ein häufiger und gern gesehener Gast. 1978 erhält er ein Kennedy-Stipendium für das Center for European Studies in Harvard und befreundet sich mit Goldmans Mitarbeiterin Abby Collins. 1984 kommt er als Stipendiat nach Washington und arbeitet sowohl am AICGS als auch am Center for Strategic and International Studies der Universität Georgetown. Zwischendurch doziert er an der Stanford-Universität in Kalifornien und hält Vorträge unter anderem beim German Marshall Fund.

Jacobsen ist ein renommierter Wissenschaftler, sein großes Thema sind die Handelsbeziehungen zwischen Bonn und Ost-Berlin. 1992 wird er als DDR-Agent enttarnt und wegen Spionage zu einer Freiheitsstrafe auf Bewährung verurteilt. Offenbar war er seit seinen Studentenjahren als sogenannter inoffizieller Mitarbeiter für das kommunistische Regime in Ostdeutschland tätig. Der Schock darüber sei riesengroß gewesen, sagt Abby Collins, die Jacobsen nichts ahnend noch Anfang der 1990er Jahre in Berlin besuchte und sich von ihm durch Ost-Berlin und Potsdam führen ließ.

In einem internen Dokument des AICGS heißt es zu diesem Fall: „Jacobsen berichtete mutmaßlich an die ‚Sektion XI – die USA und ihre Organisationen in Europa' der MFS-Geheimdienstdivision (MFS ist die Abkürzung des Ministeriums für Staatssicherheit, Anm. d. Autors). Angeblich überbrachte er das Material in Form von Filmen, versteckt in Spraydosen." Aus dem American Institute for Contemporary German Studies, dem CES oder dem German Marshall Fund of the United States gab es all die Jahre jedoch nichts Geheimes zu berichten, ihre Veranstaltungen waren stets öffentlich. Die Affäre Jacobsen hat Entsetzen ausgelöst, aber keinen Schaden verursacht.

1989 holt Livingston den ausgewiesenen Deutschlandexperten Jackson Janes zum AICGS. Die beiden kennen sich seit ihren gemeinsamen Jahren beim German Marshall Fund. Als Livingston Präsident des German

Marshall Fund war, stellte er Janes, der damals das Deutsch-Amerikanische Institut in Tübingen leitete, beim GMF ein und machte ihn zum Chef des Europabüros in Bonn.

Als die Mauer fällt, braucht Livingston dringend Hilfe. Das AICGS kann sich vor Anfragen kaum retten. Amerikanische Journalisten, Politiker und Unternehmen wollen plötzlich wissen, was da in Deutschland und Europa los ist. Gesucht werden Amerikaner, die Amerikanern das erklären können. Und Jackson Janes ist ein ausgezeichneter Erklärer.

Natürlich hat bei seiner Einstellung auch Guido Goldman die Hände im Spiel. Obwohl er mit seiner Vorstandstätigkeit im AICGS gerade für ein paar Jahre pausiert, redet er bei wichtigen Postenbesetzungen mit. Und wie Livingston ist auch ihm der umtriebige Janes seit den Bonner GMF-Jahren vertraut. Goldman besuchte ihn dort oft und hält große Stücke auf ihn. 1994 legt Livingston sein Amt nieder, und neuer Chef des AICGS wird Jackson Janes, zunächst gemeinsam mit seiner Kollegin Lily Gardner Feldman und dann allein, als die renommierte Forschungsdirektorin des Instituts an die Georgetown University wechselt.

Es ist eine Epoche der Umbrüche und der Neuausrichtung. Die Anforderungen und Ansprüche an das neue Deutschland werden immer größer. Jetzt geht es nicht mehr darum, wie zwei getrennte Teile wieder zueinanderkommen können, sondern darum, dass das vereinte Deutschland seinen Platz in Europa und in der Welt findet und seiner zunehmend wichtigeren Rolle gerecht wird.

2018 geht Janes in den Ruhestand. Sein Nachfolger wird der Politologe und Diplomat Jeff Rathke. Goldmans Rat ist noch einmal gefragt. Bevor der Vorstand die Hand für Rathke hebt, sollen noch einmal Goldman und Karl Kaiser den Kandidaten unter die Lupe nehmen. Sie treffen sich zum Essen und sind am Ende des Gesprächs schwer beeindruckt von ihm, von seinen Deutschlandkenntnissen, seiner Dynamik, seinen Erfahrungen in der Welt der Diplomatie und der Denkfabriken. Aber ehe sie ihn auf den Prüfstand stellen und er darlegen kann, was er mit dem AICGS vorhat und dass Deutschland in der Ära Trump als neuer Fixstern der liberalen internationalen Nachkriegsordnung besonders wichtig geworden sei, hat Rathke, wie er sich selbst schmunzelnd erinnert, bei Goldman schon einen Stein im Brett. Denn erst einmal ist Guido Goldman dran.

Goldman erzählt dies und das und berichtet, dass er vor Kurzem einer Handvoll amerikanischer Museen seine umfangreiche Ikat-Sammlung vermacht habe. Als er „Ikat" sagt, hält Goldman inne, weil er davon ausgeht, dass so gut wie niemand, also auch Rathke nicht, eine Ahnung davon hat, dass es sich dabei um eine besondere Webtechnik für Wandteppiche und Kleiderstoffe handelt, die in einigen Landstrichen Asiens beheimatet ist. Doch bevor Goldman zu einer Erklärung ausholt, sagt Rathke, er wisse, was das sei. „Meine Frau", lacht er, „sammelt seit Jahren südostasiatische Ikats."

Die Schatten der Vergangenheit

Der Streit um John McCloy

Als Anfang der 1980er Jahre in Washington das American Institute of Contemporary German Studies entsteht, hat Goldman noch zwei weitere Projekte am Wickel: Der American Council on Germany (ACG), ein deutsch-amerikanischer Verein in New York, der sich seit seiner Gründung Anfang der 1950er Jahre insbesondere um gute transatlantische Wirtschaftsbeziehungen bemüht, braucht dringend Geld, um endlich einen vollzeitbeschäftigten Direktor einstellen zu können. Goldman gewinnt die Krupp-Stiftung als Spender, und der ACG richtet mit den zwei Millionen Mark aus Deutschland den John-McCloy-Fund ein.

Kurz zuvor hat bereits die Volkswagen-Stiftung bekanntgegeben, dass sie der Universität Harvard zwei Millionen Mark vermachen wird, um ein Stipendienprogramm ins Leben zu rufen, das begabten deutschen Graduierten zu einem zweijährigen Studium an der renommierten Kennedy School of Government verhelfen soll. Auch dafür gibt es einen Namen: John-McCloy-Fellowship.

Alle sind zufrieden, denn die deutsch-amerikanische Partnerschaft steht wieder einmal unter keinem guten Stern. Im Weißen Haus regiert der konservative Republikaner Ronald Reagan, und Bundeskanzler Helmut Schmidt macht keinen Hehl daraus, dass er von dem gelernten Schauspieler aus Kalifornien nichts hält. Außerdem sorgt der Streit um den NATO-Doppelbeschluss immer wieder für Verstimmungen zwischen Bonn und Washington.

Guido Goldman (hintere Reihe, Dritter von links) und John McCloy (vorne, Zweiter von links) mit Stipendiaten des John-McCloy-Fellowship. Das Jahr der Aufnahme ist unbekannt.

Die Volkswagen-Stiftung will darum zu ihrem Jubiläum mit einer großzügigen Geste an die Amerikaner demonstrieren, dass die Vereinigten Staaten trotz aller Unstimmigkeiten ein guter Freund und unersetzlicher Verbündeter sind. Niemand denkt in diesem Augenblick auch nur eine Sekunde daran, dass der Name McCloy für manche Amerikaner einen bitteren Beigeschmack hat und dass die Einrichtung des John-McCloy-Fellowship in Harvard auf Widerstand stoßen könnte.

Für den American Council on Germany versteht sich die Namensgebung von selbst. John McCloy genießt in transatlantischen Kreisen einen hervorragenden Ruf. Er hat den ACG 1952 gemeinsam mit dem deutschamerikanischen Bankier Eric Warburg aus der Taufe gehoben und sich in den Nachkriegsjahren als Hoher Kommissar der Vereinigten Staaten um den Wiederaufbau Westdeutschlands verdient gemacht.

Ohne McCloy wäre die Bundesrepublik wahrscheinlich nicht wieder so schnell auf die Beine gekommen. Der Hohe Kommissar hörte auf Warburgs Rat, der vor einer Demontage der deutschen Industrie warnte. Schon als Unterstaatssekretär im amerikanischen Kriegsministerium hatte

McCloy 1944 gegen den Plan des damaligen US-Finanzministers Henry Morgenthau Front gemacht, der eine weitgehende Entindustrialisierung Nachkriegsdeutschlands vorsah. Von McCloys Politik profitierte unter anderem der Stahlkonzern Krupp.

Auch für das Stipendienprogramm der Volkswagen-Stiftung ist der Name McCloy damals eigentlich ein Selbstläufer. Die Idee dafür stammt allerdings nicht vom Autobauer, sie reicht 15 Jahre zurück, zu Shepard Stone, einer weiteren wichtigen Figur in den transatlantischen, insbesondere den deutsch-amerikanischen Beziehungen der Nachkriegsjahre.

Die Geschichte von Shepard Stone muss an dieser Stelle kurz erzählt werden, um die damaligen Zusammenhänge begreiflich zu machen und um noch einmal zu illustrieren, wie alle Fäden irgendwann immer bei Guido Goldman zusammenlaufen.

Der Amerikaner Stone, 1908 im Bundesstaat New Hampshire als Sohn jüdischer Emigranten aus Litauen geboren, studierte vor dem Krieg in Heidelberg und Berlin Staatswissenschaften und Geschichte. Wenige Monate nach Hitlers Machtergreifung heiratete er eine Berliner Jüdin, ging mit ihr zurück in die Vereinigten Staaten, wurde Journalist bei der *New York Times*, landete als freiwilliger Soldat 1944 mit der US-Armee in der Normandie und befreite das Konzentrationslager Buchenwald. Nach dem Krieg half Stone an unterschiedlichen Stellen, in Westdeutschland und West-Berlin, ein freies Presse- und Kulturwesen aufzubauen, stets in engster Tuchfühlung mit dem Hohen Kommissar John McCloy. In dessen Küchenkabinett erhielt Stone 1950 das „Amt für Öffentlichkeitsarbeit".

Zurück in Amerika arbeitet er unter anderem für die Ford-Stiftung und als Präsident der International Association for Cultural Freedom (IACF), die eine sehr komplexe und nicht unproblematische Geschichte hat. Vorgänger der IACF war der Congress for Cultural Freedom (CCF), eine 1950 gegründete und in Paris beheimatete, streng antikommunistische Kulturorganisation, die den Diskurs linker Intellektueller in Europa beeinflussen wollte. Dem Kongress für kulturelle Freiheit schlossen sich in den Nachkriegsjahren etliche Liberale und Linksliberale an, auch Stone war ein früher Förderer. Wie sich später herausstellte, waren einige Mitglieder des Kongresses amerikanische Spione und der Verein erhielt einen großen Teil seines Geldes vom US-Auslandsgeheimdienst CIA – und zwar auf Umwegen über die Ford-Stiftung.

1974 kehrt Shepard Stone in sein geliebtes Berlin zurück und leitet 14 Jahre lang das dortige Aspen Institute, die damals erste Adresse für deutsch-amerikanische Dialoge. Bei Aspen in West-Berlin gehen in den 1970er und 1980er Jahren alle ein und aus, die sich für eine Stärkung der liberalen internationalen Nachkriegsordnung engagieren: Willy Brandt und Richard von Weizsäcker, der später Regierender Bürgermeister von Berlin und Bundespräsident wird; Helmut Schmidt und die *Zeit*-Herausgeberin Marion Gräfin Dönhoff; der Verleger Axel Springer und der CDU-Politiker Kurt Biedenkopf; Henry Kissinger und John McCloy; und natürlich immer wieder Karl Kaiser und Guido Goldman.

Stones Vize bei Aspen ist von 1978 bis 1982 der Amerikaner Jim Cooney. Empfohlen haben ihn für dieses Amt, wer sonst, Kaiser und Goldman. Cooney hat in den 1960er Jahren bei Henry Kissinger und Stanley Hoffmann Politik studiert, und der junge Professor Kaiser weckte in Harvard seine Begeisterung für Deutschland. Kaiser brachte ihn auch mit Guido Goldman zusammen. Anfang 1983 holt Goldman Cooney zurück nach Harvard. Der junge Politologe, der im Aspen Institute die wichtigen Techniken des Netzwerkens und der Beziehungspflege gelernt hat, soll gemeinsam mit ihm das neue John-McCloy-Fellowship leiten. In der Praxis heißt das: Weil Goldman bereits ein halbes Dutzend anderer Verpflichtungen hat und selten in Harvard ist, soll Jim Cooney das Studienprogramm möglichst allein aus den Startlöchern bringen und in die Zukunft führen.

Kein Zweiter kennt die Ursprünge des John-McCloy-Fellowship besser als Cooney. Als er noch in West-Berlin im Aspen Institute arbeitet, zeigt ihm Stone eines Tages ein Papier, dass dieser bereits Mitte der 1960er Jahre verfasst hat. Es ist ein Memorandum für ein Graduiertenstipendium zu Ehren von John McCloy. Stone hatte dabei das Rhodes Fellowship vor Augen.

Die Rhodes-Stipendiaten bilden in den Vereinigten Staaten einen exklusiven Klub. Mit dem einst vom englischen Unternehmer Cecil Rhodes gestifteten Geld kommen seit 1902 Graduierte vor allem aus Amerika – und vor dem Zweiten Weltkrieg auch einige Deutsche – in den Genuss eines zweijährigen Studiums an der berühmten Universität Oxford. Einige von ihnen haben in ihrem Leben steile Karrieren hingelegt, zum Beispiel

Bill Clinton, Amerikas 42. Präsident. So etwas wie Rhodes, sagt Cooney, habe Stone auch unbedingt für deutsche Graduierte gewollt.

Dass nun Volkswagen diese Idee Anfang der 1980er Jahre aufgreift und finanzieren will, freut Stone – und ebenso Goldman und Kaiser – ungemein. Kaiser, der 1968 von Harvard nach Deutschland zurückkehrte, berät die Volkswagen-Stiftung und sorgt gemeinsam mit Goldman dafür, dass das John-McCloy-Fellowship nach anfänglichem Hin und Her an der Universität Harvard landet und in der Kennedy School of Government verankert wird. Dort sollen deutsche Graduierte zwei Jahre lang für anspruchsvolle öffentliche Aufgaben in Deutschland und in internationalen Organisationen ausgebildet werden.

Doch als das Stipendienprogramm 1983 offiziell aus der Taufe gehoben wird, hagelt es Proteste. Erst verhalten, dann immer lauter. Über Monate liefern sich Kritiker wie Verteidiger der Namensgebung eine erbitterte Schlacht, die Vergangenheit von John McCloy als Mitarbeiter im US-Kriegsministerium und als Hoher Kommissar in der Bundesrepublik wirft einen langen Schatten.

Vor allem drei – im Grundsatz unbestrittene – Taten werden ihm vorgeworfen: Als Unterstaatssekretär im Kriegsministerium war McCloy nach dem Angriff der japanischen Luftwaffe auf den amerikanischen Stützpunkt Pearl Harbor im Dezember 1941 mitverantwortlich dafür, dass ungefähr 120 000 Japaner und japanischstämmige Amerikaner, die an der US-Westküste lebten, kollektiv als nationale Sicherheitsgefahr eingestuft, zwangsweise umgesiedelt und in hastig aufgebauten Lagern im Landesinneren interniert wurden.

Den Befehl dafür gab damals Präsident Franklin D. Roosevelt mit seiner Unterschrift unter die Executive Order 9066, die weite Teile der Bundesstaaten Kalifornien, Oregon und Washington zum Sperrgebiet erklärte. Einer der Hauptverantwortlichen für die Durchführung war der Republikaner Earl Warren, Generalstaatsanwalt von Kalifornien. Warren wurde übrigens später ein sehr liberaler Richter am Supreme Court in Washington.

Die zweite Tat: Als hoher Beamter im Kriegsministerium riet John McCloy dem amerikanischen Präsidenten kurz vor Kriegsende davon ab, die Gaskammern und Krematorien von Auschwitz sowie die Schienenwege, die ins Vernichtungslager führten, zu bombardieren.

Und drittens: Als Hoher Kommissar nach dem Zweiten Weltkrieg begnadigte er 1951 Alfried Krupp, der in den Nürnberger Prozessen als Kriegsverbrecher zu einer langjährigen Haftstrafe verurteilt worden war. Außerdem gab McCloy dem Krupp-Konzern, der mit dem Kriegsgeschäft und der Ausbeutung von Zwangsarbeitern sein Vermögen gemehrt hatte, das beschlagnahmte Eigentum zurück.

Speerspitze des Aufstands in Harvard im Frühjahr 1983 ist der jüdische Juraprofessor Alan Dershowitz, einer der bekanntesten Strafverteidiger Amerikas, ein scharfzüngiger Ankläger und politischer Hitzkopf. „Selten", schreibt er in der Zeitung *Boston Herald* über McCloy, „hat sich in den Annalen der amerikanischen Geschichte ein Mann an derart viel Bösem beteiligt." Jüdische und asiatische Studentenvereine stimmen mit ein, und der *Washington-Post*-Kommentator Richard Cohen wütet: Die Namensgebung sei „schlichtweg eine Schande". Aber es überrasche ihn wenig, denn Harvard sei „fürs Establishment das, was China für den Pandabären ist".

McCloy setzt sich zur Wehr und schreibt in der *New York Times*: „Wir alle teilen die Schlussfolgerung, dass die Evakuierung für die 120 000 Umgesiedelten traumatisch war." Aber er hält die Internierung und Diskriminierung von Japanern und Amerikanern japanischer Abstammung auch im Nachhinein für gerechtfertigt. Ohne jeden Abstrich. Im Gegensatz zu Earl Warren, den eine weit größere Mitschuld traf, meint McCloy, sich nicht bei den Opfern entschuldigen zu müssen. Er ist auch strikt gegen jede Entschädigungszahlung, die fünf Jahre später, 1988, auf Veranlassung des US-Kongresses gleichwohl erfolgt.

Es ist eine unglückliche und ziemlich selbstgerechte Verteidigung. Dabei hätte ein Eingeständnis, dass man damals im Angesicht der Kriegsgefahr unschuldigen Menschen großes Unrecht angetan hat, manche Kritiker sicherlich besänftigt. Denn in der Tat hat John McCloy nicht nur eine dunkle, sondern auch eine helle Seite. Er wollte, dass die Bevölkerung von Hiroshima und Nagasaki vor dem Abwurf der amerikanischen Atombombe gewarnt wurde, drang aber mit dieser Bitte in seinem Ministerium nicht durch. Dagegen rettete er mit Erfolg die Bewohner von Rothenburg ob der Tauber vor dem Untergang. In den letzten Kriegstagen hatten die Amerikaner dort große Artillerieverbände zusammengezogen. Die Stadt sollte beschossen und danach eingenommen werden. Als John McCloy davon erfuhr, intervenierte er umgehend beim zuständigen US-General Jacob Devers und schlug ihm vor, den Deutschen eine Kapitulation der Stadt anzubieten. Die akzeptierten, und Rothenburg entging seiner Zerstörung. McCloy kannte den Ort überhaupt nicht, aber erzählte später einmal, seine Mutter habe das mittelalterliche Juwel einst besucht und davon geschwärmt.

Nach dem Krieg engagierte sich McCloy rastlos und über viele Jahre für den Aufbau einer freien und demokratischen Bundesrepublik und für gedeihliche transatlantische Beziehungen, damals alles andere als selbstverständlich. Es gibt darum 1983 viele Menschen, die McCloy zur Seite springen, allen voran Guido Goldman und Graham Allison, der Dekan der Kennedy School of Government, die das John-McCloy-Fellowship beherbergt. Sie plädieren leidenschaftlich für die Beibehaltung des Namens, schreiben Zeitungsartikel und drücken Mitstreitern eine mehrseitige Argumentationshilfe in die Hand.

Vor allem Goldman gibt in einem Brief an Harvards damaligen Universitätspräsidenten die Verteidigungslinie vor: Was die Internierung von Amerikanern japanischer Herkunft anbelange, schreibt Goldman, müsse man die damalige „Kriegsmentalität" nach dem Angriff auf Pearl Harbor berücksichtigen. Außerdem habe McCloy die Entscheidung nicht selbst getroffen, sondern nur ausgeführt.

Ja, es stimme, schreibt Goldman, dass der Hohe Kommissar McCloy Alfried Krupp vorzeitig aus der Haft entlassen habe, aber auch das sei nicht eigenmächtig geschehen. McCloy habe damit eine Empfehlung des Beirats für die Begnadigung von Kriegsverbrechern befolgt, der unter anderem der Meinung gewesen sei, dass Alfried Krupp stellvertretend für seinen weit schuldigeren, aber damals bereits schwerkranken Vater verurteilt worden sei.

Doch der Vorwurf, McCloy habe die Zerstörung von Auschwitz verhindert, sei schlichtweg falsch. Sein Vater, Nachum Goldmann, habe sich als damaliger Präsident des Jüdischen Weltkongresses mit John McCloy getroffen und dringend um eine Bombardierung des KZ gebeten. Allerdings habe ihm der Unterstaatssekretär im Kriegsministerium gesagt, dass man dafür die Erlaubnis der Briten brauche, denn die Flugzeuge starteten von Großbritannien aus. London, so McCloy zu Nachum Goldmann, sei strikt dagegen, weil die Maschinen auf dem Rückweg von Polen hätten aufgetankt werden müssen. Die Briten befürchteten zu große Verluste bei einem Luftangriff auf ein, wie es damals hieß, „nichtmilitärisches Ziel" wie Auschwitz. Eine Formulierung, die rückblickend und angesichts von mindestens 1,1 Millionen Ermordeten zynisch klingt. Zum Beweis bietet Guido Goldman Dokumente und Berichte von Zeitzeugen an. „Mein Vater", schreibt er, „hat McCloy stets von persönlicher Verantwortung freigesprochen." Es sind vor allem Kronzeugen wie Nachum Goldmann und Eric Warburg, die in dem Streit um John McCloy Gehör finden. Ebenso Gerhart Riegner, der damalige Genfer Repräsentant des Jüdischen Weltkongresses, der im Krieg als Erster über die Vernichtungslager der Nazis berichtete und Alarm schlug.

Im Mai 1983 wendet sich Eric Warburg an die *Washington Post* „als ein in Deutschland geborener und aufgewachsener Jude" und als Soldat, der vier Jahre als Aufklärungsoffizier im Dienst der britischen und amerikanischen Luftwaffe gestanden habe: Der Wunsch nach einer Bombardierung der Vernichtungslager in Polen, schreibt Warburg, sei nur allzu verständlich, aber technisch kaum machbar gewesen. Die Bomben hätten aus großer Höhe abgeworfen werden müssen und hätten darum „nur eine geringe Chance gehabt, die kleinen Einzelgebäude zu treffen, in denen der Holocaust verübt wurde".

Und immer wieder wird Nachum Goldmann zitiert. Im Juni 1982, zwei Monate vor seinem Tod, gratulierte er John McCloy geradezu überschwänglich dazu, dass der American Council on Germany einen Fonds zu seinen Ehren einrichten will. „Ihre Rolle in diesem einzigartigen Kapitel in der Nachkriegsgeschichte der Beziehung zwischen Deutschland und dem jüdischen Volk war immer hilfreich und vorurteilsfrei", schreibt Nachum Goldmann. „In dieser Hinsicht möchte ich Ihnen nicht nur als Freund meine Achtung bezeugen, sondern auch in Anerkennung all dessen, was Sie getan haben, um meine Verhandlungen mit Kanzler Adenauer zu erleichtern, die vor etwa 30 Jahren zu dem historischen Restitutions- und Reparationsabkommen geführt haben ... Wie ich in meinen Memoiren geschrieben habe, sind Sie ein ‚Staatsmann, der für die jüdischen Probleme große Sympathien gezeigt hat'."

Goldmanns Sohn Guido empfängt im Sommer 1983 in Harvard Vertreter der jüdischen und asiatischen Studentenverbände zum Gespräch. Es verläuft freundlich, der Streit flaut ab, der Name bleibt. Das John-McCloy-Fellowship wird zu einem großen Erfolg. Jim Cooney leitet das Stipendienprogramm fast ein Vierteljahrhundert lang.

„Herr Präsident, bitte warten Sie bis zum Mittagessen."

Der 10. Juni 1987 ist für Goldman ein wichtiges Datum. Es ist nicht nur der Tag, an dem Harvard seine Jahrgangsabsolventen feierlich verabschiedet. Im Juni jährt sich auch die Verkündung des Marshall-Plans zum 40. Mal, die Denkfabrik German Marshall Fund feiert ihren 15. Geburtstag, das John-McCloy-Fellowship geht in sein fünftes Jahr – und das Busch-Reisinger-Museum räumt die Adolphus Busch Hall. Nach der Renovierung wird dort das Center for European Studies einziehen. Was liegt da näher, als zu der jährlichen Abschlussfeier in Harvard einen prominenten deutschen Festredner einzuladen. Der letzte Deutsche, der an der Universität eine Commencement Speech hielt, war Helmut Schmidt – und das ist acht Jahre her.

Goldmans Harvard-Kollege Richard Hunt, Geschichtsprofessor und ehrenamtlicher Präsident des New Yorker American Council on Germany, hat die Idee, Bundespräsident Richard von Weizsäcker nach Harvard zu bitten und ihm dabei die Ehrendoktorwürde zu verleihen. Der Vorschlag findet die Zustimmung der Universität, und Goldman ist begeistert. Am 16. Januar 1987 schreibt er Hunt: „Lieber Rick, ich finde das eine wunderbare Wahl und hoffe, er akzeptiert." Goldman bietet an, bei einem seiner nächsten Deutschland-Besuche mit von Weizsäcker, den er gut kennt, über den Inhalt der Festrede zu sprechen. Denn es wäre wünschenswert, so Goldman, der Präsident würde bei dieser Gelegenheit auch etwas zum Marshall-Plan sagen, „zumal dieser im Juni seinen 40. Geburtstag haben wird".

Goldman sprudelt über vor Ideen für den Weizsäcker-Besuch. Nach seiner Vorstellung soll er zu einer großen Feier der deutsch-amerikanischen und der transatlantischen Beziehungen werden. Er weiß allerdings, dass ein Auftritt Richard von Weizsäckers in Harvard nicht unproblematisch werden könnte. Die Nazizeit und deren Folgen werfen auch auf seinen Namen einen Schatten. Gut möglich, dass Alan Dershowitz, sobald er vom Besuch des Bundespräsidenten erfährt, wieder die Messer wetzt; seit dem Streit um McCloy ist Goldman in Habachtstellung.

Richard von Weizsäckers Vater Ernst war in der Nazizeit Staatssekretär im Auswärtigen Amt und Brigadeführer in der Allgemeinen SS. 1947 wurde er verhaftet und zwei Jahre später in den Nürnberger Prozessen wegen Verbrechen gegen die Menschlichkeit erst zu sieben Jahren und nach einer Überprüfung zu fünf Jahren Haft verurteilt. Das Gericht befand ihn für schuldig, aktiv an der Deportation französischer Juden ins Vernichtungslager Auschwitz mitgewirkt zu haben. Einer seiner Verteidiger war sein Sohn, der damalige Jurastudent Richard von Weizsäcker. Das Urteil gegen seinen Vater bezeichnete er zeitlebens als „historisch und moralisch ungerecht".

1950 wurde Ernst von Weizsäcker vorzeitig aus der Strafhaft entlassen. Verfügt hatte dies das Rechtsamt des amerikanischen Hohen Kommissars John McCloy. Chef dieser Abteilung in McCloys Küchenkabinett war Robert Bowie, der später in Harvard mit Henry Kissinger als seinem Vize das Center for International Affairs leitete.

Richard von Weizsäcker nimmt die Einladung nach Harvard an und lädt Goldman im Frühjahr 1987 zu einem Gespräch in die Villa Hammerschmidt, dem Bonner Amtssitz des Bundespräsidenten. Es gibt Sekt und Kaviar. Einen hohen Mitarbeiter im Bundespräsidialamt fragt Goldman zuvor, ob es irgendein Verteidigungspapier zu von Weizsäckers Rolle im Prozess gegen seinen Vater gebe, er könne die Argumentationshilfe für einen möglichen Streit in Harvard gut gebrauchen.

Doch ihm wird bedeutet, ein solches Papier existiere nicht, was Goldman nicht wirklich glauben mag. Schließlich war Richard von Weizsäcker im Oktober 1985 zum Staatsbesuch in Israel, und niemand kann ihm weismachen, dass ein Bundespräsident namens von Weizsäcker zu den Überlebenden des Holocaust reist, ohne sich akribisch auf kritische Fragen zu seiner Rolle im Nürnberger Kriegsverbrecherprozess vorzubereiten. Doch Goldman muss ohne eine solche Argumentationshilfe zurückfliegen.

Erstaunlicherweise bleibt es in Harvard lange still. Nur wenige Tage vor dem Festakt am 10. Juni erscheint in der Zeitung *Boston Globe* plötzlich ein Artikel eines eher unbedeutenden Geschichtsprofessors mit dem Vorwurf, Harvard habe aus vergangenen Fehlern nicht gelernt. Man sei ja Kummer gewohnt, schon mehrmals habe die Universität zweifelhafte Personen ausgezeichnet. Doch ausgerechnet Richard von Weizsäcker, dem Verteidiger eines Kriegsverbrechers, die Ehrendoktorwürde zu verleihen und ihn als Festredner einzuladen, schlage dem Fass den Boden aus.

Goldman ist alarmiert, vermutet Dershowitz dahinter und fürchtet, dass dieser Artikel nur der Anfang sei. Er ruft umgehend seinen Freund Edgar Bronfman an, den Präsidenten des Jüdischen Weltkongresses, und bittet ihn um eine Ehrenklärung für den Bundespräsidenten. Schließlich hat die Organisation irgendwann einmal von Weizsäcker einen kleinen Nachum-Goldmann-Verdienstorden ans Revers geheftet. Guido Goldman spricht auch mit Henry Rosovsky, dem Dekan der Faculty of Arts and Sciences. Er will wissen, ob man sich an die Medien wenden und einen Gegenartikel veröffentlichen sollte.

Doch Rosovsky rät zur Zurückhaltung, er hat Angst, dass der Streit sonst bald die Titelseiten der großen Zeitungen und Hauptnachrichten im Fernsehen füllen wird. Goldman bezweifelt, dass der Bundespräsident Harvards Strategie der Risikovermeidung goutieren wird, doch Rosovsky meint, man möge sich beruhigen und erst einmal das Mittagessen zu Ehren des 40. Jubiläums des Marshall-Plans abwarten. Bei diesem Ereignis am Tag vor der Commencement Speech sei von Weizsäcker bereits Harvards Gast.

Am 9. Juni trifft der Bundespräsident in Cambridge ein, gemeinsam mit seinem Freund Shepard Stone. Die beiden haben zusammen ein paar Tage in Stones Landhaus in Vermont verbracht. Das festliche Mittagessen findet im Busch-Reisinger-Museum statt, das wenige Tage später schließen und umziehen wird. Zunächst gibt es einen kleinen Umtrunk im schönen Innenhof, wie immer haben Goldmans Mitarbeiterinnen vom Center for European Studies alles perfekt vorbereitet.

Natürlich hat von Weizsäcker den Artikel im *Boston Globe* gelesen, Shepard Stone hat es Goldman bereits zugeraunt. Der Bundespräsident ist empört, dass Harvard nicht sofort alle Geschütze zu seiner Verteidigung ausgefahren hat. Als er Goldman im Innenhof des Museums sieht, geht er mit versteinerter Miene auf ihn zu und beschwert sich bitterlich. Goldman erklärt, man habe den Streit aus den Schlagzeilen halten und darum nicht hochspielen wollen, und er sagt: „Herr Bundespräsident, es wird eine Antwort geben, bitte gedulden Sie sich bis zum Mittagessen."

Das ist die Stunde von Henry Rosovsky, einem in Danzig geborenen russischen Juden, der im Holocaust viele Familienangehörige verloren hat. Er wolle, sagt Rosovsky in seiner kurzen Ansprache, aus einer Rede des Bundespräsidenten vorlesen, die von Weizsäcker am 8. Mai 1985 gehalten habe, dem 40. Jahrestag der Kapitulation des Deutschen Reiches. Dieser 8. Mai 1945, sagte der Bundespräsident damals im Bonner Bundestag, sei ein „Tag der Befreiung vom menschenverachtenden System der nationalsozialistischen Gewaltherrschaft" gewesen. Ein Satz, der Geschichte schreibt und von den allermeisten Menschen in Deutschland, aber vor allem im Ausland, mit großer Erleichterung und freudiger Zustimmung aufgenommen wird.

Diese Rede, sagt Rovosky und wendet sich dabei an Richard von Weizsäcker, sei „die großartigste", die jemals in der Nachkriegszeit gehalten worden sei. Absatz für Absatz trägt er dann daraus jene Passagen vor, bei denen ihm damals, wie Rosovsky sagt, sprichwörtlich „ein Stein vom Herzen gefallen" sei.

Goldman erzählt, dass dem oft unterkühlten Richard von Weizsäcker in diesem Augenblick Tränen in den Augen standen. Nach dem Mittagessen entschuldigt sich der Bundespräsident bei Goldman für seine unwirschen Worte beim Umtrunk im Innenhof und sagt zufrieden: „Harvard weiß wirklich, wie man solche Dinge handhabt."

Der Kunstsammler

Es gibt wahrscheinlich nicht viele Menschen, die wie einst Guido Goldman so grundverschiedene Welten in sich vereinen. Die, wie er es konnte, völlig unbekümmert und leichtfüßig zwischen verschiedensten Milieus hin und her wandeln. Normalerweise haben diese Welten kaum Berührungspunkte. Die Kissingers und Kaisers, die de Ménils und de Gunzburgs, die Tänzer des Alvin Ailey American Dance Theater, all die Netzwerker, Transatlantiker, Bürgerrechtler, Professoren, Künstler, Banker, Sozialarbeiter und so weiter leben in unterschiedlichen Sphären, mitunter auch Blasen.

Doch im März 2018 brachte Goldman diese – seine – Welten zusammen, drei Tage lang: Auf seine Einladung treffen sich in Washington 125 Freunde und Weggefährten, Repräsentanten seines facettenreichen, mannigfaltigen Lebens. Sie kommen, wie es im Englischen so schön heißt, *from all walks of life*. Bei der Gala im Interconti Hotel unten am Hafenkai unterhalten sich die einen über ihre neuesten Kunstschätze oder den letzten Opernbesuch, die anderen über ein Schulprojekt für benachteiligte Kinder oder wie man angesichts von Donald Trump am besten die liberale Nachkriegsordnung verteidigt.

Der Paradiesvogel Judi Jamison, einst künstlerische Leiterin des Alvin Ailey American Dance Theater und immer noch ein internationaler Star, fliegt samt Entourage durch den Ballsaal, in dem mittendrin Henry Kissinger sitzt, fast 95 Jahre alt. Er ist neben Jamison der Festredner an diesem Abend und hält, wie Thomas Kleine-Brockhoff, der Vizepräsident des German Marshall Fund, sich erinnert, eine ganz untypische Ansprache. Keine, die sich wie sonst bei ihm um die allgemeine Weltlage und das große Ganze dreht, sondern die in jeder Zeile Kissingers tief empfundene Sympathie für seinen Gastgeber ausdrückt und in dem Satz gipfelt, dass ihn Guido Goldman nie um etwas gebeten habe. Ein schlichter Satz, den Kissinger, wenn man ihn auf Goldman anspricht, immer sagt. Aber für den Weltpolitiker und Außenminister a.D., dessen Nähe oft nicht nur uneigennützig gesucht wird, war Goldmans Selbstlosigkeit offenbar ein besonderer Ausweis von Freundschaft.

Der Grund für das Stelldichein dieser illustren, bunten, oft disparaten Gästeschar: Goldman möchte seine verschiedenen Welten mit einer weiteren zusammenführen. Mit einer, die vielen seiner Freunde noch weitgehend fremd ist, ihm aber unendlich viel bedeutet und großen Raum in seinem Leben einnimmt: die Ikat-Welt.

Das neue Textile Museum der George-Washington-Universität und die zur legendären Smithsonian Institution gehörende Arthur M. Sackler Gallery zeigen just in diesem Augenblick Exponate aus Goldmans umfangreicher Kollektion usbekischer Ikats aus dem 19. Jahrhundert. Die Gäste werden durch die Ausstellungen geführt, und wer will, kann auch im nahegelegenen Virginia eine mit modernster Technik ausgestattete Lagerhalle für diese empfindlichen Kunsttextilien besichtigen.

Ikat? Dieser Begriff leitet sich aus dem Malaiischen ab und bedeutet: umwickeln oder abbinden. Verstanden wird darunter eine hauptsächlich in Zentral-, Ost- und Südostasien beheimatete spezielle Webtechnik zur Herstellung von Kleidungsstücken, Tüchern oder Wandteppichen. Ihre Ursprünge reichen zurück bis ins 6. und 7. Jahrhundert, in die Asuka-Zeit in Japan. Aber auch in anderen Teilen der Welt trifft man auf diese Kunstfertigkeit.

Es existieren unterschiedliche Herstellungsmethoden, bei der raffiniertesten werden Fäden oder ganze Bündel, bevor sie in Farbeimer getaucht oder mit dem Pinsel bemalt werden, in bestimmten Abschnitten fest umwickelt. So können sich auf einem einzelnen Faden oder Garnbündel unterschiedliche Farben mit farblosen Abschnitten aneinanderreihen. Werden sie verwebt, entstehen äußerst komplexe und ebenso regelmäßige wie unregelmäßige Muster.

Im Laufe der Jahrtausende breitete sich diese Webkunst aus. Im 19. und 20. Jahrhundert liegt ihr neuzeitliches Zentrum in den zentralasiatischen Marktstädten und Kulturmetropolen entlang der Seidenstraße, vor allem in Samarkand und Buchara. Es ist eine religionsüberschreitende Volkskunst. In Buchara waren meist Juden, weil sie sich die Finger schmutzig machen durften, für das Färben zuständig und Muslime für das Weben. Die Gründung der Sowjetunion brachte die Ikat-Kunst in der ersten Hälfte des 20. Jahrhunderts weitgehend zum Erliegen. Die meisten jüdischen Färber wanderten aus Buchara aus, oft nach Palästina. Ihr Wissen, ihre Fertigkeiten und die Technik haben sie nicht weitervererbt.

Guido Goldman wuchs umgeben von europäischer Kunst auf. Beim Gang von seinem Kinderzimmer zum Salon begegnete er Impressionisten und Postimpressionisten von Monet über Renoir bis Chagall. Als Kind sammelte er Kunstpostkarten aus dem Metropolitan Museum und dem Museum of Modern Art. Er war eher gelangweilt von diesen sonntäglichen Ausflügen in die New Yorker Museumswelt, zu denen ihn seine Eltern mitschleppten.

Aber anders als die Gemälde daheim und an den Museumswänden verschafften ihm die Postkarten eine persönliche Beziehung zur bildenden Kunst. Hier entdeckt er die Komposition, das Zusammenspiel und die psychologische Anziehungskraft von Farben. Es ist vor allem die Macht und Pracht von Farben, die Goldman fasziniert und ihn schon recht früh selbst zum Kunstsammler macht, wenn auch zu einem eklektischen. Er kauft Gemälde von Bernard Schultze und seltene Poster aus Europa, erwirbt Stahlskulpturen von David Smith und Anthony Caro und Keramik von Clarice Cliff. Doch es sind die usbekischen Ikats, die einen magischen Bann entfalten und ihn jahrzehntelang verzaubern.

Die Liebe zu dieser Kunst war – wie manches in seinem Leben – einem bloßen Zufall zu verdanken: Irgendwann 1973 fährt Goldman in einem Taxi die New Yorker Madison Avenue hinunter und schaut gedankenversunken auf die Häuser, die wie eine große graue Mauer an ihm vorübergleiten. Doch plötzlich taucht mitten in dieser Eintönigkeit, wie aus dem Nichts, im Fenster einer Galerie ein buntes leuchtendes Etwas auf, das ihn blendet und emotional berührt.

Goldman lässt das Taxi halten und geht hinüber, um dieses Etwas genauer zu betrachten. In seiner Anordnung von Farben und Formen erinnert es Goldman an Gemälde von Wassily Kandinsky. Er ist ein großer Fan der frühen, von Volkskunst beeinflussten Phase des russischen Malers. Aber es ist kein Kandinsky, sondern ein großes Stück Stoff. Goldman geht die Stufen hinauf zur Martin & Ullman Gallery, er will genau wissen, was er da sieht. Die Galeristin Gail Martin erklärt ihm, dass es sich um einen Ikat aus dem 19. Jahrhundert handele. Ikat? Goldman hat noch nie etwas davon gehört. Usbekistan? Goldman lacht: „Wahrscheinlich hätte ich damals das Land kaum auf dem Globus gefunden." Goldman ist fasziniert von der Farben- und Formenvielfalt. Und auch wenn es bis heute keinen Beleg dafür gibt, dass Kandinsky, der wahrscheinlich ein paar handgewebte Ikat-Mäntel besaß, von dieser zentralasiatischen Kunst beeinflusst wurde, ist Goldman überzeugt, dass es da eine visuelle Verbindung gibt zwischen den farbintensiven Landschaften und figurativen Bildern des russischen Malers und den kräftigen, natürlichen Farbkompositionen der Webstoffe aus Usbekistan.

Für ein paar hundert Dollar kauft Goldman das Tuch und hängt es in seinem Appartement in Cambridge an die Wand vor der Bibliothek. Das ist der Anfang seiner Sammlung usbekischer Ikats, die ein Vierteljahrhundert später die größte der Welt sein wird, mit mehr als 400 Exponaten. Es ist auch der Beginn seiner Freundschaft mit Gail Martin. Die Galeristin wird seine Ikat-Beraterin und Kuratorin. Sie sagt ihm, was sich zu kaufen lohnt und wovon er besser die Finger lassen sollte.

Die ersten Ikats erwirbt Goldman nach bloßem Gefühl, weil ihm das Zusammenspiel der Farben besonders gut gefällt. Ikats sind damals, weil sie kaum jemand kennt, nicht besonders teuer. Erst als Goldman mehr und mehr davon kauft und inzwischen auch andere Gefallen an dieser Kunst finden, steigen die Preise. Es gibt auf dem Markt nicht besonders viele Ikats und schon gar nicht in einem unbeschadeten Zustand.

Mit der Zeit entwickelt sich Goldman zum Experten, man könnte auch sagen: zu einem Ikat-Fanatiker. Alles, was er in seinem Leben anpackt, womit er sich gerade beschäftigt, hat immer eine hochgradige Intensität. Goldman forscht, wo die Ikats verkauft werden, und fährt zu den Händlern. Es trifft sich gut, dass einer, der besonders erfahren ist, in Deutschland, in Karlsruhe sein Geschäft betreibt. Goldman ist dort oft zu Besuch, weil Alex Möller, der ehemalige deutsche Finanzminister, in Karlsruhe lebt.

Goldman legt größten Wert darauf, dass ihm die Händler nur vollständige Ikats anbieten. Oft existieren nur Teile eines großen Ganzen, weil im Laufe der Jahrhunderte Ikat-Mäntel und Wandteppiche zu kleinen Tüchern geschnitten wurden. Außerdem will Goldman nur Ikats, die vor

1870 gewebt wurden, als die Farben noch natürlich waren, ohne irgendwelche chemischen Zusätze. Diese Exemplare sind besonders empfindlich, müssen vor grellem Licht, vor Feuchtigkeit oder zu großer Hitze geschützt werden. Auch muss man Acht geben, dass die Ikats so aufgerollt werden, dass keine Knicke entstehen und die Stoffe brechen könnten. Goldman lässt sich von Experten beraten und richtet unter Anleitung der Textilabteilung des Boston Museum of Fine Arts im Keller seines Hauses in Concord zwei Räume ein, in denen die Ikats sachgerecht gelagert werden können.

Goldman ist zunehmend frustriert, dass seine immer größer und schöner werdende Kollektion im Verborgenen bleibt. Mitte der 1990er Jahre kauft er darum in Manhattan ein Appartement, ein 400 Quadratmeter großes Loft, in dessen zentralem Raum ein gutes Dutzend Wandteppiche aufgehängt werden können. Goldman heuert einen Architekten an und lässt das Loft mithilfe seiner Galeristin Gail Martin komplett umbauen. Alles darin ist auf seine Ikats ausgerichtet, die säurefreien Farben an den Wänden, die ausgeklügelte Klima- und Alarmtechnik, die Fensterjalousien, die automatisch den Lichteinfall regeln und den Staub von draußen reduzieren, die eigens entwickelte Aufhängetechnik für die Stoffe. Goldmans Gäste dürfen nicht rauchen und sich auch nicht zu schnell bewegen, denn ein starker Luftzug könnte die Ikats wie ein Segel aufblähen und beschädigen.

All diese Mühen, die Investitionen, das viele Geld dienen einem Ziel, man kann auch sagen einem Kampf: Goldman will, dass Ikats in der Fachwelt als Kunst gesehen und anerkannt werden – und nicht als bloßes Kunsthandwerk. Für ihn sind diese Webstoffe ein Gemälde, eben ein Kandinsky oder ein Matisse und nicht nur das Resultat einer besonders ausgefeilten Technik.

Man setzte sich damals in Usbekistan nicht einfach an den Webstuhl und webte drauflos. Die Ikat-Meister hatten ein ebenso künstlerisch-kreatives wie mathematisches Gehirn. In ihren Köpfen entstanden die Entwürfe für die Formen und das Farbenspiel. Der Effekt der Farben, der starke individuelle künstlerische Ausdruck, der sich auch darin zeigt, dass die Stoffe unterschiedlich und nicht alle im technischen Sinne perfekt sind und kein Werk dem anderen völlig gleicht – all das spricht in Goldmans Augen dafür, dass Ikats wie mit einem Pinsel gemalte Bilder sind. Deshalb besteht er darauf, wann immer ein Museum Interesse zeigt, seine usbekischen Webtücher auszustellen, dass sie in der Gemäldegalerie präsentiert werden und nicht in der Abteilung für Textilien. „Stoffe, egal wie künstlerisch und kunstvoll sie sind", beklagte Goldman, „werden von Museen oft stiefmütterlich behandelt und nur in der hintersten Ecke aufgehängt."

Manche sehen in Goldman damals einen Fantasten und schütteln den Kopf über die Vehemenz, mit der er seine Ansichten vertritt. Noch Ende der 1990er Jahre, die Kollektion hat da bereits einen beträchtlichen Umfang, beschreibt das angesehene Textilkunst-Magazin *Hali* Ikats als „ziemlich gewöhnliche Vertreter antiker orientalischer Weberei". Doch Goldman bleibt stur und stellt ein erstklassiges Team zusammen, das den Wert seiner Sammlung dokumentieren und darstellen soll. Der bekannte Kunstfotograf Don Tuttle baut dafür in einer Halle eigens ein riesiges Gerüst, damit er jedes einzelne Werk in seiner ganzen Schönheit ablichten kann. Das Ehepaar Kate Fitz Gibbon und Andy Hale, Experten für zentralasiatische Webkunst, reisen auf Goldmans Kosten nach Usbekistan, Russland und an andere Orte, tragen alles historische Material zusammen, das sie über Ikats finden können, und schreiben darüber ein Buch. Ihr Werk „IKAT: Splendid Silks of Central Asia. The Guido Goldman Collection" wird 1997 mit dem George-Wittenborn-Memorial-Preis als bestes Kunstbuch belohnt. Die Auszeichnung wird von der Organisation der Kunstbibliothekare Nordamerikas vergeben.

Das ist der endgültige Durchbruch für Goldmans Sammlung – und für die Definition von Ikat als Kunst. Einige der in dem Buch illustrierten Werke gehen auf Tournee, werden im Bostoner Museum of Fine Arts gezeigt, im de Young Museum in San Francisco, in der Arthur M. Sackler Gallery in Washington, im Jewish Museum in New York, dem Art Institute of Chicago und dem Denver Art Museum.

Und zu jeder Eröffnung reist der usbekische Botschafter in den Vereinigten Staaten an und hält stolz eine kurze Ansprache. Das ist deshalb so wichtig, weil in der Kunst- und Museumsszene eine heftige Raubkunst- und Herkunftsdebatte tobt. Mit oft gutem Grund wird kritisch gefragt, ob nicht etliche der über die Welt verstreuten Schätze zurück in ihre Heimat gehörten, weil sie ohne Rücksicht auf nationale Befindlichkeiten und das kulturelle Erbe auf Raubzügen oder während der Kolonialherrschaft erbeutet wurden. Oder auch nur weil reiche Leute sie unter Ausnutzung der Armut anderer aufgekauft haben.

Doch die Usbeken sind froh über Goldmans Ikat-Sammlung und unterstützen die Ausstellungen, haben sie doch zu häufig erlebt, dass Ikats in falsche Hände gerieten und wegen ihrer dekorativen Muster zu Kissen und Tischdecken umgenäht wurden. Goldman, der Usbekistan nie besucht hat, wird in die dortige Akademie der Künste aufgenommen. Er ist damals der erste Ausländer, dem diese Ehre zuteil wird.

Je bekannter, desto populärer werden die Ikats mit der Zeit. Die farbenfrohen Designs werden kopiert, industrialisiert, massengefertigt – und oft verhunzt. Das ist die eine, die bedauerliche Seite, die andere: In Usbekistan besinnt man sich dank Goldman der eigenen Webtradition, die alten Fertigkeiten werden wieder eingeübt. Vor allem im Ferganatal entstehen Tausende neuer Arbeitsplätze. Ein besonders berühmter Abnehmer der kunstvollen Stoffe ist Óscar de la Renta. Der Modezar hat die Ikats im New Yorker Loft seines Freundes Goldman hängen sehen, und ihre Muster und Farben haben ihn sofort inspiriert.

2015 verkauft Goldman sein Appartement in Manhattan und vermacht die inzwischen zu Ruhm gelangte Ikat-Kollektion nach und nach einer Handvoll Kunstmuseen. Die meisten Exemplare stiftet er der Sackler Gallery, die zum National Museum of Asian Art gehört, und man höre und staune: dem Textile Museum der George-Washington-Universität. Dabei hatte Goldman Textilmuseen immer verschmäht, weil sie seiner Meinung nach den Ikats nicht gerecht wurden. Doch die Washingtoner Textilgalerie erhält zwanzig Exponate, mehr kann sie an den Wänden des alten Gemäuers, das später Amazon-Chef Jeff Bezos kauft und zu seinem Privathaus umbaut, nicht aufhängen.

Das jedoch ändert sich schlagartig mit dem Neubau des Textilmuseums. Als Goldman 2015 zur Eröffnung eingeladen wird, ist er überwältigt und begeistert. Die moderne, zurückhaltende Architektur, die hohen lichten Räume und klaren Formen haben nichts mehr gemein mit den oft verwinkelten und düsteren Textilmuseen der Vergangenheit. Dieser neue Tempel der Stoffkunst, findet Goldman, ist für seine Ikats eine würdige Behausung. Dass er gebaut wurde, ist vor allem einem Mann zu verdanken: Bruce Baganz, texanischer Unternehmer, Kunstsammler und

März 2018: Bruce Baganz, Kuratoriumsvorsitzender des Textilmuseums der George Washington University (rechts), ehrt Guido Goldman wegen seiner Verdienste um die Ikat-Sammlung mit dem George-Hewitt-Myers-Preis.

Kuratoriumsvorsitzender des neuen Museums der George Washington University.

Mit ihm teilt Goldman die Leidenschaft für Ikats, die Entschiedenheit und das unternehmerische Geschick, alle Hebel in Bewegung zu setzen, damit die Kunst zur Geltung kommt.

Goldman ist von Baganz' Engagement derart angetan, dass er in dessen Namen dem Museum seine 68 schönsten Ikats stiftet. Und natürlich ist der Mann aus Houston ganz vorne mit dabei, als sich im März 2018 in Washington die Guido-Goldman-Welten zur großen Ikat-Feier treffen. Der preisgekrönte Kunstkritiker der *Washington Post*, Sebastian Smee, schreibt über Goldmans Kollektion usbekischer Webtücher: „Sie sind all das, was Henri Matisse zu vollbringen versuchte, nur in gefärbtem Garn."

Das Alvin Ailey American Dance Theater

Lieber einen Elvis-Presley-Imitator

Die feierliche Eröffnung der neuen amerikanischen Botschaft am Brandenburger Tor fällt sprichwörtlich ins Wasser. Der Himmel über Berlin weint ohne Unterlass. Die beiden Festredner, Bundeskanzlerin Angela Merkel und der ehemalige US-Präsident George Herbert Walker Bush, Vater des damaligen Präsidenten George Walker Bush, kauern gemeinsam unter einem großen schwarzen Regenschirm. Etliche Gäste haben an diesem 4. Juli 2008, dem amerikanischen Unabhängigkeitstag, bereits die Flucht ins Trockene angetreten.

Das schlechte Wetter passt eigentlich gar nicht zur Stimmung zwischen Berlin und Washington, denn die hellt sich gerade auf. Die US-Botschaft ist endlich an dem Ort, wo sie vor dem Krieg schon einmal stand, die in den vergangenen Jahren durch den Irakkrieg arg strapazierten deutschamerikanischen Beziehungen entspannen sich. Der bei Deutschen wie bei Amerikanern weitgehend unbeliebte republikanische Präsident George W. Bush, der den verheerenden Krieg mit lauter Lügen vom Zaun gebrochen hat, wird bald das Weiße Haus räumen. Es sieht ganz so aus, als würde ihm der Kriegsgegner Barack Obama nachfolgen. Der demokratische Präsidentschaftskandidat wird ebenfalls im Juli in Berlin erwartet. Vor der Siegessäule, den Blick aufs Brandenburger Tor gerichtet, will Obama zu den Deutschen und den Europäern sprechen. Die Aussicht, dass erstmals in der Geschichte ein schwarzer Amerikaner Präsident der Vereinigten Staaten werden könnte, beflügelt viele Menschen. Auch Guido Goldman.

Seit 1994 sitzt Goldman im Kuratorium des Alvin Ailey American Dance Theater, eines weltberühmten Tanztheaters aus New York. Die meisten im Ensemble haben schwarze Hautfarbe und sind überwiegend Afroamerikaner. Von ihnen erfährt Goldman immer wieder, welchen Schwierigkeiten und Diskriminierungen sie auch noch vier Jahrzehnte nach der gesetzlichen Verordnung der Gleichberechtigung ausgesetzt sind. Von ihnen hört er auch, welche symbolische Kraft es gerade für sie hätte, wählten die Amerikaner einen Schwarzen an die Staatsspitze.

Zur feierlichen Eröffnung der Botschaft ist auch Guido Goldman angereist. Für ihn ist allerdings der nächste Tag weit wichtiger. Dann feiert ganz Berlin unter dem Motto „Welcome home" ein großes Amerikafest. Und auf der Bühne vor dem Brandenburger Tor wird Ailey II tanzen, die Truppe mit den Nachwuchstalenten des Alvin Ailey American Dance Theater. Es war Goldman ein tiefes Bedürfnis und er hat alles dafür getan, dass ihn die jungen Tänzerinnen und Tänzer zu diesem für die deutsch-amerikanischen Beziehungen so bedeutungsvollen Fest begleiten und in Berlin auftreten. Den Großteil der Reisekosten hat er gesponsert.

Der Wettergott meint es gut, am nächsten Tag bricht die Sonne hervor und unter einem strahlend blauen Himmel strömen Zehntausende Berliner fröhlich zum Brandenburger Tor. Zu den Klängen von Rock, Blues und Gospel trippeln, laufen, springen, schreiten, flattern und schweben die Tänzerinnen und Tänzer von Ailey II über die Bühne. Sie beugen, recken, krümmen und verknäulen sich, rollen über den Boden, kauern im Kreis, als wärmten sie sich an einem Feuer, um im nächsten Moment wie Wasserstrahlen aus einem Springbrunnen in alle Richtungen auseinanderzufliegen. Die Stücke handeln von Sklaverei und Befreiung, Leid und Glück, Schmerz und Erlösung, von Sehnsucht, Hoffnung, Glauben und Liebe.

Der Afroamerikaner Alvin Ailey, der das Tanztheater 1958 gründete, weil schwarze Tänzer im etablierten amerikanischen Kulturbetrieb keinen Platz fanden, hat mit seinen Werken von Anfang an immer auch eine Botschaft verknüpft. Nie obsessiv, manchmal nur beiläufig, aber stets gezielt. „Wenn Sie auf die Bühne gehen, ist das ein politisches Statement?", wurde Alvin Ailey oft gefragt. Seine Antwort: „Natürlich! Ich bin ein Schwarzer. Sobald ich da stehe, hast du eine Meinung von mir." 1931 in Texas geboren und von seiner erst 17-jährigen Mutter in großer Armut allein großgezogen, erfuhr Alvin Ailey Rassismus, Hass und Diskriminierung gleich doppelt: als Schwarzer – und als Homosexueller. 1989 starb er mit 58 Jahren an Aids.

Das letzte Stück, das Ailey II an diesem 5. Juli 2008 aufführt, heißt „Revelations" – zu Deutsch: Offenbarungen. In Revelations, von Ailey erstmals 1960 auf die Bühne gebracht, verschmelzen eigenes Erleben, politische Botschaften, choreografische Genialität und tänzerisches Können zu einem großen Gesamtkunstwerk. Revelations spiegelt den Geist, das Sein und die hohe Emotionalität des Tanztheaters wider, ist Identitätsausweis und Visitenkarte und darf bei keinem Auftritt fehlen, egal ob die Nachwuchstalente von Ailey II oder die reguläre Truppe tanzt. Revelations ist bei fast jeder Performance das große Finale, das Stück setzt den Schlussakkord.

Tausende von Berlinern jubeln dem Ensemble minutenlang zu. Goldman ist überglücklich. Später wird er sich zu den Tänzerinnen und Tänzern gesellen, wird Sylvia Waters, die künstlerische Leiterin von Ailey II, zum Essen einladen. Sie ist ihm seit vielen Jahren eine gute Freundin. Was Goldman nicht weiß und auch nicht wissen kann: Inmitten der vielen Menschen, die Ailey II an diesem Tag emphatisch feiern, steht ein junger Diplomat der US-Botschaft. Er heißt Jeff Rathke und wird, weil auch Guido Goldman den Daumen hebt, zehn Jahre später zum Präsidenten des American Institute for Contemporary German Studies an der Johns-Hopkins-Universität gewählt.

Damals in Berlin weiß Goldman nicht, wer Rathke ist, aber umgekehrt hat Rathke schon viel von Goldman gehört. Seit Monaten liegt ihm seine Botschaftskollegin Helena Finn in den Ohren, wie großartig die Alvin-Ailey-Truppe ist, die Goldman nach Berlin bringt. Finn ist an den Vorbereitungen für die Botschaftseröffnung beteiligt.

Und auch hier laufen scheinbar lose Fäden der Guido-Goldman-Welt wieder einmal perfekt zusammen: Die Diplomatin Finn kennt Goldman erst seit Kurzem. Sie traf ihn zufällig 2007 in New York bei einem Essen, zu dem Avrom Udovitch, Professor für Mittelalterliche Arabische Handelsgeschichte, eingeladen hatte. Irgendwann am Abend tauchte zufällig Udovitchs Jugendfreund Guido Goldman auf und erzählte mit großer Leidenschaft von einer bevorstehenden Deutschlandtournee des Alvin Ailey American Dance Theater. Das habe sie natürlich brennend interessiert, sagt

Finn, denn wenige Wochen später habe sie ihren neuen Posten an der US-Botschaft in Berlin angetreten.

Im November 2007 kommt Goldman nach Berlin und lädt anlässlich seines 70. Geburtstags einige Freunde und Bekannte zum Essen ein, zu Helena Finns Überraschung auch sie. Beim Gespräch kommt die Idee auf, beim Festakt am 4. Juli das Alvin Ailey American Dance Theater auftreten zu lassen. Doch das Tanztheater ist bereits ausgebucht, und Goldman schlägt darum vor, stattdessen die junge Nachwuchstruppe Ailey II nach Berlin zu holen. Finn spricht mit den zuständigen Vertretern im deutschen Außenministerium und im Berliner Senat, und alle finden das eine tolle Sache. Nur der US-Botschafter in Deutschland nicht, er hat andere Vorstellungen. William Timken, ein Geschäftsmann aus Ohio, will, wie sich Finn erinnert, am 4. Juli unbedingt einen Elvis-Presley-Imitator auf der Bühne haben.

Finn, Goldman und alle, die sich an den Vorbereitungen beteiligen, sind bitter enttäuscht. Doch dann kommt ihnen die Idee, Ailey II einfach am Tag darauf tanzen zu lassen, wenn ganz Berlin feiert. Was ein Glück ist, denn am 4. Juli hätte der Tanztruppe, wenn sie im strömenden Regen überhaupt hätte auftreten können, kaum jemand zugeschaut.

Ein Schwingboden für die Tänzer

Wie von Gemälden und Skulpturen, ist Goldman von Kindesbeinen an auch von Musik umgeben. Sein Vater liebt Beethoven, Mozart und Bach; die Eltern fahren im Sommer oft zu den Salzburger Festspielen und nehmen in New York die Söhne mit in die Oper oder ins Konzert. Guido Goldman versucht sich im Klavierspiel, aber es bleibt eine eher lustlose, untalentierte Klimperei. Das Notenspiel, die Musik, besonders die klassische, sind nicht sein Ding. Er geht ins Theater, aber nicht oft. Als Erwachsener interessiert er sich für Blues und Jazz und legt sich eine umfangreiche Platten- und CD-Sammlung zu. Aber wirklich gefangen nimmt ihn nur die bildende Kunst.

Fragte man Goldman jedoch, ob er in seinem Leben etwas Wichtiges versäumt habe, ob es, wenn er die Zeit zurückdrehen könnte, irgendetwas gebe, was er anders machen würde, dann sagte er ohne groß nachzudenken: „Ich wäre zum Tanztheater nicht erst 1994, sondern schon 36 Jahre früher dazugestoßen." Das wäre 1958 gewesen. Goldman ist damals in seinem dritten Studienjahr in Harvard, und sein Bruder Michael lädt ihn zur ersten Aufführung des soeben gegründeten Alvin Ailey Dance Theater ein (das Wort „American" wird im Namen erst später hinzugefügt). Die Vorstellung soll in den Räumen der Young Men's Hebrew Association stattfinden, einem Begegnungszentrum für junge Juden in New York, und Michaels Freundin ist eine der Tänzerinnen.

Jacqui Walcott ist damals bereits ein Star. Alvin Ailey hat die schwarze Tänzerin der legendären Katherine Dunham Dance Company abspenstig gemacht. Katherine Dunham ist eine Pionierin des Black Dance. Doch Guido Goldman schlägt die Einladung aus. Er glaubt, da würden wie beim Ballett ein paar Ballerinas in Tutus über das Parkett fliegen. Vom Modern Dance hat er keine Ahnung, er fragt auch nicht nach. Dass er diese Gelegenheit damals verstreichen ließ, bereut Goldman heute sehr.

Der wesentliche Unterschied zwischen Ballett und Modern Dance liegt, kurz gesagt, darin, dass die einen die Gesetze der Schwerkraft auszuhebeln versuchen, während die anderen die Erdanziehung gezielt für sich nutzen. Balletttänzer streben mit ihren gestreckten Körpern nach oben und schweben wie ein leichtes Tuch im Wind. Modern-Dance-Tänzer hingegen biegen und beugen sich nach unten, ihre Bewegungen gehen in den Boden, sind im wahrsten Sinne des Wortes geerdet. Ballett ist auch ein strenger geregelter Tanz, die Schritte im Modern Dance hingegen sind freier und improvisierter.

„Erdung" ist Alvin Aileys Leitmotiv. Die Tänzerinnen und Tänzer sollen nicht abheben, die Botschaft und Bewegungen müssen allen Menschen verständlich sein. „Modern Dance war für Ailey immer eine Frage der Zugänglichkeit", sagt Judi Jamison, die viele Jahrzehnte der große Star des Ensembles ist und 1989 auf Bitten des todkranken Ailey die künstlerische Leitung übernimmt. „Ihr tanzt nicht in einem Vakuum, ihr tanzt für Menschen", habe Ailey allen immer wieder eingetrichtert.

1943 geboren, ist Jamison auch mit 77 Jahren noch immer ein Kraftbündel und steckt voller Ideen. Mit Goldman ist die Afroamerikanerin eng

Guido Goldman mit Judi Jamison, der künstlerischen Leiterin des Alvin Ailey American Dance Theater, in New York in den 1990er Jahren

verbunden. Ihre dunkle Stimme erfüllt den Raum, das laute, einnehmende Lachen lässt Gläser klirren. Doch wenn ihr nicht passt, was man fragt, wird sie streng. „Ein schwarzes Tanztheater? Sagten Sie gerade, wir seien ein schwarzes Tanztheater?", empört sich Jamison und lässt die Augen funkeln. „Mister, bei uns tanzen auch Asiaten und Europäer, wir sind ein Tanztheater für alle." Manche in ihrem Ensemble nennen sie einen „Tiger", wegen ihres großen Herzens allerdings einen „sanften Tiger".

Alvin Ailey revolutioniert damals den Modern Black Dance. Zwar ist auch er der Meinung, dass in seinem Tanztheater vor allem Schwarze auf der Bühne stehen sollten, aber er hat nicht diesen Ausschließlichkeitsanspruch, der zuvor die Katherine Dunham Dance Company prägte. In einem Vorwort zum Fotoband „Ailey Spirit" schreibt der berühmte Jazztrompeter und Leiter des „Jazz at Lincoln Center" Wynton Marsalis: Ailey sei zutiefst davon überzeugt gewesen, „dass die afroamerikanische Sensibilität national war, und nicht: ‚nur für Neger' … Im Wissen um die demokratische Macht des Individualismus achtete Ailey die Vielfalt sowohl in der Erscheinung als auch in der Bewegung jedes einzelnen Tänzers."

Goldman hat Ailey nie wirklich kennengelernt, nur einmal, 1985, ist er ihm flüchtig begegnet. Es ist Aileys ebenso menschlicher wie philosophischer Blick auf das Leben, der Goldman 1994, fünf Jahre nach Aileys Tod, zum Tanztheater führt. Und sein Bedürfnis, etwas gegen das Krebsgeschwür des Rassismus zu tun. Seit seinen Jugendjahren, als er mit seiner Kinderfrau Ruth aus Barbados bewusst den Fahrstuhl für Schwarze nahm, ist er der Meinung, dass sich in der Gesellschaft etwas grundlegend ändern muss. „Hätte Alvin Ailey nicht eine im Großen und Ganzen schwarze Tanztruppe gegründet", meinte Goldman wenige Monate vor seinem Tod, „wäre ich wahrscheinlich nicht dabei gewesen." Es ist vor allem sein Unbehagen über die krasse Ungerechtigkeit – weniger die Begeisterung für Tanz und Musik – das ihn anfangs zum Alvin Ailey American Dance Theater führt.

Goldman sagt jedenfalls sofort zu, als sein Bekannter Phil Laskawy, Chef der Wirtschaftsprüfungsgesellschaft Ernst & Young und Kuratoriumsvorsitzender des Tanztheaters, ihn bittet mitzumachen. Es trifft sich auch, dass Goldman gerade seinen Wohnsitz von Harvard nach New York verlegt, weil er sich in Vollzeit um die Treuhandgesellschaft First Spring kümmern muss.

Das erste Jahr im Kuratorium, erzählte Goldman, habe er bei den Sitzungen nur Mäuschen gespielt, denn vom Modern Dance habe er nicht die geringste Ahnung gehabt. Der Durchbruch kommt, als die künstlerische Leiterin Judi Jamison darüber klagt, in letzter Zeit würden sich immer mehr Tänzerinnen und Tänzer verletzen. Goldman will wissen warum. „Weil wir nicht auf Schwingböden tanzen", sagt Jamison. Auf den harten Böden der Trainingsräume und öffentlichen Bühnen würden sich die Tänzer bei ihren Sprüngen leicht die Knöchel verstauchen oder gar den Fuß brechen. Sie bräuchten ein Parkett, das federe und nachgebe. „Was kostet das?", fragt Goldman. „Dafür haben wir kein Geld", unterbricht ihn der Kuratoriumsvorsitzende Laskawy und sagt, entweder bezahle Goldman auf der Stelle den Schwingboden selbst oder die Diskussion sei beendet.

Das Tanztheater ist damals so gut wie bankrott. Alle Anschaffungen von der kleinsten Puderdose bis zur Pizza beim Italiener um die Ecke gibt es nur noch gegen Barzahlung. Ailey war zwar ein genialer Künstler, hatte jedoch keinen blassen Schimmer von Finanzen. Und er habe es gehasst, sagt Judi Jamison, Spenden einzusammeln. Ailey war kein Klinkenputzer. Doch das Geld gab er mit vollen Händen aus, selbst wenn keins mehr da war und man es bei einer Bank oder einem privaten Gönner pumpen musste. Nach der Kuratoriumssitzung erkundigt sich Goldman bei Jamison nach dem Preis für einen Schwingboden. 35 000 Dollar, sagt sie. „Okay", meint Goldman, „ich kaufe ihn." Judi Jamison weiß noch heute, wie ihr vor Staunen der Mund offen blieb. Im Kuratorium, sagt sie, habe man sich über die Bilanzen gebeugt, überlegt, wen man noch als Spender gewinnen könne, und geschaut, wie das Tanztheater im nächsten Jahr finanziell über die Runden komme. „Mit Guido Goldman aber", so Jamison, „stieß das erste Mal ein Kuratoriumsmitglied zu uns, das vor allem wissen wollte, wie es jeder Tänzerin und jedem Tänzer geht."

Goldman kauft bald noch einen zweiten Schwingboden, der sich zusammenfalten und transportieren lässt. Denn die Knochen der Tanztruppe müssen auch auf Tournee geschützt werden. Sie ist oft unterwegs, nicht nur in Amerika, sondern in der ganzen Welt. Das Alvin Ailey American Dance Theater gastiert in Südafrika, China und Israel, in Paris, London, Berlin und Sankt Petersburg. Und immer mal wieder taucht auf diesen Reisen plötzlich Guido Goldman auf, setzt sich in die Vorstellung, geht mit dem Ensemble essen, bezahlt Hotelrechnungen, wenn sie das knappe Budget zu stark strapazieren, und organisiert – natürlich auf seine Kosten – Stadtbesichtigungen. In den Weißen Nächten von Sankt Petersburg lädt er die gesamte Crew zu einer Bootsfahrt auf der Newa ein.

Nach Aufführungen geht Goldman oft zum Hinterausgang, um nachzuschauen, ob auch für jene gesorgt ist, die nicht im Rampenlicht stehen, sondern hinter der Bühne abbauen und aufräumen müssen. Goldman schickt einen Masseur mit auf Tournee und begleicht dem einen oder anderen Tänzer die Schulden.

Die Tanztruppen um Jami Jamison und Sylvia Waters wachsen ihm ans Herz. Er lässt sich anstecken von ihrem Esprit. Er bewundert ihr Talent, ihre freie Lebensform, die Ungezwungenheit und Unbekümmertheit, mit denen sie Konventionen sprengen. Die Tänzerinnen und Tänzer dürfen seine Wohnungen in New York und Miami nutzen, und mindestens einmal im Jahr feiert er mit ihnen in der Ikat-Kulisse seines Lofts in Manhattan eine große Party. Goldman wird einer der Vizevorsitzenden des Kuratoriums. Er sagte, diese Zeit habe zu den besten seines Lebens gehört.

Die zweite Hälfte der 1990er Jahre ist für das Alvin Ailey American Dance Theater eine Zeit des Umbruchs. Irgendwann fährt Goldman mit dem Tanztheater zum Spoleto Festival nach Charleston, South Carolina. Die dortigen Festspiele der darstellenden Künste sind eine große Talentshow, man schaut einander zu und tauscht sich aus. Bei einem Treffen in einer Kirche hört Goldman, wie Jamison von ihrem Tanztheater und ihren Zukunftsträumen erzählt und voller Leidenschaft für ein eigenes Gebäude plädiert. Für einen festen Ort in New York, an dem das Alvin Ailey American Dance Theater ungestört üben und neue Talente heranziehen könnte, wo genug Platz wäre, um auch Initiativen aus der Nachbarschaft und nahegelegenen Schulen einen Raum zum Tanzen zu bieten. Für die Zukunft ihres Tanztheaters und des Modern Dance, sagt Jamison, wäre so ein beständiger Ort fast überlebenswichtig.

Goldman ist überrascht von dieser Idee – und angetan. Jamisons Feuer ist auf ihn übergesprungen. Wieder zurück in New York spricht er mit Phil Laskawy darüber, und sie schlagen dem Kuratoriumsmitglied Joan Weill gemeinsam vor, eine kleine Findungskommission zu gründen, die sich nach geeigneten Spendern umschaut. Doch Weill, die mit dem sehr generösen Citibank-Chef Sandy Weill verheiratet ist, lehnt ab. Laskawy gibt nicht auf und hat den genialen Einfall, ihr seinen Posten anzubieten. Weill lässt sich ködern, wird zur Kuratoriumsvorsitzenden gewählt und sammelt binnen kurzer Zeit den gigantischen Betrag von 100 Millionen Dollar ein.

2005 bezieht das Alvin Ailey American Dance Theater an der Ecke 55th Street und 9th Avenue sein neues Zuhause. Das Joan Weill Center for Dance, ein sechsstöckiger Glasturm im Herzen Manhattans, ist mit über 7000 Quadratmetern das größte Tanzzentrum Amerikas. Den Fitnessraum hat Goldman gestiftet, ebenso ein großes Mosaik mit dem Konterfei von Judi Jamison. Es schmückt eine Wand im fünften Stockwerk, wo die etwa 30 Mitglieder der Kerntruppe jeden Tag eisern trainieren. Goldman will mit dem Porträt die Erinnerung an Jamison wachhalten. Schließlich hat sie das Ensemble nach Aileys Tod vor dem Ruin bewahrt und zu einem der führenden Modern-Dance-Theater der Welt gemacht. 2011 geht Judi

Jamison in den Ruhestand, drei Jahre danach zieht sich Goldman aus dem Kuratorium zurück.

Dem Alvin Ailey American Dance Theater, seiner „Herzensfamilie", bleibt er bis zu seinem Tod eng verbunden. Für den 83-Jährigen ist das Tanztheater wegen seiner einzigartigen Geschichte und großen Leistung ein Schatz, der wie ein Nationalheiligtum gepflegt werden sollte. Vor allem 2020, als diese Biografie entsteht, wird wieder dramatisch deutlich, dass der Rassismus noch längst nicht ausgemerzt ist und im Weißen Haus mit Trump ein Präsident regiert, der den Hass geradezu lustvoll anstachelt.

Auch um die Gesundheit und das Wohlbefinden von Tänzerinnen und Tänzern war Goldman bis zum Schluss besorgt. Und nicht nur im Alvin Ailey American Dance Theater, wo seiner Meinung nach der Fitnessraum schon wieder zu klein und zu spartanisch ausgerüstet war. Vor etlichen Jahren finanzierte Goldman einer Grundschule im Bostoner Stadtteil Dorchester eine Tanzlehrerin und einen Tanzraum. Seine Bekannte Meg Campbell, die in Harvard unterrichtete und die er über seinen Studienfreund John Mudd kennenlernte, hat dort ein ganz besonderes Schulprojekt ins Leben gerufen, die Codman Academy Charter School.

In Dorchester leben viele sehr arme Familien, die meisten sind schwarz und aus der Karibik oder Afrika eingewandert. Viele Kinder sind schlecht ernährt und krank, haben psychische Probleme. Die Besonderheit dieser Schule in Dorchester ist, dass sie räumlich mit dem lokalen Gesundheitszentrum verbunden ist. Beim Mittagessen in der Cafeteria und auf den Fluren mischen sich Schüler mit Ärztinnen und Krankenschwestern. Es war Goldmans Idee, in der Schule einen Tanzraum einzurichten. Meg Campbell war sofort dafür. Tanzen, sagt sie, helfe Sorgen abzuschütteln und sich wenigstens für einen Moment lang beschwingt und unbeschwert zu fühlen.

An einem Morgen im März 2020 stürmen zwei Dutzend Kinder in die kleine Tanzhalle im ersten Stockwerk eines Backsteinhauses gleich gegenüber dem Gesundheitszentrum. Sie greifen in ein Holzregal und ziehen schwarze Schuhe heraus, unter deren Sohlen vorne und hinten kleine Metallplatten haften. Tack-tack-tack klackert es erst langsam, dann immer schneller, eine halbe Stunde lang. So leichtfüßig der Steptanz auch aussehe, sagt die Tanzlehrerin, verlange er ein besonders hohes Maß an Musikalität,

Ausdauer und Rhythmusgefühl. „Körper und Seele müssen in Einklang miteinander kommen."

Vor nicht allzu langer Zeit hat Goldman auch der Batsheva Dance Company 300 000 Dollar geschenkt. Das berühmte Tanztheater aus Israel erhält in Tel Aviv gerade einen neuen Campus, und Goldman war es ein besonderes Anliegen, dass in eines der im Bau befindlichen Häuser ein modernes Gesundheitszentrum einzieht. Auch hier schließt sich wieder einer der Guido-Goldman-Kreise: Mitbegründerin des zeitgenössischen Tanztheaters in Israel war 1964 Baronin Bethsabée de Rothschild, deren Familie wie die Goldmanns vor den Nazis nach New York floh. Ihr Vater Edouard und ihr Bruder Guy de Rothschild waren mit Goldmans Vater Nachum Goldmann befreundet. Beim Aufbau der Batsheva Dance Company half seinerzeit Martha Graham mit, eine weitere Ikone des Modern Dance. Einer von Grahams Schülern hieß: Alvin Ailey.

Weiter noch: Zum künstlerischen Leiter des israelischen Ensembles wurde 1990 ein Freund Goldmans gewählt: Ohad Naharin, dessen Frau Mari Kajiwara wiederum ein großer Star des Alvin Ailey American Dance Theater war. Als Kajiwara Ende 2001 einem Krebsleiden erlag, widmete die *New York Times* der legendären Tänzerin und ihrem Wirken bei Alvin Ailey einen langen Nachruf.

Die drei Tanztheater Graham, Ailey und Bathseva verbindet seit jeher ein gemeinsames Ideal: Modern Dance, zeitgenössischer Tanz, ist für sie nicht nur hohe Kunst, sondern hat auch eine wichtige soziale Funktion. Und er bietet allen Tänzerinnen und Tänzern, egal welcher Hautfarbe, Religion oder sexuellen Orientierung, eine Heimat.

Guido Goldman betonte zwar, seine Spende für die multiethnische und multireligiöse Batsheva Dance Company habe er seinem Freund Ohad Naharin und der Gesundheit der Tänzerinnen und Tänzer gewidmet. Aber er hätte nicht abgestritten, dass er mit seiner Zuwendung – zumindest beiläufig – auch ein politisches Zeichen setzen wollte: gegen den wachsenden Nationalismus und die zunehmende Intoleranz in Israel, in jenem Land, das sein Vater einst mitbegründete und in dem er auf dem Herzlberg begraben liegt.

Was bleibt?

Es ist März 2020, hinter uns liegen zwei Dutzend Gespräche, wir kommen zum Ende, das Aufnahmegerät läuft ein letztes Mal mit. Wie immer sitzen wir in der Küche, wenn ich Guido Goldman interviewe, denn sie ist sein Lieblingsplatz in seinem Haus in Concord.

Durch die großen, raumhohen Fenster schaut man auf die vielen Bäume, den kleinen Wald, der hinter der Terrasse zum Concord River abfällt. Die Skulpturen im Garten sind verhüllt, der Winter hat sich noch nicht verabschiedet, auch wenn der Frühling allmählich durchbricht. Auf einem Ast vor dem Fenster landet ein Roter Kardinal, schüttelt sein Gefieder, plustert sich auf und fliegt davon.

Goldman liebt dieses Haus, den Blick, die Ruhe. Der Ort ist von einer Friedfertigkeit beseelt, dass man das Unheil drum herum fast vergessen könnte. Die Coronapandemie fordert immer mehr Opfer, Donald Trump stachelt den Hass weiter an, Joe Biden ist noch nicht in Sicht, fast überall wächst das Krebsgeschwür des Nationalismus, auch in Europa.

Goldman sagt, wäre er nicht schon fast 83 Jahre alt und von Krankheit schwer gezeichnet, würde er mit seinem Freund Karl Kaiser zum Präsidenten von Harvard gehen und zum Dekan der Faculty of Arts and Sciences. Wie damals Ende der 1960er Jahre, als sie die Idee hatten, die West European Studies zu gründen, würde er fordern, dass Harvard mehr für Europa und Deutschland tun müsse. Das Wissen der Amerikaner über den europäischen Kontinent schwinde, beklagt Goldman, Regionalstudien würden nicht mehr gelehrt. Dabei seien die doch enorm wichtig für das Verständnis anderer Gesellschaften und Regierungssysteme.

Aber Goldman weiß, dass er gegen Windmühlen kämpft und der Trend nicht aufzuhalten ist. Neue Generationen haben einen anderen Blick, Visionen und Missionen wandeln sich mit den Zeitläufen – und damit verändern sich auch die Institutionen, in denen diese Ideen verankert sind. „Ich bin ein Mann des 20. Jahrhunderts", sagt Goldman, „meine Zeit neigt sich ihrem Ende. Ich war bereits 63, als das 21. Jahrhundert anbrach. Sage mir also bitte niemand, dass ich meine größten Leistungen in den letzten zwanzig Jahren vollbracht habe."

Goldman lehnt sich zurück in seinem großen schwarzen Schreibtischstuhl, wippt leicht hin und her. Er sitzt immer auf diesem Stuhl in der Küche, und der Stuhl steht immer am selben Platz, am linken Kopfende des großen Tisches. Der Rote Kardinal ist zurückgekommen und lässt sich am Rande der Terrasse nieder. Goldman sagt: „Ist das für den Vogel nicht ein bisschen zu früh im Jahr?" Der Winter war mild, wie fast alle letzten Winter.

Der Klimawandel macht auch vor Concord nicht halt. Goldman sagt, Dürre, Wassermangel, Epidemien und Flüchtlingswanderungen hätten einen direkten Einfluss auf Außen-, Innen- und Verteidigungspolitik und seien darum ein „ganz großes Thema", auch für seine Institutionen. Doch kritisiert er, dass die Debatten darüber zu moralisch und die politischen Forderungen zu absolut seien. Den Einwand, dass sich die Probleme ob ihrer schieren Größe und Gefährlichkeit nur noch radikal lösen ließen, lässt er nicht gelten. Mit dem Herzen stimme er der Klimaschutzbewegung Fridays for Future durchaus zu, sagt Goldman, ebenso jenen, die nach einer weitherzigeren Aufnahme von Flüchtlingen riefen. Aber man dürfe Gesellschaften nicht überstrapazieren und müsse immer im Blick haben, dass andere Menschen eine andere Sicht auf die Probleme und die Welt hätten. Keiner mit Verstand könne doch ernsthaft wollen, sagt Goldman, dass weitere Trumps oder die deutsche rechtspopulistische Partei Alternative für Deutschland (AfD) an die Macht kämen. Staaten und Menschen handelten nach ihren Interessen, die gelte es auszuloten und auszutarieren. „Moralischer Rigorismus bringt uns da keinen Schritt weiter."

Goldman liest gerade das Buch „1941" des Historikers Marc Wortman. Es hat ihn nachdenklich gemacht und er wünschte sich, dass auch viele junge Menschen es lesen würden. Eigentlich sei es ein erschütterndes Dokument, aber eben sehr realistisch. Der Autor beschreibt in „1941" Franklin D. Roosevelts schwierigen Balanceakt zwischen globaler Strategie und amerikanischer Innenpolitik in den Monaten vor dem Eintritt der Vereinigten Staaten in den Zweiten Weltkrieg: Der US-Präsident, restlos davon überzeugt, dass Hitler-Deutschland eine Gefahr für die Welt ist und gestoppt werden muss, hilft den Briten so gut er kann, schickt Waffen, setzt die Geheimdienste ein. Aber die öffentliche Meinung in Amerika ist gegen eine offizielle Beteiligung am Kampf gegen Nazideutschland und die Entsendung eigener Truppen. Die Wunden des Ersten Weltkriegs sind noch nicht verheilt. Roosevelt muss sich daheim außerdem starker isolationistischer, antisemitischer und mit den deutschen Nationalsozialisten sympathisierender Kräfte erwehren. Zu ihnen gehört unter anderem Charles Lindberghs America First Committee.

Die Stimmung schlägt jedoch schlagartig um, als die Japaner am 7. Dezember 1941 Pearl Harbor angreifen, den Stützpunkt der US-Marine auf Hawaii. Am Tag danach treten die Vereinigten Staaten in den Zweiten Weltkrieg ein, erklären Japan den Krieg, woraufhin das mit Japan verbündete Deutsche Reich Amerika den Krieg erklärt. „Wir mussten erst selbst attackiert werden, unsere ureigenen Interessen mussten betroffen sein", sagt Goldman, „es reichte nicht aus, dass Hitler dabei war, Europa zu unterwerfen und Millionen Juden zu ermorden."

Und war es falsch, erst aus Eigeninteresse zu handeln? Nein, sagt Goldman, so tickten nun einmal Staaten und Menschen, nur würde das manchmal vergessen. Und dann entwirft er das Horrorszenario einer Welt ohne Pearl Harbor und Amerikas Eintritt in den Krieg: Das verbrecherische Hitler-Regime hätte Russland besiegt, weite Teile Europas beherrscht und noch mehr Juden vergast. Die Engländer hätten um einen Friedensvertrag gebeten und auch die Amerikaner mit Hitler verhandelt.

Zum Glück kam es anders. Für Leute wie Goldman bot die Katastrophe des Zweiten Weltkriegs auch eine Chance. Sie konnten ihre Ideale umsetzen, zu deren Schutz und Verbreitung Institutionen bauen und eine neue, liberale internationale Ordnung errichten.

Goldmans Handy klingelt, Karl Kaiser ist am Apparat und sagt, er komme gleich vorbei. Er wohnt in New Hampshire, zwei Stunden mit dem Auto entfernt. Immer wenn Kaiser in Harvard zu tun hat, und das ist noch oft, übernachtet er bei seinem Freund Goldman. Unser Interview wird vertagt.

Aber die Diskussion ist damit nicht beendet, mit Kaiser geht sie munter weiter. Wie Goldman ist er ein *political animal*. „Wir sind", sagt Kaiser

Guido Goldman (links) und sein enger Freund Harvard-Professor Karl Kaiser auf einer Konferenz im Center for European Studies in Harvard, in den 2000er Jahren

und meint damit Goldman und sich, „Produkte des blutigen Jahrhunderts und seiner Überwindung. In diesem Kontext wuchsen wir auf und haben wir uns engagiert." Das 21. Jahrhundert, die Folgen des Klimawandels, die immer größer werdenden Flüchtlingsströme, die wieder aufkeimenden Nationalitätenkonflikte, die digitale Revolution mit ihren dramatischen Folgen für Gesellschaften, sagt Kaiser, „all das erleben Guido und ich nur noch als alte Herren. Wir können mitreden, aber wie Lösungen aussehen, wie Institutionen umgebaut und langfristig neu ausgerichtet werden müssen entscheiden andere."

Am nächsten Morgen sagt Goldman, er habe noch eine Zeit lang wachgelegen und nachgedacht. Eigentlich habe es seine Generation im Vergleich zu heute leichter gehabt. „Klar, der Krieg war Ground Zero, Apokalypse, aber wir konnten, als der Horror vorüber war, Neues schaffen. Heute geht es nur darum, das Erreichte vor seiner Vernichtung zu bewahren."

Goldman bedrückt die Rückkehr dunkler Kräfte, er sieht sein Lebenswerk bedroht, von außen wie von innen. Nie hätte er gedacht, dass Amerika, sein eigenes Land, zum Risikofaktor wird und dass auch Europa von

Nationalismus, Fremdenfeindlichkeit und Protektionismus heimgesucht wird. Er hat keine gute Antwort, wie man gegensteuern könnte. Die von ihm mitbegründeten Institutionen sind keine Oppositionsveranstaltung und auch keine politische Bewegung. Sie sind zwar nichtstaatlich, aber ganz darauf geeicht, mit den Staaten des Westens zusammenzuarbeiten, um die Welt zu verbessern. Aber wie soll das mit Staatsführern vom Schlage eines Donald Trump oder Viktor Orbán funktionieren?

Das Dilemma wird auch nicht über Nacht aus der Welt sein, wenn der Demokrat Joe Biden ins Weiße Haus einzieht. Die Anfechtungen der liberalen Ordnung werden nicht einfach verschwinden und die Vereinigten Staaten nicht in ihre alte Rolle zurückkehren. Dafür haben sich die Gewichte zu stark verschoben, auch ohne Donald Trump. Diese liberale internationale Ordnung, hauptsächlich von den Amerikanern nach dem Zweiten Weltkriegs geschaffen und angeführt, ist heute, im Jahr 2020, weniger liberal, weniger international, weniger geordnet – und eben auch weniger amerikanisch. Dabei gäbe es triftige, geradezu existenzielle Gründe, sie – natürlich in veränderter Form – wieder zu stärken. Im Lichte der Bedrohungen von außen durch Russland und China sowie der Erosionsgefahren im Innern ist die Bedeutung einer wertegebundenen internationalen Ordnung zweifellos wieder gestiegen. Nur hat sich diese Überzeugung noch längst nicht überall durchgesetzt. Die von Guido Goldman ins Leben gerufenen nichtstaatlichen Organisationen haben da eine wichtige Aufgabe, können in diesem Prozess der Neuorientierung Ideengeber, Mittler und vorwärtstreibender Erneuerer sein.

In Goldmans Keller in Concord lagern stapelweise Kartons mit Fotos, Abertausende Ablichtungen seines Lebens. Sie zeigen ihn mit seinen Eltern und seinem Bruder Michael, mit Stanley Hoffmann, Karl Kaiser und Henry Kissinger, mit Willy Brandt und Alex Möller, mit Ronald Reagan und Helmut Schmidt, mit Richard von Weizsäcker, Helmut Kohl und Angela Merkel. Goldman ist auf Kongressen, Partys und Empfängen zu sehen und in den letzten 20 Jahren besonders häufig im Kreis der Tänzerinnen und Tänzer des Alvin Ailey American Dance Theater.

Guido Goldman ist stolz auf das, was er geschaffen hat. Mit seinen transatlantischen Institutionen hat er nach dem Krieg den amerikanischen Blick auf Europa und auf Deutschland verändert. Er hat neue Impulse gesetzt und deutschen Wissenschaftlern ein Studium in Harvard ermöglicht. Seine Ikats hängen in bedeutenden Kunstmuseen; das Tanztheater ist zu Weltruhm gelangt und hat mitten in New York ein eigenes Gebäude.

Natürlich will Goldman, dass man seine Leistungen würdigt, aber er sagt, im Vergleich zu anderen Menschen in seinem Leben habe er nur kleine Rädchen gedreht. Henry Kissinger habe es zum Außenminister gebracht, Zbigniew Brzeziński zum Nationalen Sicherheitsberater, Stanley Hoffmann sei ein berühmter Professor geworden, der endlos viele Bücher geschrieben habe. Andere wie die de Gunzburgs, Engelhards, de Ménils oder Annenbergs hätten Museen, Bibliotheken und Universitätsgebäude gestiftet.

Aber würde er deswegen sein Leben zurückdrehen und es anders machen wollen? Goldman schweigt einen Augenblick, blättert in den Fotoalben, die auf dem Küchentisch herumliegen, schaut hinaus aus dem Fenster, wo die Märzsonne gerade hinter den Bäumen verschwindet. Nein, sagt er, ich hätte vielleicht auch Minister, Botschafter, Universitätspräsident oder ordentlicher Professor werden können, aber ich habe mich anders entschieden.

Am nächsten Morgen reise ich ab. Ein schneller Kaffee am Küchentisch, ein rasches Resümee, ob wir in unseren Gesprächen auch nichts Wichtiges übersehen haben, das Taxi wartet schon. Es ist das letzte Mal, das wir uns sehen. Knapp neun Monate später, am 30. November 2020, erliegt Guido Goldman seiner Krebserkrankung. Nicht viele wissen, wer Guido Goldman war, an keinem Gebäude hängt sein Schild, kein Institut trägt seinen Namen. Aber was zählt das schon? Was Guido Goldman in die Hand genommen hat, wurde nicht nur ein Erfolg, sondern immer auch etwas Besonderes, manchmal etwas Einzigartiges. Und das wird es auch bleiben, weit über sein Leben und seinen Tod hinaus.

Personenregister

Die Erinnerungen eines leiden-
schaftlichen Friedensstifters

480 Seiten | Gebunden
mit Schutzumschlag
ISBN 978-3-451-38908-5

Christian Schwarz-Schilling beschreibt in diesem Buch seine
Erlebnisse bei der Friedensarbeit auf dem Balkan, insbesondere
in Bosnien-Herzegowina, und liefert zugleich eine scharfsinnige
Analyse der deutschen Außen- und Menschenrechtspolitik. 25 Jahre nach dem Friedensabkommen von Dayton zieht er auch Lehren
für die Gegenwart. Denn wieder agieren wir nur zögerlich bei der
Befriedung brutaler Kriege, noch immer behandeln wir den Balkan
nicht mit der angemessenen Aufmerksamkeit und laufen so Gefahr,
ihn für Europa zu verlieren.

In jeder Buchhandlung!

HERDER

www.herder.de

Zwei große Politiker blicken auf unser Land und ihr Leben

352 Seiten I Gebunden
ISBN 978-3-451-39014-2

Hans-Jochen und Bernhard Vogel haben die deutsche Geschichte nach 1945 von Anfang an erlebt: als: Betroffene und als Akteure. Die großen Daten von 75 Jahren deutscher Nachkriegsgeschichte sind verbunden mit Stationen ihres politischen Lebens. Zum 30. Jahrestag der deutschen Einheit schauen sie in dieser Neuausgabe noch einmal zurück, um die letzten Jahre deutscher Politik in den Blick zu nehmen. Und sie appellieren an uns Nachgeborene, uns für unsere erfolgreich aufgebaute demokratische Ordnung mit aller Kraft zu engagieren.

In jeder Buchhandlung!

»Michael Wolffsohn sagt, was ist,
egal ob es sein darf.«

Andreas Rödder

320 Seiten I Gebunden
mit Schutzumschlag
ISBN 978-3-451-38603-9

Michael Wolffsohn erweist sich in seinem neuen Buch einmal mehr
als brillanter Historiker und Analytiker der politischen Gegenwart.
In zahlreichen bisher unveröffentlichten Texten räumt Wolffsohn
mit Klischees und Legenden in Geschichte und Politik auf. Die
glanzvollen Essays des unerschrockenen Denkers eröffnen neue
Horizonte und stehen in bester aufklärerischer Tradition.

In jeder Buchhandlung!

HERDER

www.herder.de

Wegweiser für die deutsche Politik und Geschichte

112 Seiten | Gebunden
ISBN 978-3-451-07218-5

Richard von Weizsäcker war nicht nur ein politischer Vordenker, sondern wurde mit seinen Reden (40. Jahrestag des Endes des Zweiten Weltkriegs, 40 Jahre Grundgesetz, Deutschen Einheit) zu einer führenden moralischen Größe. Seine klaren Positionierungen sind von erstaunlicher Aktualität und bieten Orientierung in aufgeregten aktuellen Debatten. Mit Einordnungen von Wolfgang Schäuble und Zeithistoriker Edgar Wolfrum.

In jeder Buchhandlung!

HERDER

www.herder.de

Mutig, ehrlich, persönlich – ein Blick auf die Zukunft unseres Landes

336 Seiten | Gebunden
mit Schutzumschlag
ISBN 978-3-451-38536-0

Wir stehen am Beginn eines neuen Zeitalters. Digitalisierung, Klimawandel und gesellschaftliche Verwerfungen bedrohen unseren Wohlstand und das friedliche Zusammenleben. Sigmar Gabriel beschreibt diese Umwälzungen und zeigt auf, wie wir sie bewältigen können. Im Zentrum stehen für ihn die Fragen: Hat die Sozialdemokratie noch eine Zukunft? Und welche Reformen braucht es für ein starkes Deutschland?

In jeder Buchhandlung!

HERDER

www.herder.de